François Baratte

DIE RÖMER IN TUNESIEN UND LIBYEN
NORDAFRIKA IN RÖMISCHER ZEIT

Übersetzung von Yves Gautier

Zaberns Bildbände
zur Archäologie

Sonderbände der
ANTIKEN WELT

François Baratte

Die Römer in Tunesien und Libyen

Nordafrika in römischer Zeit

144 Seiten mit 141 Farb- und
3 Schwarzweißabbildungen

Umschlag vorne:
Sufetula, das Forum (Foto St. Reineck).

Elefant mit Schlange, Mosaik, Musée de Carthage
(Foto F. Baratte).

Seiten 2 / 3:
Leptis Magna (Foto R. Stoeltje).

S. 5:
Sabratha (vgl. Abb. 14).

S. 6:
Säule in Thuburbo Maius (Foto P. Castleton).

Umschlag hinten:
Sufetula (vgl. Abb. 29 a).

Mosaik aus Neapolis (Nabeul) (vgl. Abb. 54).

Tunesische Landschaft (vgl. Abb. 4).

Gestaltung:
Melanie Jungels, scancomp GmbH, Wiesbaden

Herstellungsbetreuung:
Ilka Schmidt, Verlag Philipp von Zabern, Darmstadt

Lektorat:
Dr. Anemone Zschätzsch, Oestrich-Winkel

Redaktion:
Holger Kieburg, Verlag Philipp von Zabern,
Darmstadt

Repros:
scancomp GmbH, Wiesbaden

Druck:
aprinta druck GmbH, Wemding

Bibliographische Information der Deutschen Nationalbibliothek

Die Deutsche Nationalbibliothek verzeichnet diese Publikation in
der Deutschen Nationalbibliographie; detaillierte bibliographische
Daten sind im Internet über <http:/dnb.d-nb.de> abrufbar.

© 2012 Verlag Philipp von Zabern, Darmstadt/Mainz
ISBN 978-3-8053-4459-3

Alle Rechte, insbesondere das der Übersetzung in fremde Sprachen, vorbehalten. Ohne ausdrückliche Genehmigung des Verlages
ist es auch nicht gestattet, dieses Buch oder Teile daraus auf
fotomechanischem Wege (Fotokopie, Mikrokopie) zu vervielfältigen oder unter Verwendung elektronischer Systeme zu verarbeiten und zu verbreiten.
Printed on fade resistant and archival quality paper
(PH 7 neutral) · tcf

Inhalt

Vorwort	7
EINLEITUNG	10
Ein reiches, aber komplexes Erbe	10
EIN WEITES GEBIET – NATÜRLICHE BEDINGUNGEN, GESCHICHTE UND VERWALTUNG	13
Geographischer Kontext: Landschaften und Klima	13
Die großen Entwicklungsschritte bis zu Diocletian	17
Die Verwaltungsorganisation	21
EINE URBANE KULTUR	22
Die Quellen	22
Die Städte und ihre Organisation	24
Die wichtigsten monumentalen Bauwerke	41
EINE ROMANISIERTE GESELLSCHAFT?	71
Eine einzige Sprache, Latein?	72
Städtische und ländliche Religion	72
Eine afrikanische Kunst?	82
SOZIALE VIELFALT IN DEN LÄNDLICHEN GEGENDEN DER AFRICA PROCONSULARIS	98
Die Africa proconsularis als Getreidekammer von Rom	99
Die Weidewirtschaft	104
Fischfang und Fischverarbeitung	104
Das Handwerk	106
Die Beziehungen zwischen Stadt und Land	112
Die Stämme	113
DIE AFRICA PROCONSULARIS IN DER SPÄTANTIKE	114
Das neue Gesicht der nordafrikanischen Provinzen: Die Reformen des Diocletian	114
Die Städte der Spätantike	115
Eine Gesellschaft im Wandel: das Christentum in der Africa proconsularis	117
DAS ENDE DER AFRICA PROCONSULARIS: VANDALEN UND BYZANTINER	131
Die Africa proconsularis unter vandalischer Herrschaft	131
Die byzantinische Eroberung	134
SCHLUSS. AFRIKA IN NACHRÖMISCHER ZEIT	140
Zeittafel	141
Bibliographie	142
Bildnachweis	144
Adresse des Autors	144

Vorwort

Die aufwühlenden Ereignisse in Nordafrika haben kürzlich wieder einmal deutlich gemacht, wie eng die Fäden sind, die zwischen den Ländern rund um das Mittelmeer gespannt sind. Es ist keine neue Erkenntnis, Fernand Braudel etwa hat dies in seinem meisterhaften Werk eindrucksvoll vor Augen geführt.

Im vollem Bewusstsein dieser Verflechtungen, traten die Römer im 3. Jh. v. Chr. in einen gnadenlosen Kampf um die Vorherrschaft im Mittelmeer ein. Ihr Gegner: Die Großmacht auf der anderen Seite des Meeres, Karthago. Der Krieg endete im Jahr 146 v. Chr. mit der Vernichtung der punischen Macht und der völligen Zerstörung von Karthago. Nie mehr, so glaubte man damals, könne auf diesem Stück Erde etwas erblühen. Es dauerte jedoch kaum 20 Jahre, bis der römische Sinn für Macht und Machbares das wirtschaftliche und politische Potential Nordafrikas in den Blick fasste und Gaius Sempronius Gracchus im Jahr 122 v. Chr. den ersten, allerdings missglückten Versuch einer Koloniegründung unternahm. Und wiederum vergingen 70 Jahre, bis Caesar kurz vor seiner Ermordung im Jahr 44 v. Chr. einen zweiten Anlauf nahm. Schließlich war es Octavian, der im Jahr 29 v. Chr. 3000 Siedler entsandte und im Jahr 27 v. Chr. zwei Provinzen zu einer, zur Africa proconsularis verband.

Rasch entwickelt sich die neue Provinz zu einer der schönsten im Reich, nicht zuletzt aufgrund ihrer wirtschaftlichen Bedeutung, denn für die Getreideversorgung Roms und damit für die innere Ruhe des aufsteigenden Weltreichs spielt sie eine entscheidende Rolle. Dazu kommt ein weiterer, entscheidender Impuls: Das Vorbild Roms prägt die Provinz in kultureller und politischer Hinsicht grundlegend. Mehr als in anderen Provinzen wetteifern hier die führenden Persönlichkeiten, um sich durch Wohltätigkeit und Geschenke an die Gemeinschaft hervorzutun. Die vielen Inschriften zeigen noch heute auf spektakuläre Weise diesen Versuch, durch Gemeinsinn zu politischem Einfluss zu gelangen.

Roms Umgang mit Nordafrika hat das Denken der Moderne in vielerlei Hinsicht beeinflusst. Das europäische Kolonialzeitalter des 19. und frühen 20. Jhs. etwa sah sich bei seinen Unternehmungen in der Tradition Roms, nicht nur hinsichtlich der Ausbeutung der Ackerflächen. Zeitgenössische Historiker sehen den Prozess der Romanisierung differenzierter und suchen den Vorgang in seinen Details zu erfassen. Sie spüren den fein verästelten Spuren des punischen oder numidischen Erbes nach und versuchen ihrem Einfluss gerecht zu werden. Die indigenen Völker und die Stammeskulturen bestanden weiter neben den Siedlungen und großartigen Anlagen der Römer. Die Rolle der Mauren, mit denen Römer, Vandalen und Byzantiner sich immer wieder auseinandersetzen mussten, gewinnt an Kontur. Und auch mit der Spätzeit, den Epochen der Vandalen und Byzantinern befasst sich die Wissenschaft inzwischen intensiv.

Ob man sich der Provinz heute als Besucher oder als Historiker nähert, man ist von dem reichen Erbe überwältigt. Es sind monumentale Zeugnisse, die durch die Zeiten erhalten blieben. Die zahlreichen schillernd-schönen Mosaike etwa, die bei den Ausgrabungen gefunden wurden, ergeben ein prächtiges Bilderbuch, das alle Aspekte des sozialen Lebens, des Glaubens und des Alltags samt seinen Freizeitbeschäftigungen ausbreitet. Die außerordentliche Fülle an Inschriften erlaubt einen tiefgehenden und lebendigen Einblick in das politische Leben, die Religion und nicht zuletzt in das soziale Miteinander und seine intimen Einzelheiten: den Stolz angesehener Persönlichkeiten auf Grund ihres wirtschaftlichen Erfolges, ihre Verbundenheit zu dem Römischen Reich und ihrer eigenen Stadt, die Gläubigkeit der Stadtbewohner und der Landbevölkerung sowie ihre Einstellung zu dem Tod.

Es ist vielleicht gerade die wachsende Einsicht in die Besonderheiten der nordafrikanischen Gesellschaft und ihrer Geschichte, aus denen sich unsere Faszination für das römische Afrika mit all seinen Facetten speist. Hier, wo sich der punische bzw. der einheimische Baal in Saturn wandelte, entstand später ein Christentum, dessen Anhänger, zerrissen zwischen rivalisierenden Kirchen, immer wieder zum Märtyrertod bereit waren – ein weiteres großes Feld für die Archäologie, das erst allmählich beackert wird. Und nicht zu vergessen ist der Einfluss der großen Denker und Schriftsteller, der von hier aus das gesamte Mittelmeergebiet und weit darüber hinaus die Kultur der Menschheit prägte, an erster Stelle der Kirchenvater Augustinus.

Es sind dies mehr als genug Gründe, dem römischen Nordafrika ein Werk zu widmen, das die Zeugnisse einer großen Epoche und seiner außergewöhnlichen Menschen würdigt.

Abb. 1
Karte des römischen Nordafrika.

Einleitung

Mit der Bezeichnung römisches Afrika meint man heute das in der Antike vom Atlantik bis zur östlichen Grenze Tripolitaniens reichende Gebiet, den gesamten Maghreb. Somit entspricht es dem Territorium dreier moderner Staaten: Marokko, Algerien und Tunesien. Dazu kommt noch ein Teil von Libyen. Dieses große Gebiet war jedoch keine Verwaltungseinheit, und die heutigen Grenzen greifen nicht auf die damaligen zurück. Mehrere Provinzen, unterschiedlich in Status und Bedeutung, haben sich dieses weite Land geteilt, das sich seit der punischen Niederlage 146 v. Chr. bis zur arabischen Eroberung im 7. Jh. stetig wandelte (Abb. 1).

Die zwei uns interessierenden heutigen Länder Libyen und Tunesien bildeten im Wesentlichen und zumindest für einige Zeit eine große Provinz, die Africa proconsularis. Nur der östliche Teil Libyens gehörte zu einer anderen Provinz, der mehr zur griechischen Welt orientierten Cyrenaica. Der Beiname *proconsularis* leitete sich vom Verwaltungsmodus einer Provinz her, die einem Prokonsul unterstand, d.h. einem Beamten, der gerade ein Konsulat innegehabt hatte. In der Kaiserzeit gehörten die Africa proconsularis wie auch die Asia (heutige Türkei) zu den reichsten und begehrtesten Provinzen, in denen das Amt des Prokonsuls einen Höhepunkt der politischen Karriere darstellte. Dieses Amt war von großer Bedeutung, weil die Getreideversorgung Roms hauptsächlich von ihm abhing. Noch im 5. Jh. n. Chr. werden aus diesem Grund die über dieses Gebiet herrschenden Vandalen einen starken Druck auf das Weströmische Reich und die nachfolgenden Mächte ausüben.

Diese Provinz, die privilegierte Kontakte mit Rom pflegte und zugleich eine Ausstrahlung auf das gesamte Mittelmeergebiet ausübte, war das Ergebnis eines komplexen Erbes, angefangen mit demjenigen des punischen Karthago. Dieses sich durch sukzessive Annexionen Roms im ganzen Maghreb wandelnde Territorium erfuhr eine gewaltige Ausdehnung, da es über die Ostgrenze Algeriens bis in die Gegend von Constantine reichte. Durch die politische Entwicklung Roms wurden später im Westen die Numidia, im Osten die Tripolitana abgespalten, und schließlich wurde im frühen 4. Jh. n. Chr. unter Diocletian die Verwaltungsstruktur der Region gründlich umgestaltet. Jedoch bleibt die Africa proconsularis nach der Eroberung durch die Vandalen im frühen 5. Jh. n. Chr., wie auch durch die Byzantiner 100 Jahre später, der Kern aller politischen Gebilde, die in Nordafrika nach dem Römischen Reich entstehen werden. Dem durch Libyen und Tunesien Reisenden wird sofort die Bedeutung dieser Region auffallen.

I. Ein reiches, aber komplexes Erbe

Vor Gründung der Africa proconsularis hatte das Gebiet – seit dem Ende des Dritten Punischen Krieges, dem Sieg über Karthago und der Zerstörung der Stadt 146 v. Chr. – mehrere Entwicklungsphasen durchlaufen.

Der Kern, die erste Provinz Africa, stammte aus der Annexion der letzten noch in punischen Händen liegenden Gebiete. Diese waren auf ungefähr 25 000 km² beschränkt und umfassten im Wesentlichen den Nordosten Tunesiens, die Ostküste und das untere Tal des Medjerda, des antiken Bagradas. Ein von den Siegern gezogener Graben, die *fossa regia*, trennte diese Gebiete vom numidischen Reich im Westen und blieb als Grenze in der Kaiserzeit noch lange in der Erinnerung wie in der Landschaft erhalten, denn er wurde unter Vespasian wiederhergestellt. Wiedergefundene Grenzsteine ermöglichen, den Verlauf des Grabens zumindest annähernd zu verfolgen. Die *fossa* begann an der Mündung des Wadi el-Kebir bei Thabraca (Nordwest-Tunesien), verlief nach Südosten zum Djebel Zaghouan, um dann im Süden die Küste bei Thaenae/Henchir Thina zu erreichen.

Zunächst schien die Provinz, ursprünglich mit Utica als Hauptstadt – Karthago war dem Erdboden gleichgemacht und deren Erde mit einem Fluch belegt worden – keine größere Aufmerksamkeit des römischen Staates erregt zu haben. Caesars Sieg im Februar 46 v. Chr. über die Anhänger des Pompeius in Thapsus, nicht weit von Monastir (Tunesien), führte zum Selbstmord des numidischen Königs Iuba I., der für Pompeius Partei ergriffen hatte, und zur Annexion seines Königreiches, dessen östlicher Teil nun zu einer zweiten Provinz wurde: die Africa nova mit möglicherweise Sicca Veneria/Le Kef als Hauptstadt im Nordwesten Tunesiens. Die zwei Provinzen, die unmittelbar in die folgenden Bürgerkriege nach Caesars Tod 44 v. Chr. verwickelt waren, wurden von Octavian wahrscheinlich 27 v. Chr. offiziell zu einer einzigen Provinz vereint: Africa proconsularis.

Diese neue Provinz erbt von drei herausragenden Kulturen, die alle Nordafrika tief geprägt haben. Erstens das punische Erbe, dessen Spuren in der Sprache, der Onomastik, der Religion und sogar in der politischen Struktur einiger Städte bis in die Spätantike überlebt haben. Einige reiche Magistrate haben manchmal stolz dieses Erbe beansprucht, wie Annobal Tapapius Rufus, in augusteischer Zeit städtischer Beamter in Leptis Magna, das er mit einem Theater und einem Markt ausstattet und dabei seine Großzügigkeit auf zweisprachigen Bauinschriften (*Inscriptions of Roman Tripolitania* 319. 321–323) – lateinisch und punisch – verkündet. Von Augustinus, Bischof von Hippo Regius/Annaba im frühen 5. Jh. n. Chr., weiß man auch, dass die Landbewohner seiner Diözese (damals in der Kirchenprovinz Numidia gelegen) das Punische noch fließend sprachen und dass ihn ein Geistlicher, der dieser Sprache mächtig war, bei seinen Gemeindebesuchen begleitete. Mitten in Tunesien, bei Mactaris/Maktar, gibt es im 1. und 2. Jh. n. Chr. noch zahlreiche neo-punische Inschriften, und mehrere Reihen von Votivstelen zeugen in ihrer Komposition von einem noch sehr lebendigen Rest vorrömischer Tradition. Auch in Tripolitanien bleibt die punische Sprache – manchmal mit lateinischen Buchstaben geschrieben – in den ersten Jahrhunderten noch sehr präsent.

Auch das Erbe der numidischen Königreiche, deren Herrscher von der hellenistischen Kultur tief geprägt waren, zeigt sich vielleicht diskreter, aber in durchaus fassbarer Form in der Onomastik und Religion (Abb. 2). In der Kaiserzeit werden einige Inschriften noch in libyscher Sprache verfasst, und im religiösen Bereich scheinen sich manche Züge des großen Saturn an eine höchste Gottheit der Einheimischen wie auch an den punischen Baal anzulehnen. All diese Aspekte müssen bei einer Bilanz über die römische Präsenz in Nordafrika sorgfältig abgewogen werden. Deren wirkliche, nach Gebieten unterschiedliche Bedeutung abzuschätzen, ist jedoch schwierig und löst manche Diskussionen bei den Historikern aus. Aber gerade dieses Erbe verleiht dem römischen Afrika – besonders Tunesien und Tripolitanien – ein eigenes Gesicht und manifestiert sich offensichtlich im westlichen Teil der Provinz, wie auch weiter östlich bei den

Abb. 2
Borj Hellal, libysches Relief (1. Jh. v. Chr.–1. Jh. n. Chr.). Musée national du Bardo.

Küstenstädten von Tripolitanien. Letztere hatten seit der Niederlage von Karthago bis zur offiziellen Aneignung durch Rom, als die numidischen Könige theoretisch über die Region regierten, für den Erhalt und die Behauptung eigener kultureller Traditionen große Autonomie genossen.

Eine dritte Komponente, die einheimischen Stämme, darf nicht vergessen werden: Sie waren in der Kaiserzeit noch sehr dynamisch, haben aber durch ihre Lebensweise keine fassbaren Spuren hinterlassen. Zu Konfrontationen mit den Römern kam es besonders in den Gebieten der westlichen Africa proconsularis, die von diesen halb-nomadischen Viehzüchtern durchstreift wurden. Die Römer haben nach und nach eine Restriktions- und Isolierungspolitik angewendet, durch die den Stämmen nur die weniger fruchtbaren und schwer zu bebauenden Böden überlassen wurden. Grenzsteine, darunter einige noch *in situ*, helfen, die territoriale Realität dieser Politik besser zu verstehen. Dieses Schicksal betraf insbesondere die Musulami, einen wichtigen Stamm, der im tunesischen Steppenhochland und weiter nördlich am Rand der Dorsale nomadisierte und schließlich unter Traian in schlechtes Bergland zurückgedrängt wurde. Die Landschaft weist noch Spuren dieser Stämme auf, denen die Archäologen wachsende Aufmerksamkeit schenken, z. B. Schafsgehege aus Trockenmauern; weniger fassbar aber ist die Mentalität, besonders die religiöse. Die Inschriften schließlich geben Hinweise auf die speziellen Amtsträger, die die Römer zur Verwaltung dieser Stämme eingesetzt hatten.

Ein weites Gebiet – natürliche Bedingungen, Geschichte und Verwaltung

Geographischer Kontext: Landschaften und Klima

Landschaften

Die Africa proconsularis erreicht noch vor der Gründung der Provinz Numidia durch Caligula und den großen Reformen Diocletians ihre größte Ausdehnung mit 2000 km von Osten nach Westen, vom Altar der Philänen als Grenze zwischen Cyrenaica und Tripolitana (die zwei Hauptgebiete von Libyen) bis zum Wadi el-Kebir bei Thabraca. Mit dieser Länge unterscheidet sie sich von vielen anderen Provinzen. Zwei unterschiedliche Teile fallen sofort auf: Tripolitanien als lang gezogener, nutzbarer Küstenstreifen und das heutige Tunesien als kompakteres Gebilde. Beide Regionen erstrecken sich über sehr verschiedene Landschaften und Klimazonen.

Die besonders lange und unterschiedlich geprägte Küstenlinie fällt auf. Während der größte Abschnitt der Küste West-Ost orientiert ist, verläuft die Ostküste Tunesiens von Norden nach Süden. Außerdem haben die felsige Nordküste und die flache sandige Ostküste mit Lagunen und Küstenseen, wie bei den Syrten, gar nichts Gemeinsames (Abb. 3). Und weder die eine noch die andere ist gut zugänglich, abgesehen von einigen besonderen Stellen, wie den Buchten von Bizerte und Karthago. Die über das ganze Mittelmeer fahrenden Phönizier hatten mehrere Umschlagplätze gegründet: Leptis Magna an der Mündung des Wadi Lebda, Sabratha an der Ostküste Tunesiens am Cap Bon und Thabraca im Westen.

Abb. 3
Küste am Cap Bon bei Clupea.

Die Häfen erforderten große Anlagen. Einige davon sind in Leptis Magna noch erhalten, wo sie in severischer Zeit grandios restauriert wurden. Sie konnten zumindest teilweise untersucht werden. Andere wurden z. B. in Leptis Minor entdeckt, wo eine große Mole noch dicht unter der Wasseroberfläche zu sehen ist, oder in Sullecthum/Sallacta. Dank jüngeren britischen Ausgrabungen konnte die Geschichte der karthagischen Häfen rekonstruiert werden.

Systematische Prospektionen entlang den tunesischen Küsten ließen die Anlagen genau erkennen, auch die Schwankungen des stellenweise veränderten Meeresspiegels konnten überprüft werden. Letzteres ist in Sullecthum, zwischen Hadrumetum und Taparura/Sfax, wo mehrere antike Bauten unter Wasser liegen, besonders deutlich zu sehen. Der Küstenverlauf selbst hat sich seit der Antike bisweilen beträchtlich geändert, besonders infolge der Versandung der Medjerdamündung.

Klimatische Bedingungen

Zwischen dem 32. und 37. Breitengrad gelegen, erfreute sich die Africa proconsularis eines mediterranen Klimas: milde Winter an der Küste, Regenfälle im Herbst, Winter und Frühling, warme Sommer mit trockenen Winden aus der Sahara. Ein sehr lebendiges Zeugnis davon liefert die berühmte Inschrift des «Erntearbeiters von Mactaris» (CIL 8, 11824; um 260 n. Chr.), die heiße Sommer erwähnt, in denen sich der arme Tagelöhner bei der Ernte mühte. Am Ende seines Lebens war er *magistratus* (Amtsträger) in seiner Stadt geworden.

Im heutigen Tunesien kommt neben der Orientierung zum Meer noch der Verlauf der Höhenzüge hinzu, der den mediterranen Einfluss fördert. So genießen die Küstenregionen im Großen und Ganzen ein eher mildes und temperiertes Klima, wenn auch an der Ostküste die Temperaturen zwischen Sommer und Winter stark schwanken. Die Unterschiede zwischen den Jahreszeiten werden zum Landesinneren hin noch größer, wenn die Berge eine Barriere zum Meer bilden und die Temperaturen bis über 50 °C klettern lassen. In höheren Lagen ist der Winter hingegen kälter, und es kann schneien. Richtung Süden herrscht immer mehr das Klima der Sahara vor. In Tripolitanien ist die Zone mit ausreichenden Niederschlägen viel schmäler und beträgt höchstens einige Dutzend Kilometer bis zum Plateau des Hinterlandes.

Den westlichen Teil der Provinz, das heutige Tunesien, durchziehen vor allem im Nordwesten niedrige Gebirge von Südwesten nach Nordosten. Das wichtigste Massiv ist der Hohe Tell – auch Dorsale genannt –, eine

Abb. 4
Landschaft im tunesischen Steppenhochland. Im Hintergrund das Chambi-Massiv.

14 | Geographischer Kontext: Landschaften und Klima

Abb. 5
Das Wadi Haidra führt Hochwasser.

sich von der Gegend um Theveste bis zum Cap Bon hinziehende Kalkkette. Dieses nicht besonders hohe Gebirge gipfelt im Djebel Chambi (1554 m ü. M.) in der Gegend von Cillium/Kasserine (Abb. 4). Weiter südlich erstreckt sich das Steppenhochland mit einem rauen Klima, dem die Gebirge den Regen aus dem Mittelmeer entziehen. Nach Osten folgt das dem heutigen tunesischen Sahel entsprechende Steppentiefland. Weiter südlich zieht sich das Ost-West gerichtete Gafsa-Gebirge bis zur Senke, die die Djerid- und Nefzaoua-Oasen von der Bucht von Gabès trennt. Im Osten schließen dann Tripolitanien und die Ebene von Geffara an – bis auf den Küstenstreifen eine Halbwüstensteppe. Im Nordwesten zieht sich eine Reihe kleinerer Bergmassive (Kroumirie) an der Küste entlang, die oberhalb von Thabraca in 1000 m Höhe gipfeln. Nach Süden begrenzen sie eine fruchtbare und gut bewässerte Ebene, deren toniger Boden für den Getreideanbau günstig ist.

Klima und Wasserläufe hängen miteinander zusammen. Denn nur die aus einem Tell zum Meer fließenden Gewässer führen das ganze Jahr über Wasser. Der wichtigste Fluss war der Bagradas, der heutige Medjerda, der auf einem Teil seines Laufes für den Transport von Marmorblöcken aus den Steinbrüchen von Simitthus/Chemtou schiffbar war. Erst infolge des sinkenden Wasserstands musste unter Hadrian eine Straße gebaut werden, die in direkter Linie durch die Berge Thabraca erreichte. Eine andere Folge des niedrigen Wasserpegels war die fortschreitende Versandung der Medjerdamündung und dadurch eine Verlagerung der Küste in die See hinaus. Utica, damals eine Hafenstadt, liegt heute weit im Landesinneren. Diese Flussläufe unterscheiden sich aber sehr von den Wadis der Steppen, von denen viele in abgeschlossene Senken münden. Bei starkem Hochwasser sind letztere kaum mehr zu nutzen, wenn

auch archäologische Untersuchungen seit dem 19. Jh. dort zur Entdeckung vieler antiker Bauwerke führten: mehr oder weniger einfache Dämme – davon ein schönes heute verschwundenes Beispiel in Sicca Veneria, und ein anderes bei Siliana –, und Staubecken, um den oft zerstörerischen und nutzlosen Regenabfluss zu bremsen und zu kanalisieren. Unter den spektakulärsten dieser Anlagen sind die Kais aus *opus quadratum* (Mauerwerk aus großen Quadern), die in der Siedlung Ammaedara/Haidra am Wadi Haidra entlangführten (Abb. 5).

Der Regen spielte im gesamten römischen Afrika eine maßgebende Rolle. Unter 400 mm Niederschlag pro Jahr entsteht bekanntlich ein Steppenklima. Die Pflanzen müssen bewässert und die Herden auf Sommerweiden getrieben werden. Erst bei höherem Niederschlag werden Viehzucht und auch der Anbau von Getreide, Weinreben, Oliven sowie Feigen möglich. Aber zu diesen Schwierigkeiten kommen noch andere hinzu: Die Niederschläge sind über das Jahr sehr ungleich verteilt. Der Sommer ist trocken, der Winter feucht und weitere Schwankungen können noch im Laufe des Jahres (Verspätung der Herbstregenfälle oder zu schwache Regenfälle im Frühling) oder von Jahr zu Jahr auftreten. Mehrere Dürrejahre konnten aufeinanderfolgen und sehr prekäre Situationen auslösen. Die von Kaiser Hadrian 128 n. Chr. unternommene Reise nach Nordafrika fiel mit dem Ende einer langen Dürreperiode zusammen, so dass ihm wie einem Gott zugejubelt wurde.

In Tunesien ist die Niederschlagssituation kontrastreich. Auf die Nord- und Westseiten des Tell-Atlas fallen über 800 mm Regen, manchmal 1000 mm, auf die Dorsale und die Küstenebenen in der Regel über 400 mm (Abb. 6). An der südtunesische Küste sind es weniger als 200 mm und im Steppenhochland zwischen 200 und 400 mm. Die unterschiedlichen Möglichkeiten für die

Ein weites Gebiet – natürliche Bedingungen, Geschichte und Verwaltung | 15

Abb. 6 Landschaft in der Umgebung von Simitthus. In der Bildmitte links die Reste einer Kirche; rechts die Werkstatt für Marmorobjekte.

Landwirtschaft in den verschiedenen Regionen sind somit deutlich zu sehen. Dazu kommen noch Probleme durch die menschlichen Eingriffe in die natürliche Vegetation. Die meisten Berge waren in der Antike von mediterranen Wäldern (vor allem von Aleppokiefern) bedeckt, die in großen Mengen als Brennmaterial in den Thermen verheizt wurden.

Diese Beobachtungen beziehen sich auf das heutige Klima in dieser Region und werden auf die Antike übertragen. Sie sollten deshalb mit den aus den neuesten Techniken der Archäologie gewonnenen Daten ergänzt werden, die neue Aspekte zu einem lange und heiß diskutierten Problem – die Klimaentwicklung von der Antike bis zur Neuzeit – bringen können. Diese Frage wird seit über einem Jahrhundert zwischen Historikern wie St. Gsell, der eine große klimatische Ähnlichkeit zwischen der Antike und heute sieht, und anderen, die eine deutliche Klimaveränderung annehmen – eine schon seit der Kaiserzeit zunehmende Trockenheit –, diskutiert. Solche Untersuchungsmethoden, die in der Erforschung des antiken Afrika noch zu wenig eingesetzt werden, müssen systematisch herangezogen werden. Nach dem heutigen Stand der Forschung scheint das Klima der Kaiserzeit kaum anders als das heutige gewesen zu sein; aber es gibt gewichtige Anzeichen einer zunehmenden Trockenheit seit der Mitte des 4. Jhs. n. Chr.

Die Untersuchung der Pollen und Samen (Palynologie) bringt neue Erkenntnisse über die antike – kultivierte oder wilde – Vegetation, und die Geoarchäologie kann Veränderungen der Landschaft erfassen. So war die Africa proconsularis in vielen Regionen für die Entwicklung fruchtbarer und intensiver Kulturen sehr günstig. Es wird aber aus den neuen Untersuchungsmethoden ersichtlich, dass der Mensch wohl einer der wichtigsten Faktoren der Landschaftsveränderung – zumindest im gleichen Maß wie das Klima – war, dort wo er massiv abgeholzt (die Bebauung von Brachflächen wurde schon damals von einigen Agrargesetzen begünstigt) oder wo er insbesondere die Bewirtschaftung von Feldern und Baumkulturen aufgegeben hat. Mehrere Episoden der Mittelaltergeschichte, besonders die Einwanderungen der Hilal-Stämme im 11. Jh., wurden oft und vielleicht in übertriebenem Maße diesbezüglich angeführt.

Die großen Entwicklungsschritte bis zu Diocletian

Der Ursprung der Africa proconsularis: Africa vetus und Africa nova

Wie wir gesehen haben, geht der Gründung der Africa proconsularis eine etwa hundertjährige Geschichte voraus, die von einer wachsenden Einmischung Roms gekennzeichnet war. Der nach der Eroberung Karthagos gegründeten Provinz Africa (*vetus*) schenkte Rom nur wenig Aufmerksamkeit. Sie war für Rom nur eine Getreidekammer und eine Bodenreserve für etwaige Siedler. Dieses Gebiet war als *ager publicus* Eigentum des römischen Volkes, das den Siedlern die Nutzung von Grundstücken gegen Steuerzahlung gewähren konnte. Unter Berücksichtigung der vorgefundenen Verhältnisse und der unterschiedlichen Parteiergreifung der Städte während der Auseinandersetzung mit Karthago hat Rom sieben freien Städten mit ihrem Territorium – Utica (Provinzhauptstadt), Theudalis, Hadrumetum/Sousse, Thapsus, Acholla, Leptis Minor und Uzalis – eine gewisse Autonomie gewährt.

Der Statthalter der Provinz war ein römischer Magistrat oder ein ehemaliger Magistrat. Zuerst Prätor, führte er seit Sulla den Titel eines Prokonsuls. Er hatte die zivile und militärische Gewalt inne, aber seine Hauptaufgabe bestand in der Ausübung der Rechtsgewalt. In finanziellen Fragen wurde er von einem Legaten oder Quästor unterstützt.

Schon von dieser Zeit an glänzte die Provinz durch ihren Reichtum. Die Agrarressourcen, vor allem die Obstbäume, wurden während der Eroberung wahrscheinlich nicht so systematisch zerstört, wie allgemein gedacht. Der Getreideanbau wurde auf den Landgütern der römischen Aristokraten weiterentwickelt, der Getreidehandel in den Häfen der Ostküste den *negotiatores* anvertraut. Eine andere, für die Zukunft vielversprechende Ware wurde schon zu dieser Zeit mit großem Gewinn gehandelt: die Wildtiere für die Spiele im Amphitheater von Rom (Abb. 7).

Nordafrika ist auch in die politischen Kämpfe, die in spätrepublikanischer Zeit in Rom stattfinden, direkt oder indirekt verwickelt. Ein erster 123–122 v. Chr. von Tiberius Sempronius Gracchus gestarteter Versuch, 6000 Menschen anzusiedeln, wurde durch die Machenschaften der aristokratischen Partei verhindert. Ein Jahrzehnt später erreichte Marius mit seinem Sieg über den numidischen König Iugurtha im Jahre 106 v. Chr. eine wichtige Etappe. Er ging nach diesem Erfolg dazu über, den Veteranen Landstücke auf fruchtbaren Getreideböden zuzuteilen, besonders im Bagradastal, wo schon einige Kolonien wie Thibar, Uchi Maius und Musti bestanden.

Ab 48 v. Chr. war Nordafrika der Schauplatz von Kämpfen zwischen Caesar und Pompeius, der vom numidischen König Iuba I. unterstützt wurde. Die Niederlage der Pompejaner 47 v. Chr. führte zum Selbstmord des numidischen Königs und zur Annexion des östlichen Teils seines Reiches. So entstand eine neue Provinz, die Africa nova. Den Städten, die für Pompeius Partei ergriffen hatten, wurden hohe Geldstrafen auferlegt, während Caesar 44 v. Chr. einige Kolonien gründete: Curubis/Korba und Clupea/Kelibia am Cap Bon, aber auch Karthago.

Abb. 7 Karthago. Mosaik, Fang eines Wildschweins (4. Jh. n. Chr.). Musée national de Carthage.

Die Africa proconsularis bis zu den Reformen Diocletians

Auf die Gründung der neuen Provinz (Africa nova) wahrscheinlich durch Lepidus, der 40–36 v. Chr. im Rahmen der Aufteilung des Römischen Reiches zwischen den Triumvirn über Nordafrika regierte, folgten Maßnahmen des Augustus zur Organisation und Verwaltung des Territoriums. Dadurch hat er der römischen Politik in Nordafrika einen entscheidenden Impuls verliehen.

Auf der Ebene der Reichsverwaltung fiel die Provinz dem Senat zu: Sie wurde einem Prokonsul anvertraut. Der Kaiser sicherte die Entwicklung Karthagos, indem er neuen Siedlern ein weites Gebiet, eine *pertica*, zuteilte. Er erhob auch einige alte Städte in einen höheren Rang. Da mit dem Ende der Bürgerkriege viele Soldaten entlassen wurden, gründete er in den fruchtbaren Getreideebenen des Landesinneren eine Reihe von Kolonien, wie Thuburbo Minus/Tebourba, Simitthus, Sicca Veneria und Assuras (Cap Bon), die der Getreideversorgung Roms dienen sollten. Nach Augustus vergingen etwa 75 Jahre, bis unter den Flaviern eine Politik zur Gründung von Munizipien wieder aufgegriffen wird.

Auf Augustus geht auch die Verlegung der Truppen nach Westen und die Errichtung der Winterquartiere der *Legio III Augusta* in Ammaedara zurück. Es ging darum, die Grenzen Numidiens und die maurischen Stämme, besonders die Musulami, zu bewachen. In der Tat lehnten sich die Stämme im Jahre 17 n. Chr. unter der Führung des Tacfarinas auf, weil sie sich durch die fortschreitende Kolonisierung und Bauvorhaben, wie die Anlage einer großen Straße von Ammaedara nach Tacape/Gabès, bedroht fühlten. Dieser Aufstand wurde erst sieben Jahre später im Jahre 24 n. Chr. niedergeschlagen. Bald danach im Jahre 37 n. Chr. ergriff Caligula eine wichtige Maßnahme, mit der die Machtbefugnisse zwischen dem Prokonsul und dem Legionslegaten aufgeteilt wurden.

Mit der Erhebung von Städten zu Kolonien und Munizipien begann in flavischer Zeit eine weitere wichtige Entwicklungsphase der Africa proconsularis. Obwohl von Sufeten (Magistraten punischer Tradition) verwaltet, wird Leptis Magna latinisches Munizipium, ebenso wie Bulla Regia und Sufetula/Sbeitla. Nach dem Abzug der Legion nach Theveste/Tebessa wurde Ammaedara, wie auch Madauros, zu einer *colonia Flavia Augusta Emerita*. Vespasian organisierte die Gebiete neu, die am Ende der Regierung Neros vom Bürgerkrieg heimgesucht worden waren. Er ließ auch die *fossa regia*, eine alte Grenzlinie, aus fiskalischen Gründen wiederherstellen, wie es erhaltene Grenzsteine zeigen.

Traian schließlich vollendete die nordafrikanische Politik seiner Vorgänger. Er gründete einige neue Kolonien, wie Thelepte, erhob Cillium und Capsa/Gafsa zum Munizipium, und auch viel ältere und berühmtere Städte – Hadrumetum, Leptis Minor, Leptis Magna – wurden Kolonien. Eine andere wichtige Initiative des Kaisers war die endgültige Festlegung der Grenzen zwischen den Gebieten der Stämme, der Städte (Madauros, Thala, Ammaedara), des Kaisers (*saltus Massipianus*) oder von Privatpersonen.

Das Ergebnis dieser Maßnahmen ist im Fall der Musulami gut bekannt, da sorgfältige Untersuchungen zur Entdeckung einer ausreichenden Anzahl Grenzsteine für die Rekonstruktion des Grenzverlaufs geführt haben. Das Gebiet eines anderen Stammes, der *gens Musunia*, wird durch laufende Forschungen allmählich fassbar. Ähnliche Regelungen wurden zur gleichen Zeit im Süden der Provinz (Region der Schotts) oder zwischen der civitas Nybgeniorum, Tacape/Gabès und Capsa durchgeführt. Diese Grenzziehungen werden unter Historikern heftig diskutiert, da einige in der Intervention des Heeres einen Kolonisierungsprozess im modernen Sinne sehen, bei dem die Stämme auf die ärmeren Böden verdrängt werden, während den Siedlern der Besitz und die Bewirtschaftung fruchtbaren Kulturlandes gesichert werden.

Hadrian, der 128 n. Chr. nach Nordafrika reiste, wird mit einer sehr aktiven Förderungspolitik ebenfalls ein großes Interesse für die Africa proconsularis zeigen. J. Gascou hat darauf hingewiesen, dass dieser in 20 Regierungsjahren mehr Städte aufsteigen ließ als alle seine Vorgänger. Hadrian schlug aber noch einen ganz neuen Weg ein. Er interessierte sich nämlich vor allem für die Gebiete der Africa vetus. Anstatt neue Siedler kommen zu lassen, förderte er alte, einheimische Städte, die den Wunsch geäußert hatten, in die römische Kultur integriert zu werden, und die über die finanziellen Mittel verfügten, um das gute Funktionieren der städtischen Strukturen zu garantieren. Dazu einige bezeichnende Beispiele: die neuen Kolonien Bulla Regia, ehemalige Hauptstadt der Numider, Zama Regia und Utica. Thuburbo Maius/Henchir Kasbat (Abb. 8) und Althiburos wurden zu Munizipien erhoben; Mactaris erhielt das latinische Recht. Die Nachfolger Hadrians setzten diesen Weg fort.

Der Beginn der severischen Dynastie 192 n. Chr. kennzeichnet nach allgemeiner Auffassung die Blütezeit des römischen Afrika. Septimius Severus gehörte einer Honoratiorenfamilie punischer Herkunft an. Sein Großvater väterlicherseits war in Leptis Magna, in der Geburtsstadt des Kaisers, Sufet gewesen. Die Stadt hatte von seinem

Schutz und der Verleihung des *ius italicum* sowie seinem Bestreben, sie mit repräsentativen Bauten auszustatten, enorm profitiert. Er war es, der 198 n. Chr. einen Teil der Africa proconsularis abtrennte und als neue Provinz Numidia einrichtete, obwohl diese noch dem Legaten der 3. Legion unterstellt blieb. Er setzte die Politik seiner Vorgänger fort und vollendete damit ein bedeutendes Städtebauprogramm, das im Wesentlichen den Nordosten der Africa proconsularis betraf. Eine der wichtigsten und bezeichnendsten Maßnahmen bestand darin, Karthagos *pertica* (vermessenes Umland) aufzuteilen, indem mehrere zugehörige Städte zu Munizipien erhoben wurden. Darunter sind zu nennen: Thugga/Dougga (Abb. 9) und Thignica/Ain Tounga. Diese Förderungspolitik brachte die vom Römertum auf viele Städte ausgeübte Anziehungskraft zum Ausdruck. Als Caracalla 212 n. Chr. mit der *constitutio Antoniniana* (antoninische Verfassung) allen freien Menschen des Römischen Reichs das Bürgerrecht verlieh, wurden solche Rangerhöhungen überflüssig. Während jedoch viele nordafrikanische Städte stolz auf die Etappen ihrer Geschichte verwiesen, forderten andere Städte weitere Verbesserungen. So wurde Uchi Maius Kolonie unter Severus Alexander, Thugga und Thubursicu Bure/Téboursouk unter Gallienus Mitte des 3. Jhs. n. Chr.

Die gewaltsame Ausschaltung des Gallienus zugunsten des Maximinus war die Ursache einer schweren, kurzen und blutigen Krise in der Africa proconsularis. Die wachsende Last der Steuer, die für die Kriege gegen die Barbaren an den westlichen Reichsgrenzen erhoben wurden, führte 238 n. Chr. zum Aufstand der Thysdritaner

Abb. 8
Thuburbo Maius. Das Forum und die Landschaft in der Umgebung.

Abb. 9
Thugga. Gesamtansicht der Stadt.

im Osten Tunesiens, die Karthago und einen Teil der Provinz auf ihre Seite brachten und den Prokonsul mit seinem Sohn – Gordian I. und Gordian II. – zu Kaisern ausriefen. Trotz der Anerkennung der Gordianer durch den Senat gelang es Capellianus, den Aufständischen Karthago wieder abzunehmen. Auf den Tod der beiden Kaiser folgte eine sehr brutale Repression durch die Soldaten in den Städten wie auf dem Land. Nach der Niederlage des Maximinus in demselben Jahr in Italien wurde der Enkel von Gordian I., Gordian III., auf den Thron erhoben. Noch vor seinem Tod 244 n. Chr. im Osten konnte er eine für die Sicherheit und das soziale Leben in Nordafrika ungünstige Maßnahme durchsetzen: Die 3. Legion wurde zur Bestrafung für ihren damaligen gewaltsamen Einsatz aufgelöst. Acht Jahre später musste sie wieder aufgestellt werden.

In der zweiten Hälfte des 3. Jhs. n. Chr. war die Africa proconsularis nicht an den Konflikten beteiligt, die in anderen Teilen des Römischen Reiches, besonders an den Grenzen, Unruhen auslösten. Jedoch wird die Provinz wegen der religiösen Probleme – das Christentum nimmt einen immer größeren Stellenwert ein – unmittelbar in die Reichspolitik verwickelt: Christenverfolgungen von Decius im Jahre 257 n. Chr., Friedensschluss mit der Kirche 260 n. Chr. von Gallienus. Weiterhin werden die dynastischen Probleme, ausgelöst durch den Rückzug des Diocletian, die Provinz im frühen 4. Jh. n. Chr. unter der Tetrarchie noch empfindlich treffen, denn sie haben blutige Auswirkungen gehabt: Kaiser Maxentius, dem Nordafrika unterstellt ist, muss 308 n. Chr. gegen einen Usurpator, den *vicarius Africae*, Domitius Alexander, antreten. Dieser wurde schnell besiegt, aber darauf folgte wieder eine blutige Unterdrückung, die sich vor allem gegen die Honoratioren von Karthago richtete.

Die Tripolitana

Der ins Römische Reich integrierte Teil des heutigen Libyen verteilte sich auf zwei Provinzen: im Osten die Cyrenaica mit der Hauptstadt Kyrene, einer alten Stadt griechischer Tradition, die zum östlichen Mittelmeergebiet, Ägypten und Griechenland ausgerichtet war. Bis zur Spätantike wird sie demselben Verwaltungsbezirk wie Kreta angehören. Die entlang der Küste zwischen der Großen und der Kleinen Syrte gelegene Region, das heutige Tripolitanien, war hingegen ein Bestandteil der Africa proconsularis seit ihrer Gründung. Sie hatte in jeder Hinsicht einen eigenen Charakter. Geographisch gesehen zog sich eine kreisbogenförmige Küstenebene, die Ebene von Gefara, von Tacape bis Leptis Magna hin, die im mittleren Teil 200 km tief war, an den Enden viel schmäler wurde. Nach Süden war sie von den Steilhängen eines Plateaus, des Gebel, begrenzt; zum Landesinneren breitete sich im Westen die Wüste des Westlichen Großen Erg, nach Süden die Felswüste Hamada el-Hamra aus. Zwischen Leptis Magna und der Wüste Syrte wurden die Bereiche, in denen die Landwirtschaft noch möglich war, von einer Reihe großer temporärer Wadis (Sofeggin, Zemzem, Bei el-Chebir) bewässert.

Entlang dieser Küste, die nicht besonders gastlich war und nur wenige Ankerplätze bot, war die Schiffahrt schwierig, und doch hatten die Phönizier schon im 6. Jh. v. Chr. drei Umschlagplätze gegründet: Oea/Tripoli, die künftige Provinzhauptstadt, Sabratha und Leptis Magna. Alle drei sollten in römischer Zeit blühende Zentren werden, da sie die natürlichen Absatzmärkte des in der Ebene angebauten Getreides und des auf dem Gebel produzierten Öls boten. Dazu waren sie noch Endpunkte der Karawanenstraßen aus Schwarzafrika, in denen Sklaven, Tiere für die Amphitheater und kostbare Rohstoffe wie Gold und Elfenbein weiterverkauft wurden. Genau diese Städte werden sich der Romanisierung am weitesten öffnen, bleiben aber zugleich sehr verbunden mit der libysch-punischen Kultur. Die auf dem Plateau lebenden Einheimischen werden auch daran teilnehmen, solange ihnen dadurch Vorteile entstehen, d. h. bis ins 3. Jh. n. Chr. Zwischen den Wüstennomaden – in der Spätantike ein aktiver Stammesbund aus *Garamantes*, *Leuathae*, *Austuriani* – und den Städten an der Küste wird es öfters, vor allem im späten 4. Jh. n. Chr., gewaltsame Auseinandersetzungen geben. Aber schon früher mussten die Römer wiederholt nach Süden marschieren, z. B. 21/20 v. Chr. unter der Führung von L. Cornelius Balbus und in vespasianischer Zeit unter der Führung von Valerius Festus. Der Schutz der Grenzen und der Küstenstädte wurde eine Dauersorge der Römer. Im späten 2. Jh. n. Chr. wurde ein erstes Verteidigungssystem eingerichtet, und mehrere Forts, wie in Bu Njem, im Jahre 201 n. Chr. gebaut. Dieses System wurde dann im frühen 4. Jh. n. Chr., als die Tripolitana zur Provinz (303 n. Chr.) erhoben wurde, von Diocletian völlig neu organisiert.

Die konfliktgeladenen Verhältnisse, die eine permanente Bedrohung darstellten, erklären die besondere Verwaltungsstruktur dieses Teils der Africa proconsularis. Nur die Küstenebene mit ihren drei großen Städten unterstand dem Prokonsul. Das Hinterland war zunächst dem Legaten der *Legio III Augusta*, dann ab dem 3. Jh. n. Chr. dem Statthalter der Provinz Numidia unterstellt.

Die Verwaltungsorganisation

Seit ihrer Gründung war die Provinz einem Prokonsul anvertraut worden. Dieser wurde unterstützt von einem Quästor und mehreren Legaten, zuerst drei, dann nur noch zwei, als Caligula dem Prokonsul den Oberbefehl über die *Legio III Augusta* entzog. Prokonsul – ehemaliger Konsul – und Quästor wurden für ein Jahr ernannt. Die Hauptaufgabe des Prokonsuls war die Rechtsprechung. Zu diesem Zweck reiste er durch die Provinz, die unter Hadrian anscheinend aus zwei Verwaltungsbezirken bestand: der eine in der Region von Karthago, der andere in der Region von Hippo Regius. Nach 34 n. Chr. übte der Prokonsul nur noch eine zivile Funktion aus. Die Legion wurde von Ammaedara wahrscheinlich nach Theveste und dann nach Lambaesis (Numidia) versetzt. In iulisch-claudischer Zeit sicherte eine Reitereinheit (*ala*) die Ordnung in Karthago. Von der flavischen Zeit an wurde eine Kohorte der 3. Legion in der Stadt stationiert, dann die 13. Stadtkohorte und schließlich die 1. Stadtkohorte. Anscheinend wurde der Hauptstadt auch eine Feuerwehreinheit zur Brandbekämpfung zugewiesen.

Eine urbane Kultur

Die Quellen

Die Quellenlage ist für das römische Afrika allgemein und insbesondere für die in Tunesien und Tripolitanien liegenden Gebiete viel besser als für andere Provinzen. Denn es stehen sehr viele Quellen zur Verfügung. Neben den wenigen Texten antiker Schriftsteller, die uns immerhin Informationen über die Geschichte, die Verwaltungsorganisation und die Gesellschaft dieser Gebiete liefern, sind es besonders zwei umfassende Bereiche: die epigraphischen und die archäologischen Quellen.

Die Inschriften

In Nordafrika gibt es zahlreiche Inschriften; besonders in der Africa proconsularis sind es mehrere Zehntausend aller Art: Weihinschriften auf öffentlichen Gebäuden, Kopien von kaiserlichen Beschlüssen, die Laufbahn hoher Beamter und Honoratioren aufzählende Ehreninschriften, Votivtafeln für die Götter und Grabinschriften. Alle bringen unersetzliche Auskünfte über die provinzialen und städtischen Institutionen, auch über die Gesellschaft, wie in einer Grabinschrift (AE 1975, 883) aus dem Fundus Aufidianus, einem Gut in der Umgebung von Mateur in Nordwest-Tunesien. Diese wurde von einer Frau für ihren Mann verfasst, die ihn dafür ehrte, dass er einen Olivenhain, einen Obst- und Weingarten angelegt hatte. Viele andere Grabinschriften beleuchten oft in ergreifender Weise die Gefühle der Eltern für ihre Kinder oder der Eheleute füreinander. In Ammaedara klagt eine Frau mit großer Inbrunst über den Verlust ihres Gatten und erklärt, wie sie ein Porträt (eine Büste oder ein Relief auf einer Stele) von ihm anfertigen ließ, um das Andenken des Verstorbenen zu bewahren (CIL 8, 11518). Diese Inschriften erlauben auch, die unter den afrikanischen Honoratioren übliche Vorstellung von einer guten Ehefrau zu rekonstruieren. Es ist außerdem bemerkenswert, dass viele Inschriften die Form von kleinen Gedichten besaßen.

Die Inschriften müssen allerdings mit einer gewissen Vorsicht gelesen werden, da die erhaltenen Texte nur einen kleinen Teil der damals vorhandenen Zeugnisse darstellen und nur ein partielles Bild der Realität wiedergeben. Dazu kommt, dass der bei weitem größte Teil entweder einen offiziellen Charakter hat oder aus dem Kreis der munizipalen Honoratioren stammt und eine Form der Selbstdarstellung war. Eine ganze Schicht der Bevölkerung – die Nordafrikaner aus sehr einfachen Verhältnissen, vor allem auf dem Land – hatte nur schwer Zugang zu Inschriften und bleibt uns deshalb entzogen.

Die sehr wichtigen, in der Umgebung von Thugga gefundenen Texte informieren uns z. B. über die grundlegenden Bestimmungen der *lex Manciana* zur Landnutzung durch die nordafrikanischen Bauern. Sie sind Kopien der Antwort des Kaisers auf Petitionen von Bauern, die auf kaiserlichen Gütern lebten. Sie hatten also ihr Anliegen vorbringen können.

Auf einigen Grabinschriften oder Weihungen an Saturn ist auch gut zu sehen, dass der Gläubige oder die Eltern des Verstorbenen mit dem Verfassen von Texten nicht vertraut waren: Die Sprache ist fehlerhaft, die Schrift unsicher (was aber dem Handwerker zuzuschreiben ist), der Text bedeutungslos. Aber die Weihenden wollten dieses Ausdrucksmittel verwenden, da Weihinschriften einen wesentlichen Aspekt der Romanisierung darstellten. Private Texte sind Teil der Selbstdarstellung, wie die Inschriften auf Monumentalgräbern eindeutig zeigen. Davon liefert das Steppenhochland spektakuläre Beispiele, wie die Grabinschrift (CIL 8, 211) des Titus Flavius Secundus auf dem großen Mausoleum von Cillium in Tunesien (Abb. 10). Auf der Fassade beschreibt ein langes Gedicht (CIL 8, 212) von etwa 100 Versen die Laufbahn des um 150 n. Chr. verstorbenen Mannes, die Besitztümer, die sein Stolz waren, seinen Gutshof, die von ihm gepflanzten Bäume und die bewässerten Felder sowie sein Grab mit dem krönenden bronzenen Hahn.

Dass unsere Kenntnis der Gesellschaft der Africa proconsularis so lebendig ist, mehr als von anderen Provinzen, verdanken wir diesen Texten. Sie liefern ein unersetzliches Zeugnis über heute verschwundene oder beschädigte Denkmäler – wie im Fall des Mausoleums von Cillium – und ihre Datierung. Eine genaue Rekonstruktion der Geschichte des Städtebaus in der Provinz wäre ohne sie viel schwieriger.

Die archäologischen Quellen

Die zweite, reiche und ausgiebige Informationsquelle ist natürlich die Archäologie. Schon seit den systematischen Erforschungen des späten 19. Jhs., u. a. diejenigen des Architekten Henri Saladin und des Historikers René Gagnat mit einer pittoresken Erzählung ihrer Reisen zusätzlich zu den wissenschaftlichen Berichten, wurde es möglich, die Vielfalt der Funde und Befunde dieser Provinz wahrzunehmen. Nicht nur waren die Denkmäler – manchmal auf spektakuläre Weise – in großer Zahl erhalten, auch die Besiedlungsdichte war in einigen Gebieten offensichtlich bemerkenswert hoch.

Es ist die Zeit der *brigades topographiques* (topographische Brigaden), kleiner Gruppen militärischer Fachleute, die mit der Vorbereitung der Kartierung Tunesiens (unter französischem Protektorat 1881) und der Erstellung einer ersten archäologischen Inventarisierung beauftragt wurden. Dies führte zur Herausgabe eines archäologischen Atlas' für Tunesien mit sehr anschaulichen Karten, wie auch für Algerien, allerdings weniger ausführlich. Dasselbe Unterfangen in jüngerer Zeit unter der Leitung des *Institut national du Patrimoine de Tunisie* hat den außerordentlichen archäologischen Reichtum der Africa proconsularis bestätigt. Andere Beamte, oft Soldaten, haben auf ihren Inspektionsreisen heute unersetzliche Inventare über diese oder jene Region erstellt, da viele Ruinen inzwischen verschwunden sind. Zur gleichen Zeit sind in Tunesien wie Algerien archäologische Dienste eingerichtet worden. Die Erinnerung an die Arbeit vieler Wissenschaftler, wie Stéphane Gsell, Paul Gauckler, Louis Poinssot und weitere, und der italienischen Forscher in Tripolitanien verdient gewahrt zu werden: Ihr Werk war beachtlich.

Lange galt die Aufmerksamkeit der Archäologen fast ausschließlich den Städten, wenn auch die Entdeckungen von interessanten Inschriften, wie die Agrartexte von Henchir Mettich und Ain el-Djemala, ebenfalls wesentliche Forschungsarbeit erfordert haben. Innerhalb der Städte waren es die öffentlichen Monumente, die ein spektakuläres Bild der römischen Präsenz in Nordafrika boten und Informationen über deren Geschichte lieferten. Die großen Tempel, die Fora und vor allem die Thermen standen im Blickpunkt, wie auch Privathäuser, sofern sie reich dekorierte Mosaike enthielten.

So kamen in Thugga, Sufetula und Althiburos schon früh wichtige Ensembles ans Tageslicht, die auch publiziert sind. Den Mittelpunkt des Interesses bildete die Entwicklung der Städte im 2. und 3. Jh. n. Chr., d. h. in der Blütezeit des römischen Afrika: Die jüngsten Phasen wurden kaum beachtet und ihre Baureste leider außer Acht gelassen. Man sollte jedoch die Fülle von Informationen, die all diese alten, oft sehr seriös publizierten Arbeiten geliefert haben, nicht unterschätzen.

Die Fragestellungen der Archäologie haben sich inzwischen gewandelt, und auch ihre Methoden: Alle Zeugnisse menschlicher Aktivität, nicht nur monumentale Baureste, werden heute berücksichtigt. Man ist bestrebt, ein Gesamtbild der Städte zu gewinnen. Es sind nun ganze Stadtviertel freigelegt worden, und die Archäologie liefert ein ziemlich getreues Bild der Entwick-

Abb. 10
Cillium. Das Mausoleum der Flavii.

lung einiger Städte: Thugga, Thuburbo Maius, Uthina/ Oudhna z. B. als Gegenstand jüngerer Arbeiten, die diese Städte in ihrer Gesamtheit umfassen, oder auch die zwei wichtigsten Städte von Tripolitanien, Leptis Magna und Sabratha; Oea, die dritte, liegt leider unter dem modernen Tripoli. Die bisher fast nur durch Inschriften bekannten ländlichen Gebiete finden ebenso Aufmerksamkeit: Prospektionskampagnen haben unterschiedlich große Gebiete um Segermes am südlichen Cap Bon, in der Gegend von Cillium, im Steppenhochland oder um Ammaedara untersucht. Die Erstellung einer neuen archäologischen Karte Tunesiens hat auch zu einer sorgfältigen Erforschung weiter Bereiche geführt, und unsere Kenntnisse werden durch Ausgrabungen von ländlichen Anwesen immer genauer, so z. B. in Oued Ramel bei Segermes, wo ein kleiner Gutshof vor der Flutung einer Talsperre ausgegraben wurde, oder in Ain Wassel bei Thugga.

Die Städte und ihre Organisation

Das politische und soziale System des Römischen Reiches wird vor allem durch eine urbane Kultur charakterisiert. Denn die Stadt bietet den Rahmen, in dem der Einzelne frei seinen Ambitionen nachgehen kann, besonders durch das System des Euergetismus. Auch wenn sich die einflussreichsten und ehrgeizigsten Männer auf diese Weise vor ihren Mitbürgern hervortun können, um im Gegenzug ihre Gunst zu gewinnen, sind die meisten Bürger doch an die Selbstdarstellung und den Status ihrer Stadt gebunden – *civitas* als politische Einheit, aber auch *urbs*, die Stadt mit ihrer Architektur. Einerseits in gewisser Hinsicht Abbild von Rom, will andererseits jede Stadt ihren eigenen Charakter bewahren. Die auf dem Forum einiger Kolonien – z. B. Althiburos in Tunesien – stehende Statue des Satyrs Marsyas symbolisiert diesen Stolz und ein Festhalten an einer bei vielen Gelegenheiten geäußerten Form der Freiheit. Die Stadt ist der Ort der Kultur schlechthin.

Die Stadtverwaltung

Rom fand im ganzen Gebiet der künftigen Africa proconsularis unterschiedliche Institutionen vor. Einerseits hatten die punische Welt und die numidischen Reiche selber Städte gekannt, andererseits war ein Teil des Gebietes von großen fremden Stämmen besetzt. Rom nahm das Land fest in den Griff mit der Gründung von Kolonien durch die *deductio colonorum*, d. h. mit der Herbeiführung von Siedlern z. B. nach Karthago. Auf diese Weise gelang es trotz einer solchen Vielfalt, ein System einzurichten, das auf einer Hierarchie attraktiver Ämter gegründet war und bei den Honoratioren den Wunsch weckte, privat und öffentlich mitzuwirken. Dieses System war außerdem flexibel genug für eine großzügige Förderungspolitik der Städte. An den in der Africa proconsularis besonders zahlreichen Inschriften kann das Funktionieren dieses Systems abgelesen und dessen Wirkung auf die Gesellschaft mit der ganzen für solche Texte erforderlichen Vorsicht abgeschätzt werden.

Neben den gegründeten Kolonien konnten auch andere Städte, die es wünschten, den Status einer Kolonie als Ehrentitel erlangen, sofern es ihnen möglich war, eine ausreichende Romanisierung vorzuweisen. Alles hing also von der Attraktivität des Bürgerrechts und der mit ihm verknüpften Rechte ab, mindestens bis 212 n. Chr., als es von Caracalla an alle freien Menschen verliehen wurde. Es gab aber noch andere Möglichkeiten: Eine Zwischenstufe war das latinische Recht und der Status eines *municipium* für die Städte. Für die Honoratioren konnte die Verleihung des latinischen Rechts besonders verlockend sein, da es in der «kleinen» Variante für die obersten Magistrate der betreffenden Stadt mit Familie, in der «großen» Variante für alle Dekurionen – die Mitglieder des Stadtrates – das Bürgerrecht vorsah. So erlangte Gigthis im 2. Jh. n. Chr. beides nacheinander. Mactaris z. B. bekam das latinische Recht von Hadrian. Viele Varianten waren also möglich von der Kolonie bis zur peregrinen Stadt (von freien Menschen bewohnt, aber ohne römisches Bürgerrecht), die *municipia* mit römischem oder mit latinischem Recht, die *civitates* mit latinischem Recht, so dass den Ehrgeizigsten gute Aufstiegschancen geboten wurden.

In der Africa proconsularis, die viele Städte zählte, ergaben sich verschiedene Situationen. Ursprünglich bestanden zwei große Einheiten: Karthago mit seinem Territorium (die *pertica*) und ganz im Westen die Konföderation um Cirta/Constantine. Im Hinterland von Karthago befanden sich *castella* oder peregrine Städte; daneben existierten auch *pagi*, d. h. Siedlungen römischer Bürger, die der Metropole direkt unterstellt waren: so vor allem in Thugga, Thignica oder Uchi Maius. Wie im Fall von Thugga, 205 n. Chr. *municipium* geworden, standen die *pagi* oft in Symbiose mit einer einheimischen Stadt. Einige waren bis zur Zeit des Septimius Severus mit keiner Kolonie verbunden und hatten ihre eigenen Amtsträger. Beispiele dafür sind Uthina, Maxula/Radès oder Thuburbo Minus.

Das Territorium der Africa proconsularis bot also mit deutlichen regionalen Unterschieden ein sehr komplexes Bild: eine gewisse Anzahl gegründeter Kolonien (nach Traian keine mehr), immer mehr Titularkolonien, deren Bürger wie alle anderen in den Tribus Roms aufgeführt waren (z. B. die *tribus Arnensis* für Karthago, die *Quirina* für Ammaedara), peregrine Städte (lange die zahlreichsten), darunter einige «freie» Städte – die einen aus der Eroberungszeit Caesars, die anderen mit fiskalischen Privilegien (*immunitas*) – und eine Mehrheit von tributpflichtigen Städten (*stipendium*).

Die peregrinen Städte bewahrten ihr eigenes Recht. Viele alte punische Städte (mindestens 40) behielten noch bis ins 2. Jh. n. Chr. ihre vorrömische Organisation: Sie wurden von jährlich gewählten Sufeten (zwei pro Stadt, wie in Thugga, manchmal drei wie in Mactaris oder Althiburos) verwaltet, die die meisten Befugnisse der Exekutive innehatten und manchmal von *magistri* – vager Begriff für verschiedene Funktionen, wie die der Ädilen – unterstützt wurden. Dies war u. a. der Fall in Limisa/Ksar Lemsa. Um Karthago herum hatten die punischen Institutionen eine Spur hinterlassen: die *pagi*. Diese unterschieden sich von denjenigen römischer Bürger und bildeten Konglomerate kleiner, manchmal sehr zahlreicher Siedlungen. So umfasste der *pagus* von Tusca und Gunzuzi 64 Ortschaften. Dazu kamen noch *vici* in den Städten (hier: Stadtviertel) und auf dem Land, Marktflecken ohne Befugnis. Bemerkenswert ist der außerordentliche Fall von Pupput, das unter Commodus vom *vicus* zum *municipium* erhoben wurde.

Die Städte wurden von den Duumvirn geleitet und funktionierten dank zweier beschließender Organe: Stadtrat (*ordo decurionum*) und Volksversammlung. Die Magistrate durchliefen die Etappen der Ämterlaufbahn, bevor sie zum Duumvirat gelangten, einem einjährigen Amt, für das sie von der Versammlung der Dekurionen (Stadtrat) gewählt wurden. Es gab Ädilen, manchmal auch Quästoren. In Rechtsfragen konnten die Duumvirn von einem Präfekten *iure dicundo* assistiert werden. Alle fünf Jahre übernahmen die Duumvirn eine besonders wichtige Aufgabe: Mit dem Titel *duumviri quinquennales* wurden sie mit der Volkszählung beauftragt. Ebenfalls durch eine Wahl wurde der *flamen perpetuus*, Priester des Kaiserkultes, ernannt. Dieser Posten war äußerst wichtig für den *cursus honorum*, die Ämterlaufbahn.

Der Stadtrat bestand aus 100 Mitgliedern, dessen Zahl laufend ergänzt wurde, und spielte die Rolle eines lokalen Senats. Seine Mitglieder wählten in der Curia die Magistrate und Priester und beschlossen Ehrungen für die Honoratioren. Der Rat hatte auch finanzielle Zuständigkeiten, da er Ausgaben und Einnahmen überwachte sowie die Steuern einzog. Die Stadtkasse wurde im Wesentlichen durch die Beiträge (*summa honoraria*) der gewählten Magistrate und Priester gespeist. Diese fielen je nach Bedeutung der Stadt unterschiedlich aus: In Ammaedara zahlten die *magistri quinquennales* 10 000 Sesterzen, ein Sufet in Themetra an der tunesischen Ostküste nur 800. Lange Zeit waren die Einnahmen durch den Wetteifer unter Honoratioren, die zusätzlich zu dem normalen Beitrag einen Zuschlag versprachen, noch gewachsen. Dieses System der *pollicitatio ob honorem* (Versprechen gegen eine Ehrung) konnte zu einer gegenseitigen Überbietung führen, die im Fall der Zahlungsunfähigkeit der Kandidaten für die Stadtfinanzen gefährlich wurde. Die Zahlungsverzögerungen der versprochenen Summen konnten sich häufen, und die Stadt oder der Prokonsul mussten die Schuldigen oder deren Erben mahnen. Bis in die erste Hälfte des 3. Jhs. n. Chr. zeugen diese Versprechen vom Funktionieren des Systems.

So konnte die Stadt angesichts dieser unterschiedlichen Beiträge die für die Bauten und gesamte Ausschmückung (insbesondere die Plastik) zu leistenden Ausgaben, die durch die Inschriften bekannt sind – R. P. Duncan-Jones hat einige Preise zusammengestellt – nicht allein tragen. Ein Tempel konnte 60 000, die Pflasterung eines Forums 200 000, ein Theater über 400 000 Sesterzen kosten. Ein großer Teil der Geldmittel wurde für den Bau und Betrieb der Aquädukte und Brunnen aufgewendet. Die Rolle der Euergeten war demnach höchst wichtig: Sie übernahmen den Bau und Unterhalt eines Gebäudes (manchmal für längere Zeit abgesichert durch eine Stiftung) und finanzierten auch Tierhetzen oder seltener Gladiatorenkämpfe im Amphitheater sowie Festessen für die Bevölkerung (manchmal auch aus Nachbarstädten).

So hatte schon in augusteischer Zeit Annobal Tapapius Rufus in Leptis Magna einen Markt, dann ein

Abb. 11
Leptis Magna. Weihung des Theaters durch Annobal Tapapius Rufus auf Latein und Punisch (2. n. Chr.).

Theater (Abb. 11) bauen lassen (*Inscriptions of Roman Tripolitania* 319. 321–323). In derselben Stadt hatte auch der Decurio Plautius Lupus (*Inscriptions of Roman Tripolitania* 601b) in bescheidenerem Maße für seine Mitbürger zweimal Spiele ausgerichtet und einen Raum einer Therme mit numidischen Marmoren und einem Mosaik ausgeschmückt. Die Euergeten übernahmen aber auch allgemeinere Ausgaben, so ein Ratsherr von Sicca Veneria, der unter Marc Aurel eine sehr bedeutende Stiftung alimentärer Art, eine sehr geschätzte Freigebigkeit, eingerichtet hatte (CIL 8, 1641). Die Stadt bekam ein Kapital von 1 300 000 Sesterzen, von dessen Zinsen jährlich je zweieinhalb Denare für den Unterhalt für 300 3–15jährigen Jungen und je zwei Denare für 200 3–13jährige Mädchen gezahlt wurden. Die Duumvirn mussten die Empfänger unter den Bürgern des Munizipiums und des dazugehörigen Stadtgebietes auswählen.

Wie Inschriften zeigen, haben Frauen ebenfalls als Euergeten gewirkt und gelangten auch zu religiösen Funktionen. Als Frau eines *flamen* übernahmen sie die Verantwortung für den Kult der weiblichen Angehörigen der Kaiserfamilie unter ähnlichen Bedingungen, wie die Männer das Priesteramt (*flaminatus*). Für Thugga kennt man das Beispiel der Nanneia Instania Fida (CIL 8, 26529), die versprochen hatte, für 30 000 Sesterzen zwei Kolossalstatuen, eine für Lucius Verus und die andere für Marc Aurel, errichten zu lassen. Das alles erweitert unsere Kenntnisse über die Gesellschaft der Africa proconsularis und die Stellung der Frauen, wie auch aus mehreren Grabinschriften zu erschliessen ist, insbesondere von Mausoleen des tunesischen Steppenhochlandes. Diese Euergeten, ob Frau oder Mann, bekamen oft von der Stadt eine Statue zum Dank, die auf dem Forum oder in anderen öffentlichen Gebäuden, wie den Thermen, aufgestellt wurde – meistens als stehende Figur. Zu Ehren des oben erwähnten Plautius Lupus (*Inscriptions of Roman Tripolitania* 601b) hatten die Dekurionen eine Biga bewilligt, ein Standbild mit Zweigespann. Der Empfänger hatte schließlich äußerst nobel die Kosten der Aufstellung selbst bezahlt.

Aber der Euergetismus hatte seine Grenzen. Da seit dem späten 2. Jh. n. Chr. finanzielle Schwierigkeiten aufkamen, sei es wegen Zögerlichkeiten der Geldgeber oder wegen der schlechten Verwaltung der Stadtfinanzen, wurden Kuratoren geschickt, um den Städten zu helfen. Mehrere Städte hatten schon seit einiger Zeit die Unterstützung eines «Schutzherren» gesucht, besonders des Prokonsuls, der im Notfall imstande war, Hilfe zu leisten. Ein treffendes Beispiel dafür gibt Q. Aradius Valerius Proculus, Angehöriger einer großen römischen Familie, Statthalter der Byzacena, den sechs tunesische Küstenstädte – Thaenae, das *municipium Chullitanum*, Zama Regia, Hadrumetum, die Civitas Faustianensis und Mididi – 321 n. Chr. gleichzeitig als Schutzherrn gewählt hatten. In seinem prachtvollen Haus in Rom stellte dieser die auf einer Bronzetafel eingravierten Kopien des Beschlusses der Stadtbehörden zur Schau (CIL 6, 1684–1689).

Ein anderes Organ griff in die Arbeitsweise der Städte ein: der *populus*, die Volksversammlung. Das Volk war in mehrere Kurien (bis zu zehn, in einigen Städten sogar elf) gegliedert, die unter dem Schutz eines Gottes oder eines Kaisers standen. Diese Kurien kamen bei Festtagen oder Trauerfeierlichkeiten für ihre Angehörigen zusammen und waren in der Lage, ihren Beschwerden oder Wünschen Gehör zu verschaffen.

Städte in der Africa proconsularis

Es werden hier einige konkrete Beispiele dieser afrikanischen Städte aus Tripolitanien wie Tunesien näher betrachtet.

26 | Die Städte und ihre Organisation

Tripolitanien

Oea

Wegen der durchgehenden Besiedlung des Ortes bis in die Neuzeit ist über Oea wenig bekannt. Die antike Stadt liegt unter dem heutigen Tripoli, und erhalten ist nur der schöne Stadtbogen mit vier Toren (*quadrifrons*), der 167 n. Chr. Marc Aurel und Lucius Verus geweiht wurde (Abb. 12). Dafür zählen die zwei anderen großen Städte, Sabratha und Leptis Magna, infolge systematischer Grabungen, die italienische, englische und französische Archäologen durchgeführt haben, zu den am besten bekannten der Africa proconsularis.

Fig. 12
Oea. Der Marc Aurel und Lucius Verus geweihte Bogen.

Sabratha

Der Ursprung dieser Stadt ist ein phönizischer Handelsplatz, dessen Hafen in der Kaiserzeit dem Getreidetransport dienen wird, wie es der in Ostia für die Korporation der Händler von Sabratha reservierte Platz zeigt. Spuren dieser ersten Siedlung zeichnen sich noch deutlich im Stadtplan des östlich des Forums gelegenen Wohnviertels mit seinen gewundenen und unregelmäßigen Gassen ab, wo die römische Stadt ihren Anfang nahm (Abb. 13). Das Forum ist ein breiter Platz, auf den zwei große Tempel ausgerichtet sind: das Kapitol und ein auf einem weiträumigen Platz gelegener Tempel des Liber Pater/Shadrapa, der wie in Leptis Magna die Verbundenheit der Einwohner zum alten punischen Pantheon aufzeigt. Drei weitere Tempel sind der Serapis, weiterhin der «unbekannten Gottheit» und zuletzt dem Mark Aurel und Lucius Verus geweiht. Die beiden letzteren wurden in der 2. Hälfte des 2. Jhs. n. Chr. vollendet, woraus sich dann eine Art religiöses Viertel entwickelte (Abb. 14).

Ebenfalls in der Mitte des 2. Jhs. n. Chr. wird ein neues Viertel mit regelmäßigem Plan um ein monumentales Theater – von italienischen Archäologen spekta-

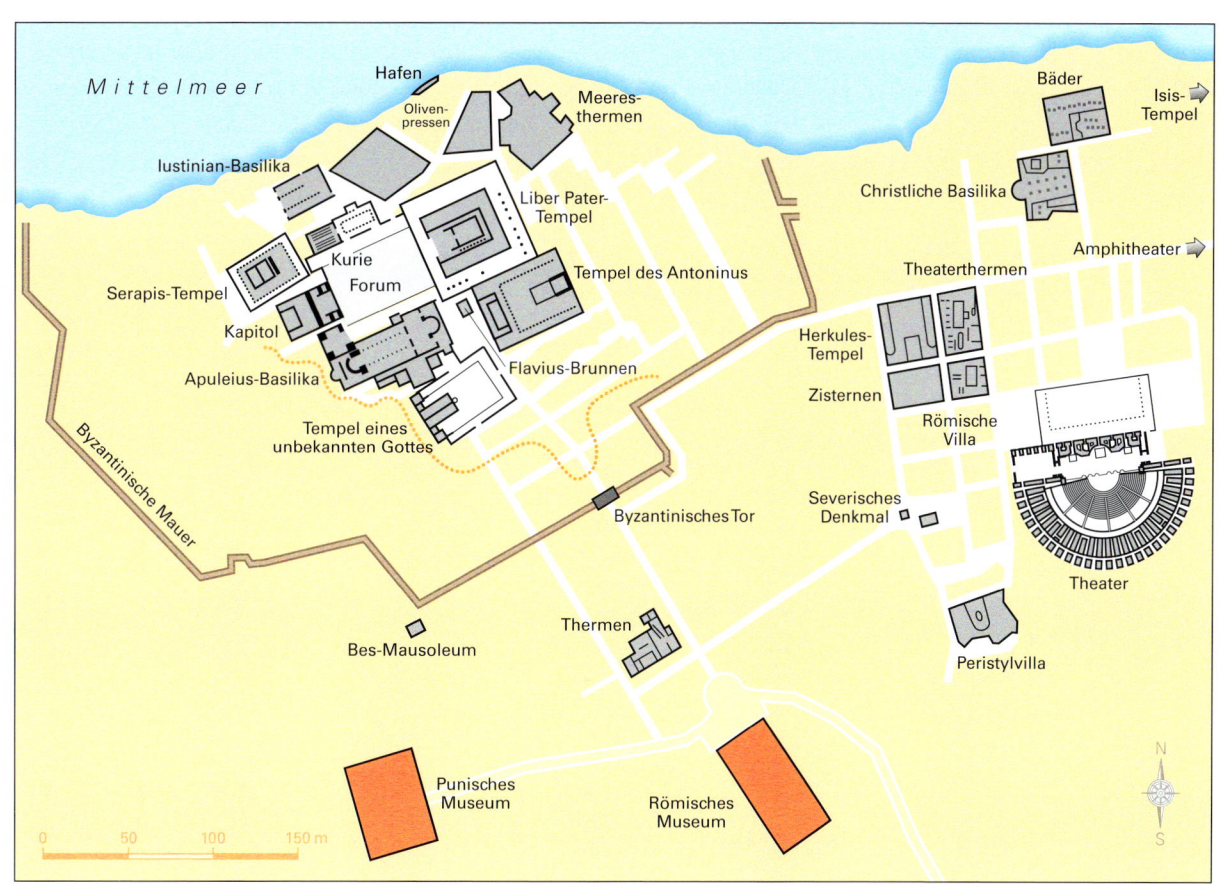

Fig. 13
Plan von Sabratha.

Eine urbane Kultur | 27

Abb. 14 Sabratha. Blick auf das zentrale Stadtviertel.

Abb. 15 Sabratha. Das Theater.

kulär restauriert – südöstlich des Forums angelegt. Die erlesene Architektur dieses Bauwerks ist durch die Breite der Bühnenwand gekennzeichnet und von dem reichen Dekor der kleinasiatischen Theater inspiriert (Abb. 15). In severischer Zeit wird das *pulpitum* (der vordere Teil des Bühnenpodiums) mit einer Reihe von Reliefs geschmückt, die den Kaiser Septimius Severus, seine Gattin Iulia Domna und seine beide Söhne, Caracalla und Geta, als Opfernde darstellen. Diese Szene drückt die Loyalität gegenüber der Dynastie aus. Man kann aber auch das Urteil des Paris, des mit der Wahl der schönsten unter den drei Göttinnen Venus, Minerva und Iuno beauftragten troianischen Prinzen (und Hirten), bewundern (Abb. 16). Diese Komposition entspricht genau der Beschreibung, die Apuleius (*Metamorphoses* 10, 30–34), in Madauros geborener Schriftsteller in der Mitte des 2. Jhs. n. Chr., von einer Darstellung derselben mythischen Episode auf der Bühne eines kleinasiatischen Theaters gibt: ein Pantomimenspiel mit kaum bekleideten Schauspielerinnen und einer Ausstattung wie sie bei den Zuschauern der Spätantike beliebt war.

Ein anderes Viertel erstreckt sich nördlich des Theaters entlang der Küste und schließt noch einen Isistempel ein. Schon am Ende des 2. Jhs. n. Chr. erreichen die städtischen Gebäude ihre größte Ausdehnung, und im Gegensatz zum benachbarten Leptis Magna wird Sabratha von der Machtübernahme des Septimius Severus nicht berührt.

In der Spätantike hingegen teilen Sabratha und Leptis Magna ein ähnliches Schicksal. Die im frühen 4. Jh. n. Chr. von einem Erdbeben beschädigten Bauwerke wurden nur mühsam restauriert. Wegen der drohenden Überfälle der besonders in Tripolitanien aktiven Nomaden umgeben sich beide mit einer Verteidigungsmauer. Das städtische Leben scheint aber in Sabratha in der Spätzeit noch sehr aktiv gewesen zu sein, da am Ende des 4. Jhs. n. Chr. eine neue Curia eingerichtet wurde. Wie in Leptis Magna bestanden die städtebaulichen Aktivitäten seit dem späten 4. Jh. n. Chr. – und be-

28 | Die Städte und ihre Organisation

sonders in byzantinischer Zeit – hauptsächlich darin, Kirchen einzurichten: Fünf wurden in Sabratha und sechs in Leptis Magna ausgegraben. Einen Umbau z. B. erfuhr die an das Forum grenzende Basilika, die wahrscheinlich zur Kathedrale mit Baptisterium wurde. Eine andere Kirche in der Nähe des Forums wurde in der Zeit Iustinians mit einem wunderschönen Bodenmosaik ausgestattet: eine wuchernde, von vielen Vögeln belebte Weinranke und ein das Rad schlagender Pfau. Zu dieser Zeit (530–540 n. Chr.) gehörte Sabratha schon seit über 200 Jahren zur Provinz Tripolitana, die Diocletian infolge der Neugestaltung der Provinzen gegründet hatte.

Leptis Magna

Diese Stadt geht auch auf einen im frühen 6. Jh. v. Chr. gegründeten phönizischen Handelsplatz zurück, der an der Mündung des Wadi Lebda mit zeitweise gefährlichem Hochwasser gelegen war. Die Ausgrabungen haben zwar noch nicht das gesamte Stadtareal freigelegt, aber die Stadtentwicklung ist durch die Kombination von Archäologie und Epigraphik besonders gut erfasst. Der römische Stadtkern liegt wahrscheinlich über dem ursprünglichen Handelsplatz und geht auf augusteische Zeit zurück (Abb. 17). Er wurde um ein erstes Forum

Abb. 16
Sabratha. Relief des *pulpitum* des Theaters: Hermes und Paris.

angelegt, ein relativ bescheidener, trapezförmiger Platz ohne Portiken, das erst in antoninischer Zeit vollendet wurde. Der Basilika und der Curia gegenüber stehen drei Tempel: In der Mitte der Roma und Augustus-Tempel, der nach und nach zum besten Zeugnis der Treue zu Rom wurde, da er eine reiche Figurenreihe der Angehörigen der iulisch-claudischen Familie beherbergte. Zu

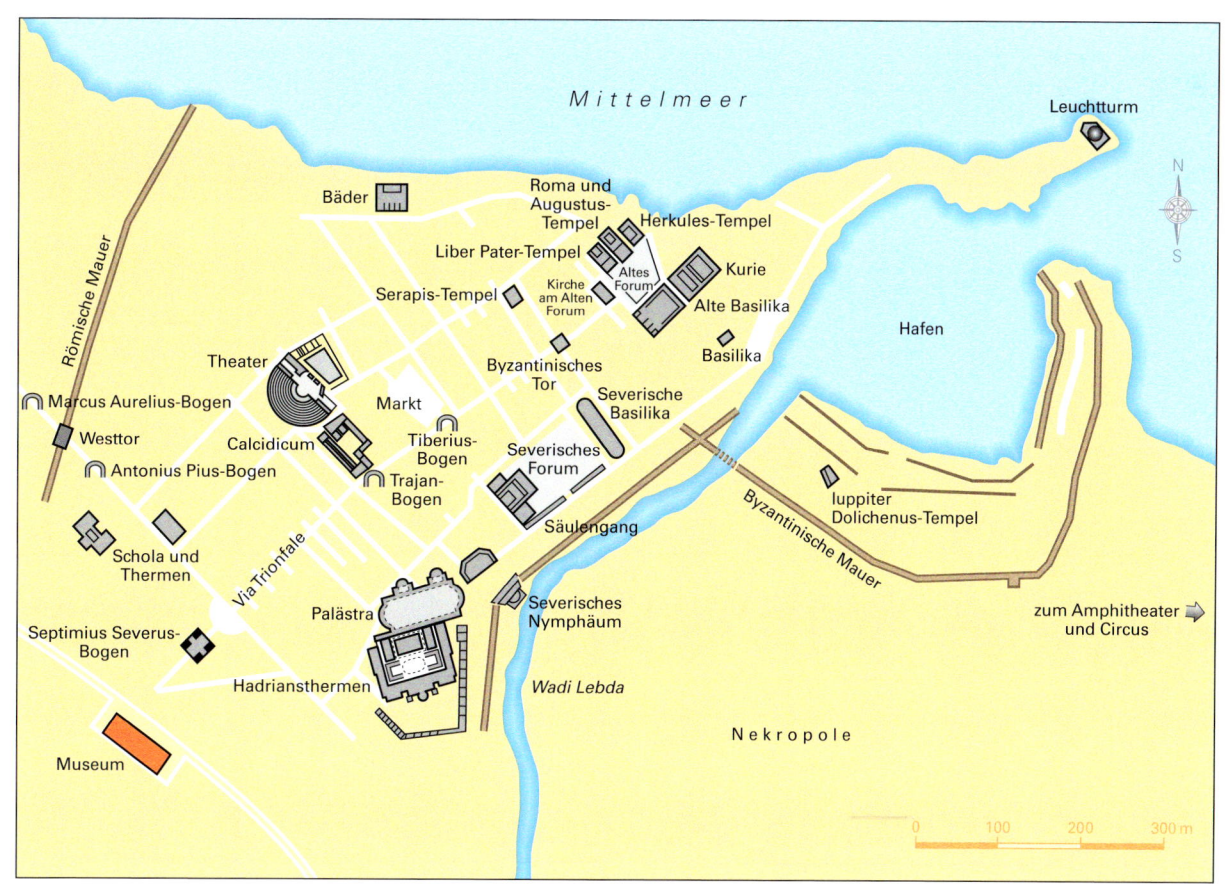

Abb. 17
Plan der Stadt Leptis Magna.

Eine urbane Kultur | 29

Abb. 18
Leptis Magna.
Das Theater.

Abb. 19
Leptis Magna. Apsis der
severischen Basilika,
von vier mit Reliefs
geschmückten Pfeilern
gerahmt.

beiden Seiten waren zwei weitere Tempel den alten punischen Schutzgottheiten der Stadt geweiht: dem Melkart, der mit Hercules, und Shadrapa, der mit Liber Pater gleichgesetzt wird.

Das regelmäßige Straßennetz kann mit Hilfe von zwei dieses Viertel prägenden Bauwerken rekonstruiert werden: das Theater aus dem Jahre 1 v. Chr. und das *macellum* (Lebensmittelmarkt) aus dem Jahre 2 n. Chr. Beide wurden errichtet durch die Großzügigkeit eines prominenten Bürgers, Annobal Tapapius Rufus, Sohn des Himilkon und Angehöriger einer punischen Familie (*Inscriptions of Roman Tripolitania* 319. 321–323; Abb. 18).

In flavischer Zeit und im frühen 2. Jh. n. Chr. wurden das Amphitheater und der Circus außerhalb der Stadt gebaut und nebeneinander, was eine Seltenheit ist. Unter Hadrian erfährt der Städtebau ab 134 n. Chr. eine neue Wende: Die Orientierung der Straßen wurde verändert und eine riesige, mit prächtigen Skulpturen ausgestattete Thermenanlage in der Nähe des Wadi Lebda errichtet. Damit entstand ein neues Stadtzentrum zu beiden Seiten des Wadis.

Die Machtübernahme des Septimius Severus 197 n. Chr., der mütterlicherseits aus Leptis Magna stammt, bedeutete für die Stadt ein außerordentliches Glück: Der Kaiser setzte beträchtliche Geldmittel ein, um der Stadt das Aussehen einer Metropole zu verleihen. Wenn auch ein Teil der Finanzierung vielleicht von der Stadt übernommen wurde, so wären die umfangreichen Baumaßnahmen ohne kaiserliche Beteiligung nicht zu bewältigen gewesen. Septimius Severus ließ wahrscheinlich unter der Leitung eines sehr begabten Architekten den ganzen Bereich zwischen Hafen und hadrianischen Thermen neu gestalten. Am Wadi entlang führte nun eine beeindruckende, 40 m breite Kolonnadenstraße, ähnlich denen in syrischen Städten wie Antiochia, Apamea oder Palmyra. Ein an das Thermenviertel anschließender runder Platz glich den Orientierungswechsel der Straßen aus. Ihn flankierte ein wunderschönes mehrstöckiges Nymphäum mit dem Aussehen eines Theaters und dem barocken Habitus der zeitgenössischen Architektur.

An der Kolonnadenstraße begann der Bau eines grandiosen, riesigen Forums, aber das ursprüngliche Projekt wurde wahrscheinlich nie ganz vollendet. Die große Basilika mit zwei Apsiden, die auf die Form des traianischen Forums zurückgriff, grenzte im Osten an das Forum und sollte als Symmetrieachse für zwei große Plätze dienen (Abb. 19). An der Westseite des von Portiken umgebenen Forums stand auf einem hohen Podium der beeindruckende Tempel für die severische Familie. Die leicht abweichende Orientierung der beiden Bauten wurden durch allerlei architektonische «Tricks», eine Exedra und unregelmäßige Räume, ausgeglichen. Die beeindruckende Größe der Basilika wurde noch durch die reichen Materialien der Innenausstattung und sehr viele Skulpturen ergänzt.

Die Baumeister hatten mehrere Bildhauer wahrscheinlich aus Aphrodisias in Karien kommen lassen, die zu den berühmtesten des Reiches zählten und in demselben barocken Stil arbeiteten: So schmückten Medusenköpfe die Portikusbögen des Forums, eine Reihe von Pfeilern die Innenwand beider Apsiden der Basilika. Diese Pfeiler trugen Reliefs aus Wein- und Efeuranken sowie Szenen der Taten des Hercules auf der einen Seite und Figuren des Bacchuszuges auf der anderen, die auf die beiden Schutzgottheiten der Stadt, Melkart und Shadrapa, hinwiesen (Abb. 20). Auf den Postamenten der Säulen an der Fassade des Tempels schilderten weitere Reliefs den Kampf der Götter gegen die Giganten, ein damals klarer Hinweis auf die Siege des Kaisers, des Garanten der Weltordnung, gegen die Barbaren.

Zur gleichen Zeit wurde auf einem flachen Podium, an der Kreuzung beider Hauptstraßen, ein außergewöhnlicher Bogen zu Ehren des Kaisers errichtet, der allerdings den Verkehr blockierte (Abb. 21). Dieser war ein Tetrapylon, d.h. ein viertoriger Bogen, eine Form,

Abb. 20
Leptis Magna. Reliefdetail eines Pfeilers der severischen Basilika: Figuren des Bacchuszuges.

Eine urbane Kultur | 31

Abb. 21
Leptis Magna. Der Bogen des Septimius Severus mit vier Toren (*quadrifrons*).

die schon 25 Jahre früher für den Bogen des Marc Aurel in Oea verwendet wurde. Jedoch beeindrucken hier die Maße, und der Dekor ist überladen mit Elementen aus dem orientalischen Repertoire, wie den Frontispizecken (bzw. gesprengter Giebel) über den Ziersäulen neben den Durchgängen. Die Innenseiten der vier Pfeiler waren zum Ruhm des Septimius Severus, seiner Gattin Iulia Domna und seiner Söhne, Caracalla und Geta mit Reliefs überzogen (Abb. 22): Schlacht-, Belagerungs- und Opferszenen. Die vier großen Reliefs der Attika beschreiben den Besuch des Septimius Severus und seiner Söhne 201 n. Chr. in der Stadt. Angesichts der hier umgesetzten neuen stilistischen Entwicklungen können diese Reliefs zu den frühesten Zeugnissen der spätantiken Kunst auf offiziellen Bauwerken gezählt werden.

Diese Inszenierung der Stadt hatte der Kaiser mit beträchtlichen Bauaktivitäten am Hafen vollendet. Das Hafenbecken wurde durch den Bau von zwei neuen mächtigen Molen erweitert und von raffinierten Hafenanlagen mit von Portiken geschützten Handelseinrichtungen und geeigneten Anlegebrücken umgeben. Die ganze Anlage wurde auf der Nordmole mit einem monumentalen Leuchtturm und einem kleinen Tempel vervollständigt. Im Süden war der Tempel des Iuppiter Dolichenus so orientiert, dass er das Panorama der Stadt, vom Meer aus gesehen, dominierte.

All diese Bauarbeiten hatten zum Ziel, aus Leptis Magna ein den zeitgenössischen Großstädten ebenbürtiges Zentrum zu machen, wodurch der berühmteste Sohn dieser Stadt gefeiert werden sollte. Damit aber wurde die

Abb. 22
Leptis Magna. Reliefdetail der Attika des severischen Bogens: Septimius Severus mit seinen Söhnen Caracalla und Geta.

32 | Die Städte und ihre Organisation

auf dem älteren Forum gepflegte Erinnerung an Augustus teilweise verdrängt. Der Umfang der Planung und einige Bauwerke – der Grundriss der Basilika kommt der berühmten *Basilica Ulpia* sehr nahe –, zu deren Realisierung Septimius Severus erstklassige Architekten und Handwerker kommen ließ, erinnerten an Rom. Wie in Alexandria diente der monumentale Leuchtturm nicht nur dazu, den Hafeneingang zu kennzeichnen, sondern auch Tag und Nacht den Ankommenden die Größe der Stadt vor Augen zu führen.

Paradoxerweise kündigte aber dieses städtebauliche Programm, das Leptis Magna eine in Nordafrika – zweifellos außer Karthago –, unerreichte Größe verlieh, auch ihren Niedergang an. Mit dem Ende der severischen Dynastie begann für die tripolitanischen Küstenstädte eine Periode, in der die Aktivitäten der Ädilen stagnierten, bis 303 n. Chr. Leptis Magna zur Hauptstadt der Provinz Tripolitana ernannt wurde. Kurz nach der Gründung wurde diese neue Provinz zwischen 306 und 310 n. Chr. von einem Erdbeben hart getroffen, wovon sie sich nur mühsam erholte. Das Ausmaß der Schwierigkeiten, in welche die Städte 365 n. Chr. durch ein erneutes Erdbeben gerieten, – Leptis Magna zusätzlich wegen gewaltsamer Überfälle nomadischer Stämme, der *Austuriani* – konnte durch die Restaurierung der Monumente und den Bau einer Stadtmauer nur schwer verborgen werden. Infolge eines weiteren, verheerenden Überfalls wurde die Stadt im frühen 6. Jh. n. Chr. aufgegeben. Einige Jahre später ließen sich hier die Byzantiner für kurze Zeit nieder und umgaben nur einen kleinen Teil der Stadt mit einer neuen Mauer. Die Basilika des severischen Forums wurde in eine Kirche, wahrscheinlich eine Bischofskirche, umgewandelt, und andere Kirchen wurden in älteren Gebäuden, insbesondere Tempeln, eingerichtet. Aber die Stadt hatte bereits sehr viel von ihrem ehemaligen Glanz verloren, als 643 n. Chr. die arabischen Heere des Ibn el-'As vor ihren Mauern erscheinen.

Wenn auch Leptis Magna und Sabratha einen sehr spektakulären Städtebau aufweisen, so fällt bei der Untersuchung auf, dass hier die großen Wohnhäuser der Honoratioren fehlen, die im 2. und 3. Jh. n. Chr., wie auch in der Spätantike, durch ihre großzügige Raumgestaltung und das reiche Dekor für die Africa proconsularis so charakteristisch sind.

Dafür aber hat die Prospektion in der Umgebung dieser Städte wahrscheinlich eine Erklärung dieser Situation gebracht: Eine große Zahl von Villen, den Wohnhäusern der lokalen Aristokratie, wurde nämlich an der Küste nachgewiesen. Nicht alle konnten vollständig

Abb. 23
Zliten (Libyen). Wandmalerei: Diana. Museum von Tripoli.

freigelegt werden, und von einigen – die *Villa du Nil* in Zliten oder die *Villa Dar Buc Ammera* – sind nur die Mosaikböden bekannt. Das große Mosaik von Dar Buc Ammera, dessen Datierung (flavische Zeit, 3. Jh. n. Chr. oder gar Spätantike) immer noch heftig diskutiert wird, hat sehr viel Aufsehen erregt. Auf einem umlaufenden figürlichen Band sind mit großer Sorgfalt Szenen aus dem Amphitheater dargestellt: Tierhetzen, Gladiatorenkämpfe mit musikalischer Begleitung (darunter eine kleine Wasserorgel) und den wilden Tieren vorgeworfene Gefangene (ihrem Aussehen nach vielleicht Garamanten), wie sie auch auf einem Mosaik von Thysdrus vorkommen. Dieses Bodenmosaik ergänzten sehr raffinierte Wandmalereien (Abb. 23).

Andere Villen sind viel besser erhalten. Dies ist der Fall in Zliten, wo mehrere Villen sehr sorgfältig am Ufer angelegt wurden, um von der Küstenlandschaft besser zu profitieren: so z. B. die *Villa du Petit Cirque*, deren Name von einem circusartigen Park stammte, in dem der Besitzer Pferderennen mit seinen Gästen veranstaltete; oder die *Villa de l'Odéon maritime*, an einer felsigen Küste angelegt, mit einer halbrunden in den Fels gehauenen Stufenanlage, wahrscheinlich für Zuschauer nautischer Spiele.

Besonders fällt die kürzlich in Silin freigelegte und ausgezeichnet erhaltene *Villa du taureau* auf, da das Dach der Bäder noch erhalten ist (Abb. 24). Das Peristyl

Eine urbane Kultur | 33

Abb. 24
Silin (Libyen). Die Thermen der Villa du taureau.

Abb. 25
Ammaedara (Tunesien). Der Bogen des Septimius Severus, in eine byzantinische Festung umgebaut (6. Jh. n. Chr.).

34 | Die Städte und ihre Organisation

öffnete sich auf das Meer und die Repräsentationsräume waren mit wunderschönen Wandmalereien und Mosaiken geschmückt: mythische Szenen, Wagenrennen im Circus oder Verurteilte, die der Wut eines Stieres ausgeliefert sind. Diese Ensembles sind ein kostbares Zeugnis vom Reichtum der Prominenten in Leptis Magna des 2. und 3. Jhs. n. Chr., von ihrem Lebensstil weit weg von den Sorgen der Großstadt – ein treffender Ausdruck des römischen *otium* –, von ihrer Mentalität und ihrem Geschmack.

Tunesien

Wer die Städte in der Africa proconsularis betrachtet, dem fällt zuerst auf, dass sie keine Mauern aufweisen, im Gegensatz zu vielen in der Numidia, wie z. B. Caesarea/Cherchel, oder Tipasa in Mauretanien. Diese fehlenden Wehrmauern zeugen von einer in der Provinz herrschenden Ruhe. Erst spät werden sich einige Städte mehr oder weniger eilig mit einer Mauer umgeben: die von Tripolitanien in den ersten Jahren des 4. Jhs. n. Chr., Karthago im frühen 5. Jh. n. Chr. unter Theodosius II. Ansonsten sind es offene Städte, deren Zugänge manchmal durch Ehrenbögen – ein in Nordafrika sehr verbreitetes Baudenkmal – betont werden. So steht ein Bogen in Ammaedara zu Ehren des Septimius Severus – er gehört zu den am besten erhaltenen (Abb. 25) –, und einer in Althiburos; zwei Bögen in Sufetula, der eine für Severus Alexander, der andere für Diocletian, und sechs in Thugga, für Tiberius, Caligula, Septimius Severus, Caracalla und die Tetrarchen. Zwei Bögen stehen auch in Musti, der eine zu Ehren des Gallienus, der zweite, fast ganz zerstört, befindet sich am anderen Ende des kleinen Ortes. In Mactaris steht der Bogen von Nerva am Stadteingang; der traianische hingegen wurde am Rand des Forums errichtet. Insgesamt sind über 100 Bögen erhalten; andere sind nur durch Inschriften bekannt. Maße, wie auch Strukturen und Dekor, fallen unterschiedlich aus, nur die Bögen von Leptis Magna und Oea weisen Figurenreliefs auf.

Mehrere Städte haben ein orthogonales Straßennetz mit entsprechenden *insulae*, ein auf die Kolonialgründungen zurückgreifendes Schema, wonach jedem Siedler eine gleich große Parzelle (oder ein Vielfaches dieser Einheit) zugewiesen wurde. Andere hingegen weisen eine unregelmäßige Struktur auf, die von mehreren Faktoren bedingt ist.

Einerseits besaßen die vor der Erlangung des Status einer Kolonie existierenden Städte meistens kein geplantes Straßennetz; dies ist der Fall in Thuburbo Maius, oder im ursprünglichen Viertel von Sabratha. Sufetula macht da eine Ausnahme, denn ähnlich einer Kolonie übernahm es im 1. Jh. n. Chr. als Munizipium das orthogonale System. Andererseits bestimmte das unebene Gelände manchmal den Verlauf der Straßen. Einige Fälle bleiben jedoch unklar: In den Texten der römischen Geometer galt Ammaedara als Beispiel einer gut strukturierten Stadt. Das Bemühen um eine rechtwinklige Stadtanlage muss demnach dort sehr groß gewesen sein, wenngleich die starke Nord-Süd-Hangneigung dazu im Gegensatz steht. Diese topographischen Zwänge werden noch deutlicher im Fall von Thugga, dessen numidischer Ursprung beibehalten werden sollte: Das Straßennetz konnte durch die gewählte Hanglage gar nicht regelmäßig ausfallen. Das gilt auch für das nur leicht abfallende Terrain in Bulla Regia, sofern es sich aus den partiellen Ausgrabungen erschließen lässt.

Das frappierendste Beispiel eines orthogonalen Stadtplans – schlecht erhalten, aber leicht zu rekonstruieren – ist in Karthago zu finden. Die augusteische Koloniegründung sah eine doppelte Bodeneinteilung unterschiedlicher Orientierung vor, die eine für das Umland, die andere für die Stadt, mit einer Aufteilung in regelmäßige 35 x 141 m lange *insulae*. Letztere lagen an beiden Hauptachsen, *cardo* und *decumanus*, die sich auf dem ersten Forum der Stadt auf dem Byrsa-Hügel kreuzten.

Auch in Utica wurde ein rechtwinkliges Straßennetz nachgewiesen, aber nur für einige *insulae*. Dieses ist dafür in Sufetula besonders sichtbar. Das Zusammentreffen der oben erwähnten Voraussetzungen, eine schon früher bestehende Siedlung und eine hügelige Landschaft, erklärt jedoch, dass das gleichmäßige Raster schließlich relativ selten ist. In Leptis Magna dagegen ist dies in großem Umfang erhalten, es zeichnet sich infolge von mindestens drei großen, aufeinanderfolgenden Orientierungsänderungen des Stadtplans deutlich ab: im 1. Jh. n. Chr., unter Hadrian und dann unter Septimius Severus.

Bemerkenswert ist, dass die Römer offenbar selbst an der Durchführung solcher planvoller Gründungen zweifelten. So bezeichnen die uns erhaltenen Texte spätrömischer Geometer Ammaedara als das beste Beispiel eines orthogonalen Stadtplans, während die heute dort durchgeführten Grabungen die Existenz eines so perfekten Rasters nicht bestätigen. Bei einer solchen Planung sollte das Forum theoretisch an der Kreuzung beider Hauptstraßen, wie in Karthago, angelegt werden. Die Realität sah aber oft anders aus. Außerdem lag das Forum infolge der Stadtausdehnung sehr bald nicht mehr im Zentrum. Dies ist besonders gut zu sehen in der im-

Abb. 26
Karthago. Mosaik:
Personifizierung von
Karthago (5. Jh. n. Chr.).
Musée du Louvre.

mer weiter ostwärts wachsenden Stadt Sabratha, oder in Leptis Magna, dessen Forum schon im 1. Jh. n. Chr. weit weg vom Zentrum lag. Auch in Sufetula ist es leicht nach Norden verschoben. Dies war vermehrt der Fall in den Städten, deren Plan unregelmäßig war oder wo das Gelände eine besondere Anlage verlangte: z. B. in Thugga, Thuburbo Maius, Mactaris oder Althiburos.

Die Einrichtung eines Forums, des politischen Zentrums der Stadt, kann relativ früh stattgefunden haben, wie in Leptis Magna. Aber in vielen Städten der Africa proconsularis, insbesondere im Landesinneren, hat die Monumentalisierung dieser Anlagen erst im Laufe des 2. Jhs. n. Chr. seit der Regierungszeit Hadrians und in antoninischer Zeit eingesetzt. Dies gilt für die eben erwähnten Städte, aber in sehr verschiedenen Formen, was auf das Fehlen eines verbindlichen Planes hinweist, der den Stadtbehörden bzw. beauftragten Architekten vorgegeben worden wäre. Außer in den wichtigsten Städten sind diese Plätze meistens von mittlerer Größe oder sogar kleiner. In einigen Städten hingegen wurde ein zweites Forum eingerichtet: so in Karthago, wo nach dem ersten Forum auf dem Byrsa-Hügel wahrscheinlich ein zweites in der Nähe der Häfen angelegt wurde. Einige Beispiele verdienen es, näher betrachtet zu werden.

Karthago

Weniger als 20 Jahre nach der Gründung der augusteischen Kolonie wurde Karthago bereits von Strabo als eine wunderschöne und florierende Stadt beschrieben. Dasselbe Bild lieferten in der Spätantike alle Quellen, die einen Katalog der Städte des römischen Reiches zusammenstellten. Die Personifikation der Stadt erscheint oft auf Mosaiken – z. B. auf dem den Böden der *Maison aux Chevaux* aus dem 4. Jh. n. Chr. oder von Borj Jedid (Abb. 26), der wahrscheinlich jünger ist. Ebenso wird sie auf Münzen wiedergegeben, insbesondere auf einer unter der Tetrarchie herausgegebenen Serie aus der Prägewerkstatt von Karthago, aber auch aus der Vandalenzeit. Sie trägt die Züge einer jungen Frau, die in den erhobenen Händen einen Ähren- bzw. einen Blumenstrauß hält.

Diese Darstellung der personifizierten Karthago wurde wahrscheinlich gegen Ende des 3. Jh. n. Chr. ausgebildet und betont den Reichtum der Stadt und ihre Rolle bei der Getreideversorgung. In dieser Form erscheint sie nochmals auf einer Miniatur einer Handschrift, dem Kalender des Jahres 354 n. Chr.: Die Bildunterschrift bezeichnet die weibliche Figur als Alexandria, aber es könnte sich sehr wohl um Karthago handeln.

Ein einziges antikes Bild zeigt eine Stadtansicht: In der illustrierten Ausgabe der Aeneis von Vergil (die *Vergilius Vaticanus*-Handschrift), die im Laufe des 5. Jh. n. Chr. angefertigt wurde, sieht man entsprechend der Beschreibung des Autors (1, 420–430) Aeneas und seinen treuen Achates den Bau der Stadt betrachten. Aber natürlich kann dieses Bild keinen Anspruch auf die Realität erheben. Wie dem auch sei, durch diese Zeugnisse wird deutlich, dass Karthago seit Augustus bis in die Spätantike den Zeitgenossen als eine der bedeutendsten Städte des Mittelmeergebietes erschien. Die Archäologie aber liefert für das 1. Jh. n. Chr. ein anderes Bild.

Vor mehr als 75 Jahren hatte Ch. Saumagne, einer der besten Kenner der karthagischen Topographie, eine Rekonstruktion der augusteischen Kolonie vorgelegt: ein regelmäßiges Raster von über 300 ha. Die langrechteckigen *insulae* (ca. 35 x 141 m) lagen zu beiden Seiten des *cardo maximus*, der theoretisch auf dem Gipfel des Byrsa-Hügels den *decumanus maximus* kreuzte, dort wo das Meßinstrument der Feldmesser – die *groma* – aufgestellt worden war. So waren vier *centuriae agrorum*, die je einem Quadranten der Stadt entsprachen, festgelegt worden. Der Nordwestteil war unberührt geblieben, nach Meinung Saumagnes, weil dort bereits ein Vermessungsraster des umgebenden Landes bestand. Diese Sicht hat sich weitgehend bewahrheitet. Die internationalen Ausgrabungen, die in den 1970er Jahren unter der Leitung der UNESCO durchgeführt wurden, haben viele neue Erkenntnisse über Karthago erbracht, insbesondere über die Geschichte und Topographie. Sie haben auch gezeigt, dass das von Ch. Saumagne vorgelegte Schema zwar die Stadtentwicklung bis in die Spätantike bestimmt hat, aber nicht so zwingend wie angenommen. Nicht die ganze verfügbare Fläche wurde für die augusteische Gründung genutzt, und einige Bereiche sind über die geplante Einteilung hinausgewachsen. Der Nordwestteil war im ursprünglichen Vorhaben ganz einfach nicht vorgesehen gewesen (Abb. 27).

Ein sehr wichtiger Aspekt ist auch, dass die an der Küste durchgeführten Ausgrabungen von F. Rakob die Niederlassung der Kolonisten auf den punischen Ruinen nachweisen. Mit der Übernahme der punischen Orientierung zeigt sich die augusteische Gründung viel pragmatischer als angenommen. Das Forum entsprach sehr wahrscheinlich der punischen Agora in der Unterstadt. Da spätere Gebäude die augusteischen Bauten beseitigt haben, sind kaum Spuren aus dem 1. Jh. n. Chr. übrig geblieben – vielleicht nur die *cavea* des Theaters.

Die Straßen wurden anscheinend nicht vor dem 2. Jh. n. Chr. gepflastert. In iulisch-claudischer Zeit bleibt Karthago bezüglich des Städtebaus noch eine bescheidene Stadt. Wie aus den Inschriften zu ersehen ist, nahm das Gemeinwesen nur nach und nach an Bedeutung zu, obwohl die Provinzbehörden – insbesondere der Prokonsul und der Prokurator – mit einer erheblichen Anzahl von Beamten und vor allem *officiales* (kaiserliche Sklaven und subalterne Beamte), hier ansässig waren. Gleichwohl schenkte die kaiserliche Regierung dieser Stadt große Beachtung. Obwohl das politische Zentrum in der Unterstadt lag, wurden unter Augustus gigantische Bauarbeiten auf dem Byrsa-Hügel unternommen. Durch gewaltige Erdarbeiten wurde der Gipfel abgetragen und die Hangseiten manchmal um mehr als 8 m aufgeschüttet, sodass eine breite Terrasse entstand, die sehr wahrscheinlich mit wichtigen Gebäuden wie z. B. dem Kapitol bebaut war.

Schon in hadrianischer Zeit wurde an einer neuen Stadtplanung gearbeitet, indem ein Aquädukt für die Wasserversorgung Karthagos aus dem Djebel Zaghouan angelegt wurde. Die Ausschmückung der Stadt mit monumentalen Bauwerken geht aber auf antoninische Zeit zurück, als nach einem heftigen Brand im Jahre 150 n. Chr. ein immenses Wiederaufbauprogramm unter kaiserlicher Aufsicht verwirklicht wurde. Die Bühnenwand des Theaters wurde vollständig erneuert, das Amphitheater erweitert und ein neuer Circus gebaut.

Zwei Gebäude kennzeichnen diese Phase besonders: die Basilika auf dem Byrsa-Hügel und die Antoninus Pius-Thermen am Meer. Ihre Monumentalität allein unterstreicht schon ihre Bedeutung: die Basilika, größer als die severische Basilika von Leptis Magna, beherbergte eine Kolossalstatue der Gattin von Marc Aurel, Faustina der Jüngeren (oder seiner Tochter Lucilla). Die zwischen 145 und 162 n. Chr. erbauten Thermen erstreckten sich über sechs *insulae*, d. h. über 18 000 m². Es handelt sich hier um die umfangreichsten Bäder des römischen Westens, die wahrscheinlich bis ins frühe 5. Jh. n. Chr. in Betrieb waren. Sehr fähige Bildhauer verwirklichten das dekorative Programm. Die finanzielle Beteiligung der Kaiser gibt einen Hinweis auf das Interesse Roms an Karthago.

Septimius Severus setzte dieses Programm besonders mit dem Bau des Odeums fort, das anläßlich der Pythischen Spiele 207 n. Chr. eingeweiht und, was bemerkenswert ist, im späten 4. Jh. n. Chr. restauriert wurde. Zur gleichen Zeit wurde das Nordostviertel zwischen Thermen und Theater mit großen aristokratischen Wohnhäusern bebaut. Karthago hatte nun sein endgültiges Gesicht erhalten: Nur die christlichen Basiliken

Abb. 27
Karthago. Stadtplan.

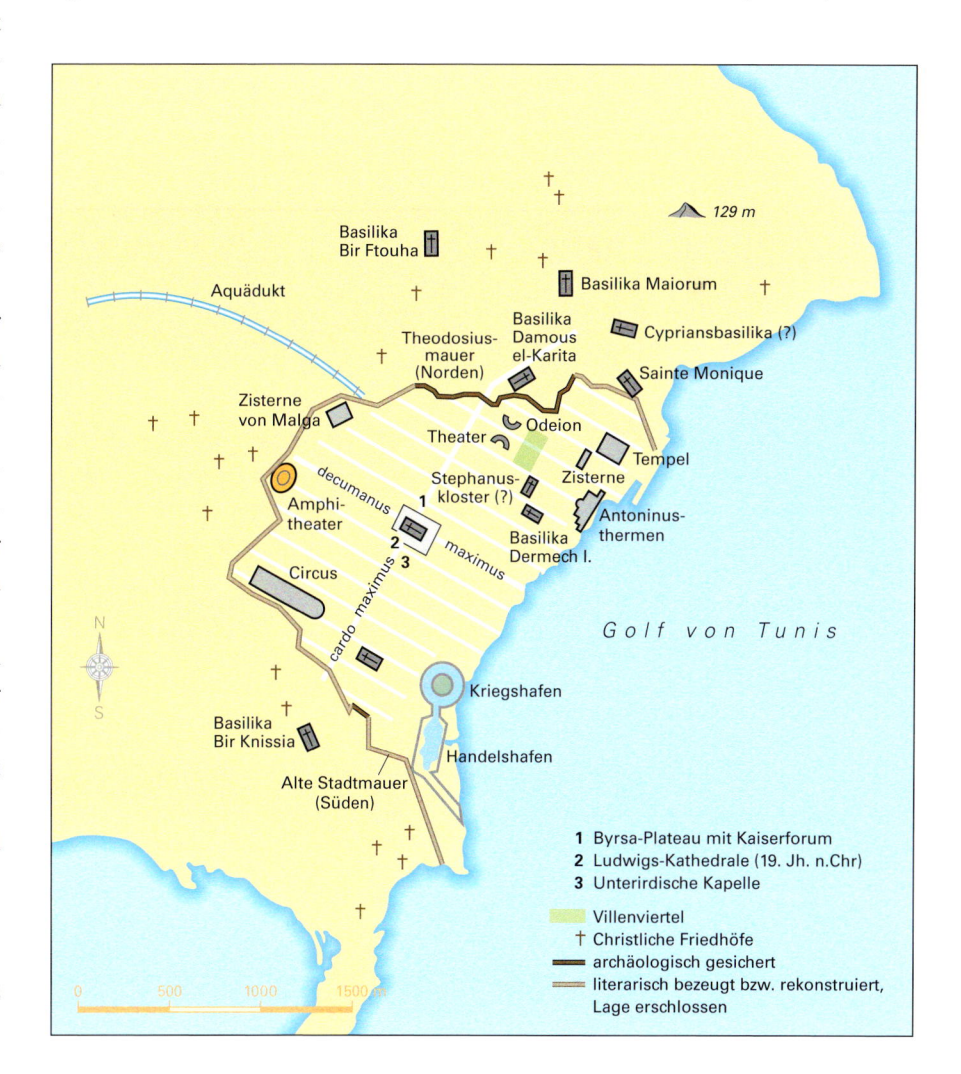

Eine urbane Kultur | 37

brachten noch einige Veränderungen mit sich, und zwar schon vor dem im frühen 5. Jh. n. Chr. spürbaren Niedergang der Stadt.

Thugga

Thugga ist ein sehr interessanter politischer Fall, da auf engem Raum eine *civitas* und ein *pagus* römischer Bürger zusammentreffen. Das Forum stammt aus tiberischer Zeit, wurde aber erst im 2. Jh. n. Chr. in einer ganz besonderen Form erneuert, größtenteils nach klaren religiösen Vorgaben: Es entstanden Portiken auf drei Seiten. An der Westseite wurden zwei kleinere Räume angelegt, um einen Tempel einzurahmen. Auf der gegenüberliegenden Seite wurde ein monumentales, reich geschmücktes Kapitol (mit einem Adler im Giebel) für Iuppiter, Iuno und Minerva auf einem hohen Podium errichtet und 168 n. Chr. mit einer Widmung für Marc Aurel und Lucius Verus versehen. Eine Besonderheit ist hier aber, dass das Kapitol nicht auf das Forum ausgerichtet war (Abb. 28). Rechtwinklig zu diesem gelegen, erreichte man das Forum über einen kleinen Platz und eine Treppenanlage. Diese atypische Anordnung ist durch ein monumentales numidisches Grab an der Tempelnordseite, dem Herrscher Massinissa zugeschrieben, vielleicht zu erklären, dessen Erinnerung bis ins 2. Jh. n. Chr. erhalten geblieben ist. Als das Forum gebaut wurde, achteten die Stadtplaner darauf, die Anlage, die dem Gedächtnis der Gemeinschaft diente, zu schonen.

Sufetula

Aus der Inschrift (CIL 8, 228) auf dem monumentalen Eingangstor zum Forum geht hervor, dass der Platz 139 n. Chr. von Antoninus Pius angelegt wurde. Hier wurde ein origineller Plan verwirklicht: Der viereckige, auf drei Seiten von Portiken gesäumte Platz wird in spektakulärer Weise auf der vierten Seite von drei, wahrscheinlich der kapitolinischen Trias geweihten Tempeln abgeschlossen (Abb. 29a.b). Monumental und mit unterschiedlichem Dekor, stehen sie auf einem gemeinsamen Podium. Dieses Schema wurde schon ein Jahrhundert früher in Leptis Magna für die drei Tempel des alten Forums angewandt, die jedoch kein Kapitol waren. Die Curia, Sitz des lokalen Senats bzw. der Dekurionenversammlung, flankierte wahrscheinlich eine Seite des Tempelkomplexes.

Abb. 28
Thugga. Blick auf das Forum von außerhalb. Im Vordergrund die byzantinische Stadtmauer (6. Jh. n. Chr.), weiter hinten das Kapitol.

38 | Die Städte und ihre Organisation

Abb. 29a
Sufetula. Das Forum
(Mitte des 2. Jhs. n. Chr.).

Abb. 29b
Sufetula. Forum: die drei
Tempel.

Eine urbane Kultur | 39

Abb. 30
Thuburbo Maius.
Das Kapitol.

Althiburos

Bei dem vollständig ausgegrabenen und jüngst erneut untersuchten Forum von Althiburos wurde wiederum ein anderes Schema gewählt: Es besteht aus einem Platz mit Portiken und einem Kapitol (zwei seitliche *cellae* für Iuno und Minerva und eine tiefer nach hinten reichende *cella* für Iuppiter). Der kapitolinische Tempel, in spättantoninischer Zeit geweiht, wurde jedoch im Südosten des Platzes in einem anderen Hof errichtet und von dem Platz durch eine weiter unten durchziehende Straße getrennt. Der Platz selbst weist nur einige Anbauten an der Nordwestseite mit unklarer Funktion (vielleicht ein kleines Heiligtum) auf. Beide Eingänge des Forums sind je durch einen über die Straße gebauten Bogen gekennzeichnet.

Bulla Regia

Das Kapitol von Bulla Regia steht an einer Schmalseite des schlecht erhaltenen Forums, anscheinend gegenüber der Basilika und nahe am *macellum*. An einer Langseite stand noch ein anderer Tempel, der ebenso große Bedeutung gehabt haben dürfte, wie derjenige der Trias: der Apollon-Tempel, der wegen des fehlenden Podiums auffällt. Die von kleinen Räumen, eventuell Kulträumen für andere Gottheiten, gesäumte Cella ging ebenerdig auf einen Hof, ein den Fachleuten zufolge für Nordafrika typisches Schema.

Thuburbo Maius

In Thuburbo Maius überragt ein majestätisches Kapitol einen viereckigen Platz (Abb. 30). Es steht auf einem wegen der Hanglage besonders eindrucksvollen Podium. An den Seiten reihen sich die Curia und verschiedene kleine Heiligtümer auf.

Die wichtigsten monumentalen Bauwerke

Diese Beispiele zeigen die Vielfalt der gewählten Lösungen für die Organisation des politischen und religiösen Zentrums vieler Städte, in denen die mehr oder weniger viereckige Form des Forums und das Kapitol zwei Konstanten bilden. Letzteres ist ein wesentlicher Bestandteil, wie es neben den erhaltenen Bauwerken die Inschriften mit zusätzlichen Beispielen belegen: vor allem das Kapitol von Karthago, das wahrscheinlich unter der Kathedrale Saint-Louis liegt und heute völlig verschwunden ist. Dass dieser Tempel eine solche Bedeutung hatte, ist nicht weiter verwunderlich, da er die Verbundenheit der Stadt mit Rom zum Ausdruck brachte. Es konnten aber auch andere Lösungen gewählt werden: In Leptis Magna übernimmt der Tempel für Roma und Augustus die Rolle des fehlenden Kapitols.

Es fällt jedoch auf, zumindest gemäß dem heutigen Wissensstand, wie wenig qualitätvoll die Gebäude der politischen und rechtlichen Verwaltung (Curia und Basilika) in den Städten der Africa proconsularis gebaut wurden, von einigen Ausnahmen abgesehen: in Karthago, wo auf dem Byrsa-Hügel die Grundmauern mindestens einer großen Basilika mit zwei Apsiden freigelegt wurden, in Sabratha oder Leptis Magna, wo beide Foren mit einer Basilika ausgestattet waren. In Karthago wie in Leptis Magna lässt sich das grandiose Aussehen dieser Bauwerke vielleicht mit dem Bemühen erklären, mit der Hauptstadt rivalisieren zu wollen. Man muss nämlich festhalten, dass das Forum und die umgebenden Gebäude in großem Maße vom politischen Status der jeweiligen Stadt abhingen.

Auch andere Bauwerke zeigten auf ihre Art diese Bindung an das Römische Reich und noch mehr an den Kaiser selbst: die Ehrenbögen. Sie sind in den Städten Tunesiens und Tripolitaniens zahlreich vertreten, weisen aber bedeutende Unterschiede auf. Einige Städte besaßen mehrere Bögen. Dies ist der Fall in Thugga oder auch in Leptis Magna. Dort nahm der viertorige Bogen für Septimius Severus und seine Familie eine Sonderstellung ein. Seine Form und Ausschmückungen sind herausragend vor allem aufgrund der figürlichen Reliefs, wie sie etwas früher schon in Oea begegnen. In Tunesien hingegen sind die mit Reliefs geschmückten Bögen die Ausnahme. Vielleicht stand einer, mit großen geflügelten Victoriae geschmückt, in Karthago und ist in die 180er Jahre n. Chr. zu datieren (Abb. 31). Viele, manchmal sehr gut erhaltene Bögen charakterisieren mit ihrer Monumentalität die Stadtlandschaft. In Ammaedara z. B. wurde der Bogen des Septimius Severus durch seinen Umbau in ein kleines Fort in byzantinischer Zeit gerettet, ebenso der Traiansbogen in Mactaris oder der Bogen in Sufetula.

Abb. 31
Karthago. Victoria. Musée national de Carthage.

Neben den öffentlichen Gebäuden, die für ein gut funktionierendes politisches Leben gedacht waren, und denen, die ausschließlich die Treue der Stadt zu Rom priesen, spielten noch andere eine wesentliche Rolle, die der Unterhaltung der Einwohner dienten und die Freigebigkeit der Euergeten herausforderten: für Freizeitaktivitäten bestimmte Bauwerke, wie einerseits die Thermen und anderseits die Bauten, in denen Aufführungen und Wettkämpfe stattfanden: Theater, Amphitheater und Circus. Die für musikalische Darbietungen bestimmten Odea waren viel seltener und hatten anscheinend nur ein auserlesenes Publikum: Die Africa proconsularis besaß nur ein einziges Odeon in Karthago, nahe am Theater.

Die Spielstätten

Die Theater

Die Africa proconsularis zählte über sechzig Theater, von denen nur einige ausgegraben wurden. Mehrere gut erhaltene warten noch auf ihre Freilegung, wie z. B. in Simitthus oder Althiburos. Andere hingegen sind schlecht erhalten, wie in Ammaedara oder Sufetula. Das Theater von Karthago, das ursprünglich genauso beschädigt war wie das Odeon, wurde aufwendig restauriert. Man weiß aus der antiken Literatur und durch die in den Ausgrabungen festgestellten Brandspuren, dass der Stadtteil, zu dem beide Gebäude gehörten, unter der Eroberung der Vandalen 429 n. Chr. sehr gelitten hat. Es gab dort erbitterte Kämpfe. In Bulla Regia gibt es ein Theater mittlerer Größe, das seltsamerweise noch in der Spätantike restauriert wurde (Abb. 32). Wahrscheinlich als Tierhetzen in diesem Gebäude stattfanden, wurde in der *orchestra* ein Mosaik mit einer Bärendarstellung gelegt. Das an den Berghang angelehnte Theater von Thugga bot den Zuschauern mehr Raum.

Die spektakulärsten Theater sind jedoch in Tripolitanien zu sehen: in Leptis Magna ein dank der Großzügigkeit des Annobal Tapapius Rufus errichtetes Bauwerk aus der Zeitenwende und in Sabratha ein nach seiner jüngsten Restaurierung sehr beeindruckendes Theatergebäude. Sie weisen alle Bestandteile eines Theaters auf: die verschiedenen Zuschauerränge mit den Sitzreihen, von denen die unterste den Stadtbeamten vorbehalten war, und auf denen ihre Namen – wie im spätantiken Karthago – manchmal auf dem Sitz eingraviert waren. Weiterhin die halbkreisförmige Orchestra, das Bühnenpodium, auf dem die Akteure spielten, und die sehr hohe, die ganze Anlage abschließende Bühnenwand mit den drei üblichen Durchlässen und mehreren Säulengeschossen mit reichem Dekor.

Vor allem in Leptis Magna aber auch in Sabratha ist die Bebauung hinter dem Theater gut zu erkennen: ein Platz mit Portiken, in dessen Mitte ein kleiner Tempel für Augustus und seine Familie stand. Auf der *summa cavea* des Theaters von Leptis Magna stand ein kleines Heiligtum für Ceres-Livia, die Gattin des Augustus. Viele Statuen von Göttern, Kaisern und sogar Honoratioren standen an verschiedenen Stellen in diesen Bauwerken.

Das Fassungsvermögen der Theater war oft sehr groß (z. B. in Thugga auf 3 500 Zuschauer geschätzt), manchmal jedoch auch sehr beschränkt, wie im Fall des eigenartigen kleinen Theaters von Limisa. Es wurde oft versucht, die Bevölkerungszahl der Städte und ihrer Umgebung aus der Zuschauerzahl der Theater zu erschließen. Von den dort stattfindenden Schauspielen haben wir nur ein ungenaues Bild: Die Inschriften erwähnen einige Schauspieler aus verschiedenen Sparten, z. B. einen *archimimus* aus Ammaedara; einige Mosaike zeigen Autoren bei der Arbeit, wobei das berühmteste aus Hadrumetum sogar den Eindruck vermittelt, dass es sich um wirkliche Porträts oder tatsächliche Vorstellungen handelt (*Maison des Masques*).

Von Aufführungen im Theater sind weniger Darstellungen erhalten als von den Spielen im Amphitheater. Es könnte vielleicht ein Hinweis darauf sein, dass diese Art von Unterhaltungen nicht sehr erfolgreich waren, obgleich einige literarische Quellen darüber Auskunft geben. Besonders hervorzuheben ist die Abhandlung

Abb. 32
Bulla Regia. Das Theater.

De spectaculis des Tertullian, eines der ersten christlichen Autoren am Anfang des 3. Jhs. n. Chr., der die Begeisterung für die Schauspiele scharf verurteilt. Augustinus tadelte in einer Predigt die Gläubigen von Bulla Regia, die an jenem Tag nicht besonders zahlreich zum Gottesdienst gekommen waren, weil viele im Theater saßen, ganz im Gegensatz zu ihren Nachbarn aus Simitthus.

Anscheinend wurde das traditionelle Repertoire vernachlässigt zugunsten andersartiger Schauspiele, Mimenspiele und Pantomimen mit Tanz und Musik, die wahrscheinlich einer Varietévorstellung sehr nahekamen. In seiner Schilderung einer Vorstellung über das Urteil des Paris beschreibt der Afrikaner Apuleius (*Metamorphoses* 10, 30–34) sehr gut diese Art von Schauspiel. Es ist wohl kein Zufall, wenn das *pulpitum* des Theaters von Sabratha mit Reliefs geschmückt ist, die diese mythische Episode und die Familie des Kaisers Septimius Severus nebeneinander darstellen und dabei an die Doppelbestimmung des Theaters, als Ort des Schauspiels und der Unterhaltung, aber auch der zivilen Veranstaltungen, erinnern. Man kann aber festhalten, dass Bühnenspiele in Nordafrika bis ins frühe 5. Jh. n. Chr. stattfanden, wie es eine kürzlich in Aradi/Sidi Jdidi entdeckte und zwischen 403 und 408 n. Chr. datierte Inschrift (AE 2004, 1798) belegt. Damals waren die Theaterschauspieler Angestellte der Stadt.

Die Amphitheater

Viel beliebter waren die Spiele in den Amphitheatern. Die Gladiatorenkämpfe hatten in Nordafrika aber nicht den Erfolg gehabt wie in anderen Gegenden. Denn davon gibt es nur wenige Zeugnisse, ausgenommen das Mosaik von Zliten bei Leptis Magna und insbesondere die heftige Verurteilung durch christliche Autoren wie Tertullian und Augustinus, der den zweifelhaften, bei sich selbst durch diese Spiele geweckten verführerischen Genuss erwähnt (*Confessiones* 6, 8). Nach einigen Inschriften handelte es sich um Vorführungen, die von großzügigen Euergeten gestiftet wurden.

Die Tierhetzen (*venationes*) in der Arena waren beim Publikum am beliebtesten: Bilder und Texte sind zahlreich, viel häufiger als aus anderen Bereichen. Ob ein begüterter Bürger die Erinnerung an seine Freigebigkeit bewahrt wissen wollte oder einfach das beliebte Spiel immer vor Augen zu haben wünschte, es handelt sich jedenfalls um eines der von den Mosaiklegern am häufigsten dargestellten Themen.

Die Anlagen haben nicht immer Spuren hinterlassen: Vergeblich wurde bis heute der Ort gesucht, wo sich das nach einer Inschrift aus Ammaedara vermutete Amphitheater befinden könnte. Allerdings waren es manchmal nur provisorische Einrichtungen aus Erdaufschüttungen und Palisaden, die dazu dienten, die Zuschauer vor den Tieren zu schützen, und die heute schwer zu erkennen sind.

Die Amphitheater waren jedoch zahlreich in der Africa proconsularis. Etwa 15 sind bekannt, die zugleich mehrere Bedürfnisse erfüllten: das Spektakel selbst, der Hinweis auf die Stiftung und die Möglichkeit zur Begegnung. Es gibt verschiedene Typen von Amphitheatern; alle Formen und Größen sind hier vertreten: das größte in Thysdrus/El Djem, 235 n. Chr. gebaut und gleichzeitig das zweitgrößte Amphitheater nach dem Colosseum von Rom (Abb. 33); das kleinste in Thignica bei Thugga. Letzteres ist ein gutes Beispiel für eine Anlage, die zum überwiegenden Teil in das umgebende Gelände eingegraben wurde. Diese Situation trifft auch für das erste Amphitheater von Thysdrus zu, eine der wenigen Städte mit zwei Amphitheatern, das viel kleiner als der spätere Bau aus dem 3. Jh. n. Chr. ist und aus Bruchsteinen besteht. Andere hingegen sind vollständig aus Quadern gebaut: ein Bauwerk in Uthina, das zur Zeit ausgegraben wird und interessante Einrichtungen und Malereien aufweist; ein später Bau in Karthago, in Leptis Magna und natürlich in Thysdrus.

Wahrscheinlich kurz nach 238 n. Chr. errichtet und für die lokale Bevölkerung viel zu groß geplant, vielleicht sogar nie vollendet, wurde das Gebäude von Thysdrus aus einem Sandstein gebaut, dessen Steinbrüche einige Dutzend Kilometer entfernt an der Küste (Oued Rejiche) lokalisiert wurden. Bei der Restaurierung vor einigen Jahren wurde es detailliert untersucht und hat genaue Auskünfte über die Innenausstattung, besonders des Untergeschosses, geliefert. Dort waren Vorrichtungen eingebaut worden, um die Tiere vor ihrem Eintritt in die Arena, zu der Lastenaufzüge führten, warten zu lassen. Außerdem war auch ein *sacellum* eingerichtet worden, wo die Teilnehmer vor dem Kampf mit den Raubtieren Nemesis verehren konnten, die göttliche Beschützerin der Kämpfer im Amphitheater mit dem Rad der Fortuna in der Hand. Ein ganzes Kanalsystem leitete das Abwasser aus diesem riesigen Gebäude ab, dessen Bauphasen nicht weiter bekannt sind. Sie hängen vielleicht mit den Ereignissen zusammen, die 238 n. Chr. zur Usurpation des Gordian I. und seines Sohnes führten, als beide mit Hilfe der reichen Händler aus Thysdrus für kurze Zeit die Führung des Reiches übernahmen. Obwohl es verlassen war und bis in die Neuzeit als Fluchtort diente, besonders als das Heer des Bey von Tunis in der Gegend

44 | Die wichtigsten monumentalen Bauwerke

die Steuern erhob, blieb es trotz der Zerstörung durch Kanonenkugeln sehr gut erhalten, mit vielen Graffiti aus dem Mittelalter.

⇦ Abb. 33
Thysdrus. Das große Amphitheater (um 230).

Doch soll dieses beachtliche Bauwerk nicht interessante Aspekte anderer Amphitheater der Africa proconsularis verdrängen. In Mactaris weist ein bescheidenes Gebäude aus Bruchsteinen eine Vorrichtung auf, die dazu diente, die Tiere in die Arena hineinzulassen. In Simitthus und Sufetula sind die noch nicht ausgegrabenen Monumente als Mulde in der Landschaft dennoch gut sichtbar.

Allerlei Wildtiere wurden in den Amphitheatern gezeigt: Strauße, Bären, Stiere. Die am meisten begehrten, da auch die gefährlichsten, waren aber die Raubtiere: Löwen und Panther, manchmal auch die exotischen Tiger. Ein eigenartiges Mosaik aus Karthago zeigt ein wie eine Jagdtrophäe ausgebreitetes Tigerfell. Je mehr Tiere den Zuschauern vorgeführt wurden, desto größer war der Erfolg der Veranstaltung: *Mel(ius) quaestura*, «besser als (in den Spielen eines Kandidaten für) die Quästur (in Rom)» besagt die stolze Beschriftung eines Mosaiks aus Curubis (Abb. 34).

Die Mosaikböden mit Darstellungen der *munera*, die von reichen Kandidaten für städtische Ämter gespendet wurden, halten oft den Namen der höchst gefährlichen Tiere fest, die wie Rennpferde oder Hunde einen Namen bekamen. *Crudelis* oder *Omicida*, als Namen für Bären, reichten schon, um die wartenden Zuschauer fiebern zu lassen. Die Mosaike zählen auch auf, wie viele Tiere jeder Art an den Spielen beteiligt waren. Es handelt sich oft um eine große Zahl, denn auf einem Boden aus Sicca Veneria wartet eine ganze Herde von Straußen, die in einem von Netzen abgegrenzten Gehege eingepfercht sind, darauf, in die Arena gelassen zu werden.

Abb. 34
Curubis. Mosaik: Tiere des Amphitheaters. Musée du Bardo.

Eine urbane Kultur | 45

Tiere kämpften gegeneinander, Bären oder Löwen gegen Stiere, Panther gegen Strauße. Das eigentliche Spektakel begann aber erst, wenn die *bestiarii* (Gladiatoren für den Tierkampf), die ihre Dienste für diese gefährliche Darbietungen anboten, die Arena betraten. Viele Mosaike in Karthago, Curubis, vor allem in Thysdrus, zeigen siegende oder von Raubtieren zu Boden geworfene *venatores*. Auch die Arena einschließlich des gesamten Personals wird bis in die kleinsten Details, insbesondere der Kleidung, dargestellt.

Dieselben Motive kommen auch in anderen Gattungen vor: Terrakottafigürchen, aber auch Relieffiguren.

Man kann sich in der Tat nur schwer vorstellen, wie berühmt einige dieser vom Publikum als Helden gefeierte Kämpfer wurden. Eine bei Thuburbo Minus entdeckte Marmorstatue stellte einen solchen in seiner Berufskleidung dar: Beinschienen, kurze Tunica und Schutzweste, vielleicht aus Leder, die den Oberkörper, die linke Schulter und den linken Arm vor den Krallen der Raubtiere schützte (Abb. 35).

Auf einem außergewöhnlichen von A. Beschaouch publizierten Mosaik aus Smirat, in der Umgebung von Hadrumetum, wird die Stimmung dieser Zweikämpfe besonders lebhaft dargestellt (Abb. 36). Zu sehen sind mehrere Tierkämpfer aus der *Telegenii*-Vereinigung, die in Anwesenheit von Dionysos und Diana einigen Leoparden trotzen. Sie haben für ein *munus* ihre Dienste einem gewissen Magerius angeboten, der auf dem Mosaik in Begleitung eines Dieners ein Tablett hält, auf dem der Siegespreis in Form von vier Geldbeuteln liegt. Diese Bilder sind noch bemerkenswerter durch die Beischriften, die das vom Ende des Tages stammende Gespräch zwischen den Zuschauern und «Spielveranstalter» Magerius wiedergeben (AE 1967, 549). Alle jubeln den Siegern zu: «Das sind Profis!», und wenden sich an Magerius: «Du hast ihnen fünfhundert Sesterzen pro Leopard versprochen; lass etwas springen, sie verdienen das Doppelte!» Magerius kann nur zustimmen, um die Gunst seiner Mitbürger zu gewinnen: «Einverstanden!» «Bravo!» ruft die Menge. Kühnheit, Spannung, Blut der Menschen und Tiere, alles war in diesen Spielen vereint, um die Leidenschaft der Zuschauer zu erregen, wie es Augustinus so gut beschrieben hat.

In diesen Darbietungen war kein Platz für Improvisationen: Diese Tierkämpfer waren in Berufsverbänden (*sodalitates*) organisiert, die in Nordafrika anscheinend außergewöhnlichen Erfolg hatten. Durch Beschaouhs Arbeiten wissen wir nun mehr darüber. Sie ermöglichen ihren Mitgliedern, mit dem Auftraggeber über ihre Vergütung zu verhandeln und, wahrscheinlich gegen einen Beitrag in die Solidaritätskasse, würdig bestattet zu werden. Viele derartige Verbände garantierten diese sinnvolle Vorsorge für einen solchen Beruf. Die *sodalitates* trugen verschiedene Namen. Die *Telegenii*, *Tauriscii* und *Leontii* z. B. verehrten ihre eigene Schutzgottheit (Dionysos für die *Telegenii*) und besaßen ein Wahrzeichen: Hirsekranz, Fisch, Efeublatt, Mondsichel auf einem Schaft (Abb. 37 a.b). Jeder *sodalitas* wurde eine Zahl zugewiesen, die Fünf für die *Pentasii* als Wortspiel (*pente* gr. fünf). Einige waren berühmter als andere, und ihr Ruf und ihre Tätigkeit deckten größere Gebiete ab. Sie hatten während der Darbietung auch ihre jubelnden

Abb. 35
Umgebung von Thuburbo Minus. Statue eines Tierkämpfers im Amphitheater. Musée de Carthage.

Abb. 36
Smirat. Mosaik: Leopardenjagd im Amphitheater vor Diana und Bacchus.

Abb. 37 a
Bulla Regia. Mosaik: Wahrzeichen eines Berufsverbands.

Abb. 37 b
Thysdrus. Mosaik: Wahrzeichen des Berufsverbands der *Pentasii*.

Anhänger. *Telegenii nika* (Sieg für die *Telegenii*) liest man auf einem Keramikgefäß.

Wie die Parteien im Circus hatten sie auch ihr eigenes Versammlungslokal. Diese Begeisterung kommt in vielen Zeugnissen zum Ausdruck: in Inschriften, aber auch auf vielen Mosaiken, die Wahrzeichen und Glückszahl der *sodalitas* wiedergeben – Löwen, Stiere, Fische, Hirsehalme usw. – oder Szenen darstellen, die den modernen Kommentatoren manchmal rätselhaft erscheinen. Das trifft für das in Thysdrus entdeckte Mosaik *du Banquet costumé* zu. Darauf sind fünf Bankettteilnehmer um die Arena eines Amphitheaters dargestellt, von denen jeder das Wahrzeichen einer *sodalitas* trägt. Vor ihnen auf dem Sand schlafende Stiere und ein mit Gefäßen beladener Tisch, dem sich ein Diener nähert und sagt: «Ruhe! Dass die Stiere schlafen!» oder «Lasst die Stiere schlafen!» Diese Tiere stellen wahrscheinlich eine gegnerische *sodalitas* dar, vielleicht die *Tauriscii*, und der Ausruf ist nur höhnisch gemeint: «Sollen sie nur schlafen, es ist uns egal».

Diese Funde sind besonders häufig in den Thermen und im Stadtgebiet von Thysdrus, wo allerlei Mosaikböden einen mehr oder weniger direkten Bezug zu den Tierhetzen im Amphitheater oder zu den *sodalitates* zeigen (Abb. 37 a.b). Kürzlich wurde dort auch ein eigenartiges

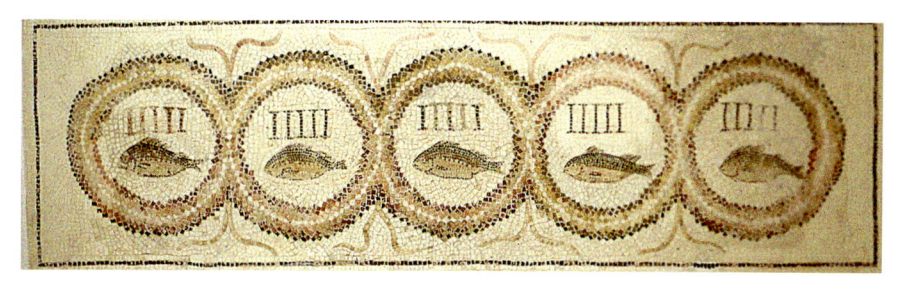

a

b

Eine urbane Kultur | 47

Mosaik, auf dem eine mit einer Toga bekleidete Eule von toten Vögeln umgeben ist, mit folgender Beischrift entdeckt: «Die Vögel können krepieren, der Eule ist es egal». Dieses rätselhafte Bild sollte wahrscheinlich mit den *sodalitates* des Amphitheaters und mit einem anderen in Nordafrika gut bekannten Thema verknüpft werden, dem bösen Blick, dem *invidus*, der aus Eifersucht entsteht und vor dem man sich immer mit Inschriften und Bildern zu schützen sucht (Abb. 38).

Der Circus

Am meisten begeisterten sich die Bewohner der Africa proconsularis für die Pferderennen. Die Circusse, wo diese Rennen stattfanden, waren freilich weniger zahlreich als die Amphitheater, da sie alle eine beträchtliche Größe erreichten: fast 500 m lang und rund 40 m breit. Der gut erhaltene, ins frühe 2. Jh. n. Chr. datierte Circus von Leptis Magna lässt die wesentlichen Merkmale einer solchen Anlage gut erkennen (Abb. 39): eine längliche Form mit halbkreisförmigem Abschluss auf einer Seite, mit flachem Bogen auf der anderen, wo sich die Boxen als Startvorrichtung (*carceres*) für die Gespanne befanden.

Die Rennbahn war durch eine Barriere entlang der Zentralachse – in der Moderne fälschlicherweise als *spina* bezeichnet – zweigeteilt, die in Anlehnung an den Circus Maximus von Rom mit Statuen (Kybele auf einem Löwen), Obelisken und Wasserbecken geschmückt war. Darauf stand auch ein Zählwerk, das die Anzahl der bereits absolvierten Runden (mittels Kugeln und Delphinen) angab. Ein Rennen bestand normalerweise aus sieben Runden. An jedem Ende der Barriere ragten drei große Kegel (*metae*) auf, die den Wendepunkt anzeigten. In vielen Fällen fanden diese Pferderennen jedoch in provisorischen Anlagen statt: einfache Erdpisten, die von einer Böschung abgegrenzt waren, auf der die Zuschauer saßen. So war es wohl in Thugga, wo Pferderennen durch Inschriften belegt sind, aber keinerlei Spuren eines Steinbaus identifiziert wurden.

Die antiken Autoren aus Nordafrika haben die außergewöhnliche Leidenschaft ihrer Mitbürger für diese Rennen sehr gut beschrieben. Siegreiche Pferde und Wagenlenker waren bewunderte Helden. Die Wagenlenker wurden durch Statuen geehrt, und die in auserlesenen Gestüten geborenen Pferde trugen glückverheißende Namen. Wie im übrigen Römischen Reich teilten sich vier Parteien (*factiones*) die Gunst des Publikums: die Blauen, die Grünen, die Weißen und die Roten. Diese Farben wurden auch für die Kleidung verwendet (Abb. 40).

Wie für die Tierhetzen sind die auf den Circus bezogenen Mosaike bis ins 5. oder 6. Jh. n. Chr. sehr zahlreich, ob sie nun einzelne Pferde, Wagenlenker zu Fuß oder auf ihrem Wagen (Mosaik des Wagenlenkers Eros aus Thugga) oder das Rennen selbst schildern (Abb. 40). Eines der spätesten Mosaike wurde in Capsa entdeckt (Abb. 41). Wenn auch sehr schematisch, greift es dennoch alle Details der älteren Mosaike auf, wie z. B. das in der *Villa du taureau* in Silin in Tripolitanien.

Die athletischen Wettkämpfe

Die Begeisterung für athletische Wettkämpfe war anscheinend in der Africa proconsularis geringer als in Kleinasien. Kein Stadion ist mit den in einigen Städten der heutigen Türkei (wie Perge) anzutreffenden Bauwerken vergleichbar. Man muss aber festhalten, dass auch für solche Darbietungen provisorische Strukturen an topographisch günstigen Orten ausreichten. Das Fehlen fester Bauten soll aber die Spuren tatsächlicher Wettkämpfe und athletischer Aktivitäten, die wahrschein-

Abb. 38
Thysdrus. Mosaik: Zuruf zu Ehren der Vereinigung der Tierkämpfer (*Eis aiona*: «Mögen sie ewig leben!»).

Abb. 39
Leptis Magna. Circus.

lich in den Palästren der Thermen stattfanden, nicht verdecken. Davon zeugt das außergewöhnliche Mosaik von Baten Zemmour bei Capsa aus dem frühen 4. Jh. n. Chr., und auch mehrere andere Mosaike mit Szenen von Ring- und Boxkämpfen oder von Wettläufen.

Weitere Zeugnisse erinnern an die Existenz gymnischer Wettkämpfe griechischer Art, die in Karthago wahrscheinlich noch relativ spät abgehalten wurden. Zwei Mosaike, das eine aus der ersten Hälfte des 4. Jhs. n. Chr. in einem großen Privathaus von Althiburos, das andere in Thuburbo Maius, erwähnen *Asklepeia*, Spiele zu Ehren des Asklepios.

Es sind auch *Pythia*, gymnische und musische Wettkämpfe zu Ehren des Apoll, bekannt, die ebenfalls in Karthago von Septimius Severus gegründet wurden. In einer der berühmtesten afrikanischen Märtyrergeschichten von Perpetua, Felicitas und ihrer Freunde (*Passio Sanctarum Perpetuae et Felicitatis*) träumt die junge Perpetua kurz vor ihrem Martyrium 203 n. Chr., dass sie im Pankration gegen einen riesigen schwarzen Athleten, Abbild des Teufels, kämpft. Als Siegespreis erhält sie vom Kampfrichter einen Zweig mit goldenen Äpfeln: die gleichen Preise, die die Sieger der *Pythia* in Delphi bekamen.

Die Thermen

Die Thermen spielten eine ganz besondere Rolle in der römischen Welt. Beeindruckend durch ihr Bauvolumen und die gewählten architektonischen Lösungen, waren sie für alle sozialen Schichten und viele Aktivitäten ein wesentliches Zentrum des städtischen Lebens. Das Prinzip ist gut bekannt: eine Abfolge kalter und warmer Räume, die dem Besucher einen bequemen Rundgang für Bäder und Entspannung bietet, mit weiteren Räumen für physische Übungen und intellektuelle Unterhaltung.

Mehrere technische Neuerungen haben zur Entwicklung dieser Bauwerke geführt: die Warmluftheizung, die durch die *hypokausis* die Fußböden und die Wände (*tubulatio*) erwärmt. Unter dem Fußboden liegt ein auf kleine Pfeiler gestützter Hohlraum, gedeckt von den *suspensurae* und dem eigentlichen Fußboden, der durch von außen zugängliche Öfen beheizt wird.

Die Thermen Nordafrikas waren jüngst Gegenstand einer wichtigen Arbeit von Yvon Thébert, der die Gesamtuntersuchung wiederaufnahm und dabei einige gängige Theorien grundlegend revidierte. Darin spielen Tripolitanien und Tunesien eine sehr wichtige Rolle, da die meisten bekannten Badeanlagen in der Africa proconsularis erhalten geblieben sind, und eines dieser gut erhaltenen Gebäude unter der Leitung von Y. Thébert und H. Broise sorgfältig untersucht wurde: die Iulia Memmia-Thermen in Bulla Regia (Abb. 42). In seinem Katalog listet Y. Thébert vierundvierzig öffentliche und private Thermen allein für die Africa proconsularis auf. Möglicherweise gab es bereits im augusteischen Kar-

Eine urbane Kultur | 49

Abb. 40
Thugga. Mosaik:
der Wagenlenker Eros.
Musée du Bardo.

Abb. 41
Capsa. Mosaik:
Wagenrennen im Circus
(6. Jh. n. Chr.).

thago Bäder, archäologisch sind jedoch bisher keine so frühen Anlagen bekannt.

Die meisten Anlagen wurden im 2. und 3. Jh. n. Chr. errichtet: Die Thermen von Acholla wurden 120 n. Chr. eingeweiht, die von Uthina in der ersten Hälfte des 2. Jhs. n. Chr., die großen Thermen von Leptis Magna unter Hadrian, die des Antoninus Pius in Karthago – die größten außerhalb Roms (18 000 m^2) – von 145 n. Chr. ab (der Bauschmuck wird 162 n. Chr. vollendet) und die großen Thermen von Mactaris im Jahre 199 n. Chr. (Abb. 43). Die Baupläne sind unterschiedlich, und doch zeigt sich der Einfluss der stadtrömischen Vorbilder hier wie in keiner anderen Provinz; ein weiteres Zeugnis für die privilegierten Beziehungen zwischen Rom und Nordafrika.

Die Fachleute gliedern die Thermen in drei verschiedene Typen. Der erste ist der Kaisertypus mit symmetrischem Grundriss, der auf große Bauwerke Roms zurückgreift; dazu gehören die größten Thermen, die des Antoninus Pius in Karthago, und auch andere mit einer Fläche zwischen 1 500 und 6 000 m^2, die zwei Grundprinzipien wieder aufgreifen: die axiale Ausrichtung und die Symmetrie. Von 20 in Nordafrika identifizierten Anlagen befinden sich 13 in der Africa proconsularis, sowohl in den größten Städten – Karthago, Leptis Magna – als auch in den kleinsten – Bulla Regia, Thugga.

Der zweite Typus, halbsymmetrische Thermen, versucht in den verfügbaren Raum ein Maximum an Funktionen zu integrieren. Die Bezeichnung «halbsymmetrisch» bedeutet, dass ein Teil der Räume (die Kaltbaderäume) einem symmetrischen Grundriss folgten, während die Warmbaderäume oft ringartig angeordnet waren, so dass der Badende sie durchschreiten konnte, ohne umkehren zu müssen. Es sind Gebäude mittlerer Größe mit einer Fläche zwischen 1 000 und 3 000 m^2. Die Palästra-Thermen von Gigthis nehmen 2 500 m^2 ein, die von Thignica und die von Thysdrus kaum weniger (2 300 m^2). Die großen Thermen von Thaenae hingegen erreichen nur 1 100 m^2.

Die meisten Bauwerke des dritten Typus sind hingegen kleiner (viele liegen um die 1 000 m^2) und verzichten auf jegliche Symmetrie, um flexible Grundrisse gestalten zu können: die *Thermes des Mois* in Thaenae oder die Winterthermen in Thuburbo Maius. In diesen Anlagen ist das Frigidarium, um das alle anderen Räume angeordnet sind, im allgemeinen sehr gepflegt, relativ geräumig und besitzt manchmal einen ungewöhnlichen Plan: achteckig z. B. in den Thermen nordwestlich des Theaters von Bulla Regia.

Abb. 42
Bulla Regia. Innenansicht der Thermen von Memmia.

Die Auswahl des Grundrisses, zu der meist eine prunkvolle Ausschmückung der Böden und Wände gehört sowie auch die Ausstattung der Räume mit Skulpturen, wird oft von einer auserlesenen Architektur begleitet. Die Architekten haben gerne mit der Ästhetik der Bedachung zwischen Terrassen und Gewölben gespielt. Ein ausgeklügeltes System von Fenstern und Öffnungen in den oberen Bereichen war für Beleuchtung und Belüftung unabdingbar. Diese unterschiedlichen Bauwerke prägen das Bild der Städte in der Africa proconsularis, denken wir nur an die Antoninus Pius-Thermen in Karthago, oder an die hadrianischen Thermen von Leptis Magna, die als Bindeglied zu einem neuen Viertel entlang des Wadi konzipiert wurden, aber auch an alle anderen in weniger bedeutenden Städten, die den Blick auf sich zogen.

Y. Thébert hat in seiner detaillierten Untersuchung der Iulia Memmia-Thermen in Bulla Regia das sehr feine Zusammenspiel gezeigt, das gelegentlich zwischen dem Bauwerk und dem übrigen Viertel bestand. Hier wurde die Pracht des Gebäudeinneren dem Passanten durch eine Portikus und eine mit Marmor verkleidete Fassade angedeutet.

Bezüglich der Planung und Bauausführung sind die Thermen sehr komplexe Bauwerke – für größere Thermen, wie in Bulla Regia, wurden oft verschiedene Handwerker gleichzeitig eingesetzt. Die dem Publikum zugänglichen Räume verlangten viel Sorgfalt, der gesamte Bau oft auch gewaltige Erdarbeiten, ob in den Antoninus Pius-Thermen Karthagos oder in Bulla Regia, wo das ursprünglich schon bebaute Gelände steil abfiel.

Wenn wir auch für die Africa proconsularis über keine Zahlen verfügen, war ein solches Unternehmen doch sehr kostspielig. Betrieb und Unterhalt kamen noch hinzu, eine sehr schwierige Aufgabe, bei der zwei schwer zu beherrschende Elemente, Wasser und Feuer, unter demselben Dach untergebracht sind. Es waren also beträchtliche Geldmittel nötig. Eine kaiserliche Unterstützung ist aber nur für die Antoninus Pius-Thermen von Karthago vorstellbar. Viele Anlagen wurden von den Städten selbst dank der *pecunia publica* errichtet, wie aus vielen Inschriften zu erfahren ist, die oft den *ordo decurionum*, den lokalen Senat, oder sogar die Bürger erwähnen.

In Thubursicu Bure wurde, wie durch eine Inschrift (AE 1913, 180) bekannt ist, der Bau von der Stadt, die Mosaike aber von Bürgern finanziert. In Thuburbo Maius ist einer der Thermenkomplexe ebenfalls durch gemeinsame Anstrengungen des *ordo decurionum* und der Bevölkerung zustande gekommen (*Inscriptions latines d'Afrique*, 273 a.b). In Tichilla/Testour wurde unter Theodosius und Honorius sogar eine Subskription organisiert (CIL 8, 25864). Schließlich konnten private Mäzene den Bau einer ganzen Thermenanlage übernehmen, was angesichts der einzusetzenden Geldmittel eher selten war. Um 220–240 n. Chr. hat in Bulla Regia Iulia Memmia, die Frau eines hochrangigen Bürgers, ebensoviel Großzügigkeit gezeigt (AE 1921, 45); auch in Ureu/Henchir Guennazia wurde einem gewissen L. Octavius Aurelianus Didasius von seinen Mitbürgern für den Bau einer Thermenanlage gedankt (AE 1975, 880).

Es ist festzuhalten, dass die Thermen in der Africa proconsularis wie in anderen Gegenden eine wichtige Rolle in der Stadt spielten. Zuerst trugen sie dazu bei, die Hygiene und die Gesundheit der Einwohner zu erhalten, die dort in manchmal kleinen, aber auch sehr großen Palästren – wie z. B. in den hadrianischen Thermen von Leptis Magna – körperliche Übungen betrieben. Dann erfüllten die Thermen aber auch eine soziale Rolle als geselliger Ort, an dem die Städter jeden Tag zusammenkamen und die sozialen Unterschiede bis zu einem gewissen Grad vergaßen. Der Betrieb war sehr sorgfältig organisiert. Die Bäder waren zu verschiedenen Zeiten des Tages bzw. an verschiedenen Tagen der Woche Männern und Frauen separat zugänglich, um einen möglichst harmonischen Badeablauf zu garantieren.

Die Thermen konnten aber auch, wie das Forum, als Versammlungsort dienen: Die 411 n. Chr. am Konzil von Karthago teilnehmenden donatistischen und katho-

Abb. 43
Mactaris. Die großen Thermen: Gesamtansicht.

Abb. 44
Thelepte. Die großen
Thermen: das große
Kaltbad

lischen Bischöfe versammelten sich in den Gargilius-Thermen. Sie waren auch ein Ort der Propaganda durch die angebrachten Inschriften und aufgestellten Statuen zu Ehren der Honoratioren. Auch die Kultur fand hier ihren Platz: Ähnlich einem Museum beherbergten die Thermen Skulpturen, vor allem von Göttern – Salus, Hygieia, Aesculap, Hercules, die auf die Gesundheit bezogene Kultbilder und Kunstwerke zugleich waren. Wieder andere Götterstatuen wurden, wie aus den Inschriften aus Caesarea (CIL 8, 20963. 20965. 21078. 21079) hervorgeht, nach dem Verbot der heidnischen Religionen im späten 4. Jh. n. Chr. von den verlassenen oder verfallenen Heiligtümern geholt (*translata de sordentibus locis*) und an anderen Ort aufgestellt, um das Erbe der Bürger zu retten.

In der Africa proconsularis ist also ein besonderes Interesse der Einwohner für die Thermen belegt, die von den Vorbildern aus Rom besonders stark geprägt wurden. Man erkennt aber auch die eigene Fähigkeit, Varianten wie Besonderheiten in die Bautechnik und Innenausstattung einzubringen. Auf technischer Ebene wurden wahrscheinlich im 2. Jh. n. Chr. Tongefäße erfunden, die zuerst für die Konstruktion von Gewölben, manchmal mit großer Spannweite, später dann als Baumaterial eingesetzt wurden. Die Thermen von Thelepte, die große Anlage von Sufetula und viele andere sind sehr schöne Beispiele dafür (Abb. 44). Bezüglich der Innenausstattung ist die Erfindung des Frigidarium mit zwei symmetrischen Kaltwasserbecken an den Schmalseiten hervorzuheben.

Es ist auch festzuhalten, dass neben den großen Anlagen kleinere Bäder in den Stadtvierteln existierten, die manchmal privaten Vereinen gehörten. Dies ist wohl der Fall bei den sehr gut erhaltenen *Thermes des Chasseurs* in Leptis Magna, die wahrscheinlich, wie die *Thermes de la Chouette* in Thysdrus, einem der vielen Jagdvereine gehörten. Nicht selten hatten auch die reichsten Wohnhäuser ihre eigenen Bäder, wie in der *Villa du taureau* in Silin etwas westlich von Leptis Magna.

All diese Bauwerke zeugen von der Notwendigkeit des Wassers im eigenen Haus wie in der Stadt. Öffentliche Brunnen sicherten allen den Zugang zum Wasser, manchmal auf monumentale Art, wie es das unter Septimius Severus in Leptis Magna gebaute Nymphäum veranschaulicht. Dieser sehr große Brunnen mit einer den Theatern ähnlichen Architektur diente auch dazu, das neue Stadtviertel zu strukturieren.

Wohnen in der Africa proconsularis

Stadthäuser

Die reichsten Häuser bilden einen wichtigen Teil der erhaltenen Bausubstanz in der Africa proconsularis. Die Ausstattung mit wunderschönen Mosaikböden und Wandmalereien verdient besondere Aufmerksamkeit. Moden und architektonische Vorlieben entsprachen freilich nicht den Verwaltungsgrenzen, sondern vielmehr den Vorbildern, die in der Kaiserzeit das ganze Mittelmeergebiet beherrschten. Das afrikanische Klima mit seiner im Sommer besonders großen Hitze hat Erbauer wie Auftraggeber dazu gebracht, den Schwerpunkt auf gewisse Elemente, wie die Brunnen in den Häusern, zu legen (Abb. 45). Man kann jedoch kaum behaupten, dass es einen nordafrikanischen Haustyp gäbe, der im ganzen Römischen Reich ansonsten nicht anzutreffen wäre.

Das Atriumhaus, wie es besonders im republikanischen Italien verbreitet war und auch in einigen anderen

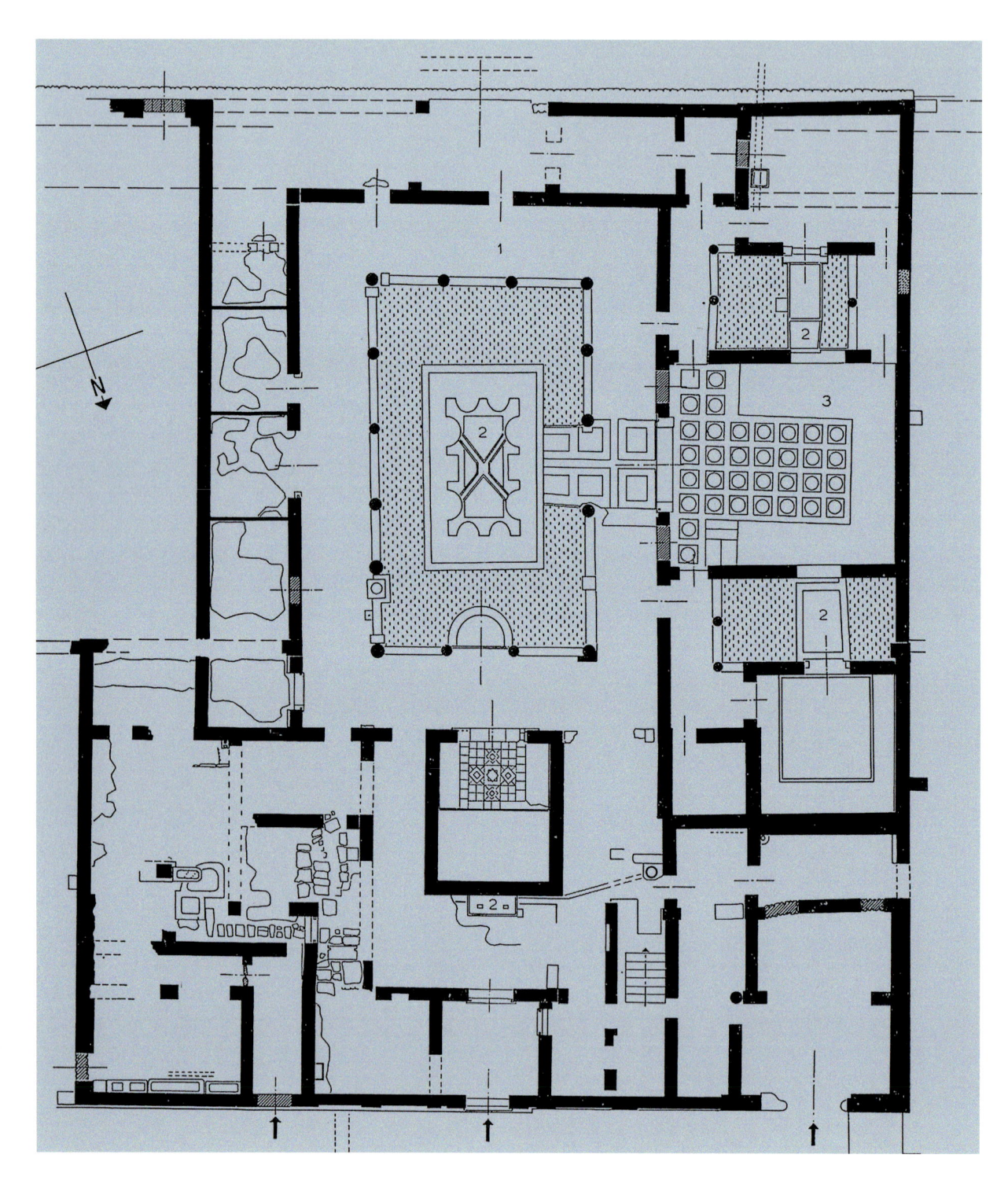

Abb. 45
Utica. Plan der *Maison de la Cascade*.
1) Peristyl
2) Brunnen
3) Triklinium (Speisesaal)

Gegenden auftauchte, war in Nordafrika sehr selten, da die Eigentümer dort vor allem Luft und Licht wollten. Häuser in punischer Tradition, wie sie für Karthago oder Kerkouane gut bekannt sind, haben jedoch kaum Spuren in der kaiserzeitlichen Hausarchitektur hinterlassen. In der Tat herrschte in der Africa proconsularis, wie in anderen nordafrikanischen Provinzen, für die Honoratioren das Peristylhaus vor, das schon seit der hellenistischen Zeit rund um das Mittelmeer verbreitet war. Es waren oft relativ geräumige Wohnbauten, deren Fläche allerdings in der Stadt von den verfügbaren Grundstücken abhing. In vielen Fällen lässt sich aber beobachten, dass Eigentümer ihren Wohnsitz durch den Ankauf des Nachbarhauses erweiterten: als gutes Beispiel aus dem 4. Jh. n. Chr. die *Maison des Protomés* in Thuburbo Maius. Ihr Bauplan zeigt deutlich, dass sie in der spätantiken Phase aus zwei vereinten Häusern bestand.

Solche Häuser wurden für mehrere Siedlungen in signifikanter Anzahl nachgewiesen: Karthago, wo die früher ausgegrabenen Wohnbauten, oft riesigen Ausmaßes wie die *Maison de la Volière*, auf dem Gelände kaum noch sichtbar sind. Jüngste Untersuchungen haben die Rekonstruktion der Bauphasen einiger Häuser erlaubt (*Maison des Auriges grecs*, *Maison de la Rotonde*). Aber auch Thuburbo Maius, Thugga, Utica (Abb. 46. 47) und Thysdrus haben eine ausreichende Menge an Bauten geliefert, so dass die Entwicklung dieser Häuser über die Kaiserzeit, Vandalenzeit und byzantinische Zeit bis ins 6. oder gar 7. Jh. n. Chr. gut fassbar ist.

Diese Häuser wurden mehr oder weniger gleichmäßig um einen großen Peristylhof angeordnet, dessen Mitte gepflastert sein konnte, aber oft als Garten mit einem oder mehreren Brunnen gestaltet war. Neue, aber leider nur seltene Untersuchungen haben versucht, die Struktur der bepflanzten Flächen und der dort wachsenden Pflanzenarten zu rekonstruieren, wie es z. B. für Pompeji schon lange geschehen ist. Die Mosaike zeigen jedenfalls, dass den Honoratioren der Africa proconsularis die Natur, die Vegetation und wahrscheinlich auch kleine Tiere, wie Pfauen oder Vögel mit buntem Gefieder, sehr wichtig waren. Solche Bilder begegnen in Karthago auf dem Mosaikboden der *Maison de la Volière* in Form von Zweigen und Blumen. Stand nicht genügend Raum für einen echten Garten zur Verfügung, so gab man sich mit großen Gefäßen zufrieden, in denen wahrscheinlich Blumen gewachsen sind: so in Thugga in der *Maison des Jardinières* (Abb. 48).

Das Wasser nahm in diesen Häusern einen wichtigen Platz ein: ein Wasserbecken im Peristyl, manchmal mit Springbrunnen, manchmal mit Fischen; aber auch kleine Kaskaden im Inneren, besonders im Speisesaal, welche die Luft kühlten und mit ihrem Plätschern die Gäste entzückten. Die *Maison de la Cascade* in Utica, die nicht weniger als fünf Brunnen aufweist, besitzt eine der bezauberndsten Anlagen dieser Art. Wie gewöhnlich steht ein kleines halbkreisförmiges Brunnenbecken im Peristyl vor der Tür des Speisesaals. Dieser zentrale Bereich mit Garten oder Brunnen war nicht unmittelbar zugänglich: Niedrige Schranken aus Steinplatten oder Mäuerchen konnten die Zwischenräume zwischen den Säulen schließen. Meistens wurde der Innenbereich des Hauses durch Vorhänge sehr flexibel gestaltet. Sie erscheinen auf Mosaiken, und die Archäologen haben Einbauspuren der Metallstangen beobachtet, an denen die Vorhänge hingen.

Die wichtigsten Räume öffnen sich alle auf das Peristyl: meistens ein *oecus*, eine Art Wohnzimmer, und in der Hohen Kaiserzeit ein *triclinium* (Speisesaal) gegenüber dem Haupteingang. Die Funktion des *triclinium* war durch die Anordnung der Bodenmosaike vorgegeben: entlang von drei Wänden U-förmig angelegte geometrische Motive, auf denen die Klinen für die Gäste standen; der übrige Boden, auf dem auch der Tisch stand, enthielt Mosaike mit reichem figürlichem Dekor. Diese Anordnung war aber wahrscheinlich nicht festgelegt, da die Holzmöbel leicht verschoben und dadurch auch die Gestaltung dieser Räume verändert werden konnte.

Auf das Peristyl öffnen sich auch Zimmer, die durch ihre besondere Einteilung als Schlafraum identifiziert werden können: Ein Teil des Raumes lag leicht erhöht; er war für das Bett vorgesehen und nur mit einem ein-

Abb. 46
Utica. Innenansicht der *Maison de la Cascade*: der Eingang.

Eine urbane Kultur | 55

Abb. 47
Utica. *Maison de la Cascade*: Brunnen mit Mosaik.

Abb. 48
Thugga. *Maison des Jardinières*.

56 | Die wichtigsten monumentalen Bauwerke

fachen Boden ausgelegt. Man trifft manchmal auf ein besser ausgestattetes Ensemble von Räumen, die einen weiteren vom übrigen Haus abgetrennten Wohntrakt mit Innenhof und Brunnen bilden. Schöne Beispiele stammen aus Thysdrus, u. a. aus der *Sollertiana domus*, benannt nach dem Eigentümer, dessen Name auf der Inschrift eines Mosaiks erscheint (Abb. 49).

Dieser typische Bauplan kann auch einige Varianten erfahren, und die Architekten haben aus uns unbekannten Gründen besondere Formen entwickelt. In Thysdrus wieder, in der jüngst bis zum Dach rekonstruierten *Maison d'Africa* (benannt nach einer Mosaikdarstellung der personifizierten Africa), folgte der größte Raum (*triclinium*) nicht dem geläufigen Plan, sondern dem selteneren Grundriss des korinthischen *oecus*, d. h. eines Raumes mit einer an drei Seiten verlaufenden, inneren Säulenreihe, die wahrscheinlich auch die Bedienung erleichtert hat.

Hier und da können auch an Orten mit einer komplexen Topographie die Bemühungen der Architekten festgestellt werden, sich an das Gelände anzupassen. In Thugga, einer am Hang gebauten Stadt, müssen sich z. B. die Bauten, insbesondere Häuser, auf mehrere aufeinanderfolgende Terrassen verteilen. Bei der *Maison du Trifolium* gelangte man durch einen monumentalen Eingang von der Straße, die von der Unterstadt zum Theater hinaufführte, und über eine Freitreppe in die einen Stock tiefer gelegenen Empfangsräume (Abb. 50).

Abb. 49
Thysdrus. *Sollertiana domus*.

Abb. 50
Thugga. Innenansicht der *Maison du Trifolium* (kleeblattförmiger Saal).

Eine urbane Kultur | 57

Abb. 51
Bulla Regia. Insula (Häuserblock) der Jagd.

In all diesen Häusern ist das Bedürfnis nach Komfort und einem gewissen Luxus deutlich. Die Höhe des aufgehenden Mauerwerks ist uns nur in wenigen Ausnahmefällen bekannt. Die Wände sind selten so hoch erhalten, dass der ganze Dekor erfasst werden könnte. Daher sind die Wandmalerei wie auch alle anderen Arten von Wandschmuck in der Africa proconsularis besonders schlecht bekannt: Wand- und Deckenmosaike sowie Stuckverzierungen.

Die Wohnhäuser sind zwar insgesamt ziemlich einheitlich, aber es gibt auch eine ganz besondere Gruppe in der Africa proconsularis: die Häuser mit Untergeschoss. Sie sind auf die kleine Stadt Bulla Regia im westlichen Tunesien beschränkt, die angesichts der fruchtbaren Getreideböden wohl reich war und auch zu den bedeutenden Städten des numidischen Reiches gehört hatte – daher ihr Name *Bulla* «die Königliche». In dieser nur teilweise ausgegrabenen Stadt wurden mehrere zweistöckige Häuser freigelegt. Wie sonst gab es das übliche Erdgeschoss mit Peristyl, um das alle Räume angeordnet waren (Abb. 51). Vom Peristyl aus gelangte man aber über eine Treppe zu einem unterirdischen Geschoss. Es handelt sich hier aber weder um einen Keller, wie er manchmal an anderen Orten vorkommt, noch um ein Dienstgeschoss, sondern um einen Komplex von Empfangsräumen, die ebenfalls um ein Peristyl verteilt sind. Beide Peristyle liegen genau übereinander, damit Licht und Luft bis zu den unteren Räumen gelangen können (Abb. 52 a.b). Auch diese unterirdischen Räume weisen Brunnen auf, manchmal mit Fontänen, die durch die Zisternen des Erdgeschosses gespeist wurden und durch Wasserdruck funktionierten. Auf dieses untere Peristyl (oft mit massiven Pfeilern statt Säulen) öffnete sich mindestens ein prächtiger Speisesaal mit dreiteiligem monumentalem Zugang und entsprechendem Mosaik, flankiert von zwei oder mehreren Zimmern.

Die *Maison de la Pêche* (nach dem Dekor benannt) und die *Maison de la Chasse* zählen zu den größten Beispielen. Letzteres Haus bedeckt allein zwei Drittel einer *insula*. Andere sind bescheidener, wie die *Maison du Trésor*, zeigen aber dieselben Charakteristika. Das Untergeschoss der *Maison d'Amphitrite* ist relativ klein, zwar ohne Peristyl, aber mit Lichtschächten im hinteren Teil der Zimmer, und gehört durch seinen Dekor zu den erlesensten: Ein wunderschönes Mosaik stellt eine sinnliche, auf zwei Seekentauren – der eine jünger, der andere älter – reitende Venus dar, begleitet von Eroten, die einen Kranz über ihrem Kopf halten (Abb. 53). Diese Häuser, die ohne Parallele bleiben, sind wegen nur partieller Grabungen nicht leicht zu datieren. Das gilt auch für das Venusmosaik: Unter den Forschern hat sich ein Konsens herauskristallisiert, es in die Mitte des 3. Jhs. n. Chr. einzuordnen.

Es steht hingegen fest, dass die Mehrheit der Häuser mit Untergeschossen eine lange Geschichte erlebt haben und dass sie bis ins 4. Jh. n. Chr. immer wieder umgebaut wurden. Die neuere Ausgrabung der *Maison de la nouvelle Chasse*, die zur gleichen *insula* wie die *Maison de la Chasse* gehört, hat eine umfangreiche Bauphase der Spätantike freigelegt. Das Mosaik des Hauptraumes mit der Darstellung einer Jagd wird aufgrund der Ikonographie und des Stiles frühestens ins 4. Jh. n. Chr. datiert, wenn nicht später. Die dazugehörigen unterirdischen Räume waren allerdings von bescheidener Größe.

Die Existenz dieser so eigenartigen, auf eine einzige Stadt der Africa proconsularis beschränkten Häuser ist schwer zu deuten. Es wurde die Suche nach Kühle vorgeschlagen. Sicher sind diese Untergeschosse im heißen Sommer sehr angenehm, da die Räume belüftet, relativ hell und viel kühler bleiben als die des Erdgeschosses. Warum aber wurde an anderen Orten nicht ähnlich gebaut? Es wurde auch der zu knappe Baugrund angeführt: Eine oberirdische Erweiterung der Häuser wäre nicht möglich gewesen, und die Eigentümer hätten so Wohnraum durch das Anlegen eines Untergeschosses gewonnen. Doch spricht der Fall der *Maison de la Chasse* gegen diese These. Man könnte sich aber auch fragen, ob diese Wahl nicht der etwas früher von den italischen Aristokraten getroffenen Lösung ähnelt, in ihrem Landhaus einen Raum einzurichten, wo sie sich vielleicht mit einigen Freunden zurückziehen konnten (die *diaeta* von Plinius dem Jüngeren). Dies würde die Verdoppelung der auf beiden Ebenen fast identischen Empfangsräume erklären. Nun kommt aber wieder der Einwand zur Geltung, der auch schon gegen die «klimatische» Deutung angeführt wurde: Haben nur einige Honoratioren von Bulla Regia unterirdische Räume gebraucht? Der Grund für die Existenz dieser Häuser mit Untergeschoss bleibt also rätselhaft.

Im Allgemeinen haben die in großen Teilen der Africa proconsularis freigelegten Häuser wohlhabender Bürger eine lange Geschichte mit manchmal tiefgreifenden Umbaumaßnahmen, die sich aus der Familienentwicklung und -situation, wie auch den wechselnden Moden ergaben. Dieses Phänomen lässt sich besonders im 4. und 5. Jh. n. Chr. beobachten. Die Grundidee bleibt unverändert: ein um das Peristyl strukturiertes Haus. Ein sehr schönes Beispiel für diese Zeit liefert die *Maison des Nymphes* (*Nymfarum domus* steht auf einem Mosaik) in Neapolis/Nabeul. Die reich verzierten figürlichen Mosaikböden mit der Geschichte des Bellerophon und Pegasus werden ins 5. Jh. n. Chr. datiert (Abb. 54). Eine einfache Untersuchung des Grundrisses lässt sehr oft die Bauphasen der Häuser nicht erkennen. Nur eine sorgfältige Ausgrabung kann zu einer Klärung

Abb. 52a
Bulla Regia. *Maison de la Chasse,* Untergeschoss.

Abb. 52b
Bulla Regia. *Maison de la nouvelle Chasse,* Untergeschoss.

Eine urbane Kultur | 59

Abb. 53
Bulla Regia. *Maison d'Amphitrite*. Mosaik des Untergeschosses: Venus reitet auf zwei Tritonen.

Abb. 54
Neapolis. *Maison des Nymphes,* Mosaik: Botschaft zu einem König (Anfang 5. Jh. n. Chr.).

60 | Die wichtigsten monumentalen Bauwerke

der aufeinanderfolgenden Umbauten führen, da sich ein Eigentümer darauf beschränken konnte, allein die Ausstattung zu erneuern.

Es ist jedoch offensichtlich, dass sich in der Spätantike einige Regeln des sozialen Lebens veränderten, die sich unmittelbar auf die Wohnarchitektur auswirkten. Mit einer detaillierten Studie über die Häuser des römischen Nordafrika hat Y. Thébert z. B. nachweisen können, dass die Bäder in Wohnhäusern in dieser Zeit Verbreitung finden und damit Aktivitäten, die früher in den öffentlichen Thermen stattfanden, nun in die Privatsphäre verlagert wurden. Diese neue Tendenz verrät wahrscheinlich einen zunehmenden persönlichen Komfort und auch eine Entwicklung der sozialen Beziehungen bzw. eine gewisse Lockerung des gemeinschaftlichen Zusammenhalts zugunsten der Familie im weitesten Sinne.

Tunesien liefert viele Beispiele, von denen die *Maison de la Chasse* in Bulla Regia zu erwähnen ist. Dieser Bau geht wahrscheinlich auf das 2. Jh. n. Chr. zurück und wurde in der Spätantike verändert. Er ist sehr charakteristisch für die damals veranlassten Umbauten: ein großer rechteckiger Saal, der an einer Schmalseite, knapp hinter einer Art Querschiff, mit einer Apsis abschließt. Dieser Grundriss erinnert an eine Kirche, aber die Funktion dieses Baus war ganz sicher profan. Wahrscheinlich handelt es sich um den Raum, den Vitruv schon im 1. Jh. v. Chr. als basilikaähnlichen Raum für feierliche Empfänge des Hausherrn in seiner Architekturtheorie (*De architectura* 6, 5, 2) erwähnt. Diese Art Audienz, die sich schon in republikanischer Zeit zwischen Herrn und Klienten abspielte, hat sich in der Spätantike, gerade als die Etikette des Kaiserhofes immer wichtiger wurde, stark entwickelt und formalisiert.

In Rom, wie auch in Italien und den Provinzen, wurden die Empfangsräume der Wohnhäuser immer größer wobei ihre axiale Lage im Haus oft durch die vorhandene Apsis betont wurde, in der der Hausherr zu sitzen pflegte. Nordafrika konnte sich dieser Tendenz nicht entziehen, und eine sorgfältige Untersuchung der Häuser zeigt oft, wie im 4. Jh. n. Chr. eine Apsis angefügt wurde, um dieser Mode zu genügen. Die schon erwähnte *Maison des Protomés* in Thuburbo Maius (Abb. 55. 56) ist einem anderen kleineren Haus mit sehr ausgeklügeltem Grundriss vergleichbar, dem sog. Haus der Jahreszeiten in Sufetula. Dieses steht von der Straße leicht zurückversetzt und gruppiert die Räume um ein relativ kleines Peristyl. Ein dreiteiliger Zugang mit Arkaden, die sich auf mit Weinrankenreliefs reich verzierte Kragsteine stützen, führt zu einem Empfangsraum mit einer weiten Apsis. Auf beiden Seiten stehen je zwei Brunnen, die durch zwei breite Fenster von der Apsis zu sehen sind.

Eine andere wichtige Neuerung betrifft die Speisesäle und ist im ganzen Mittelmeerraum verbreitet. Das *triclinium* wird mit einem *stibadium*, einem halbkreisförmigen Speisesofa, ausgestattet. Von den halbrunden Tischen, eine Form wie sie auch in den christlichen Kirchen als Altäre verwendet wurden, sind in Nordafrika selbst mehrere Exemplare bekannt. Einige von diesen haben einen mit Reliefs verzierten Rand: profane (Jagden) oder mythische Szenen für Esstische, Bibelszenen für Altäre (ein Exemplar wurde in Sufetula gefunden). Die halbrunde Form passt gut zu den Apsiden, ob nun

Abb. 55
Thuburbo Maius. *Maison des Protomés,* Plan.

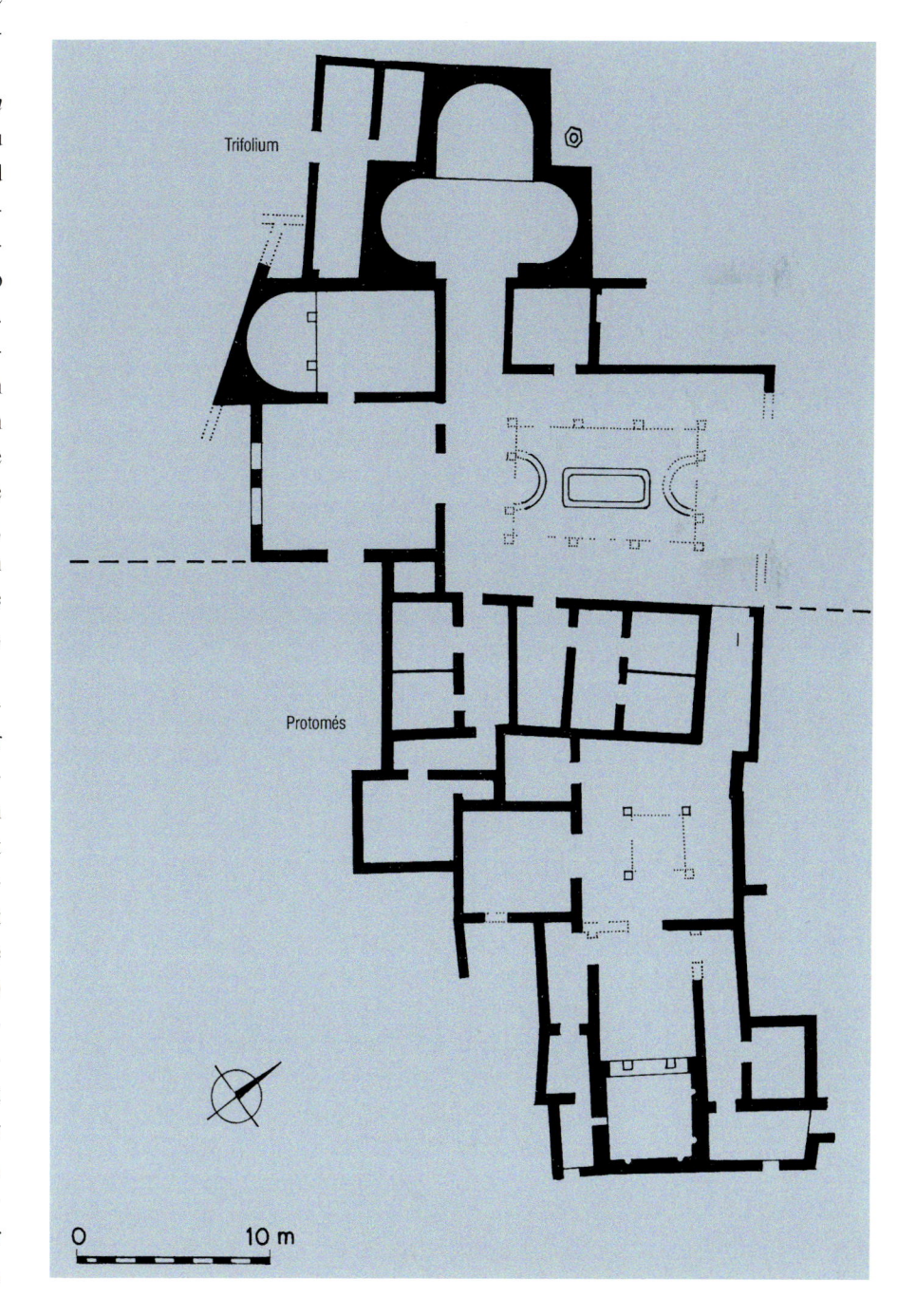

Abb. 56
Thuburbo Maius. Mosaik: Protomen von Tieren des Amphitheaters in Akantusblättern.

Abb. 57
Karthago. *Maison du Paon*. Mosaik des Esszimmers (*stibadium*).

eine im Raum vorhanden oder nur durch den Verlauf des Bodenmosaiks angedeutet ist. Hier ist die *Maison du Paon* in Karthago als Beispiel zu erwähnen (Abb. 57). Der Hauptraum dieses Hauses ist rechtwinklig, und das Bodenmosaik besteht aus zwei Teilen: der vordere Bereich mit einem rechteckigen Streifen und der Hauptbereich mit einem breiten, halbkreisförmigen Band um ein Zentralmotiv. Im rechteckigen Streifen fressen vier Pferde Pflanzen aus drei mit Edelsteinen geschmückten zylindrischen Gefäßen. Diese Pflanzen kennzeichnen die vier Jahreszeiten: Weizen, Wein, Ölzweige und Blütenzweige. Die Pferde sind Rennpferde. Die Gefäße stellen die Preise dar, die den siegreichen Wagenlenkern im Circus verliehen wurden. Im Hauptbereich umschließt das geometrisch verzierte Band einen schillernden, das Rad schlagenden Pfau. Diese Aufteilung des Bodens passt zu einem *stibadium* auf dem bogenförmigen Band, während der Tisch auf dem Pfau stand. Karthago liefert ein weiteres Beispiel für ein *stibadium*. Hier (im Haus *Utere felix*) ist es gemauert und umgibt den kleinen Brunnen mit der Inschrift «*Utere felix*», um den herum die Bankettteilnehmer lagen.

Das sind Neuheiten, die in der spätantiken Hausarchitektur auftreten und noch bis in byzantinische Zeit fortdauern, wie es ein zufällig entdeckter Mosaikboden aus Gobr el Ghoul zeigt. Er greift auf das Schema der *Maison du Paon* zurück und gehörte sicher zu einem Haus. Alle diese Häuser waren offensichtlich im Besitz von Honoratioren, und man sollte nicht vergessen, dass uns die Behausungen der unteren Schichten weitgehend unbekannt bleiben.

Villen und große Landgüter

Die bisher behandelten Gebäude waren Stadthäuser. Es ist aber bekannt, dass die Reichsten einen Wohnsitz auf dem Land besaßen, um dem Geschäftsstress zu entfliehen und ihre Landgüter zu verwalten. Die Quellenlage – literarische und archäologische Befunde – ist in der Africa proconsularis aber widersprüchlich. Auf einigen Mosaiken finden sich Darstellungen solcher *villae*. Auf diesen Bildern wird sogar der Hausherr selbst, manchmal zusammen mit seiner Gattin, abgebildet – z. B. auf dem berühmten Mosaik des *dominus Iulius* aus dem 5. Jh. n. Chr., das diesen hochrangigen Bürger mit seiner Frau vor seinem Haus mit beeindruckender Architektur zeigt – der Name des Besitzers steht auf der Rolle eines herankommenden Boten (Abb. 58). Der Hausherr sitzt in seinem Garten, seine Gattin stützt sich, einer Venus ähnlich, lässig auf einen Pfeiler und ist von ihren Dienerinnen umgeben, die ihr Schmuck bringen. Dieses Mosaik ziert den Boden eines Empfangsraumes in einem Haus von Karthago.

Ähnliches trifft auch für eine ganze Reihe von mehr oder weniger gleichzeitigen oder gar jüngeren (im Fall eines Hauses von Karthago) Mosaiken zu: insbesondere die Bilder aus den drei Apsiden (Dreikonchenanlage) des Empfangsraumes eines Hauses in Thabraca im äußersten Westen Tunesiens (Abb. 59). In dem Zusammenhang ist noch ein sehr großes Bodenmosaik aus Karthago zu erwähnen, auf dem Nereiden im Meer vor einer Kulisse breiter Portikusanlagen schwimmen. Es könnte auf Seevillen hinweisen, die an den lieblichsten Küstenabschnitten lagen.

62 | Die wichtigsten monumentalen Bauwerke

Die verschiedenen Mosaikböden stellen die Fachleute vor heikle Deutungsprobleme. Es ist in der Tat wahrscheinlich, dass die dargestellten Gebäude kein treues Abbild der realen Bauten sind, sondern einem in der Spätantike geschaffenen Idealbild entsprachen. Dieses vereinte Charakteristika aus verschiedenen Bereichen der Architektur. Das ist nicht ohne Bedeutung, denn alle diese Villen waren Gegenstand von Hypothesen über den Zustand der Africa proconsularis in der Spätantike. Besonders der russische Historiker Michael Rostovzev hat das massive Aussehen der Iulius-Villa mit dem Säulengang im Obergeschoss als Argument benutzt, um darin eine Art befestigte Residenz der Großgrundbesitzer zu sehen, die eine unsichere Phase der nordafrikanischen Spätantike belege. Diese Ansicht wurde aber durch die Arbeiten der modernen Historiker vollständig widerlegt.

Die Quellenlage bleibt trotzdem widersprüchlich: Dank der Mosaiken verfügen wir über Darstellungen von *villae*, die für den damaligen Betrachter sicherlich getreu genug waren, auch wenn darüber diskutiert werden kann. Die Archäologie hingegen hat erst seit kurzem Reste solcher *villae* zutage gefördert, die früher meistens unbeachtet blieben.

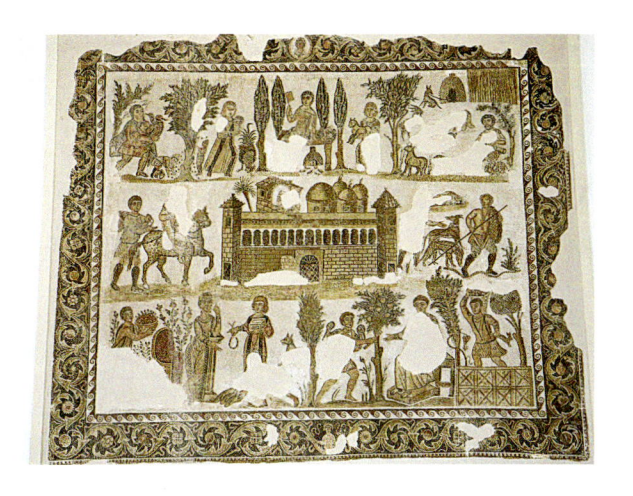

Abb. 58
Karthago. Mosaik des *dominus Iulius* (5. Jh. n. Chr.).

In Sidi Ghrib südwestlich von Karthago wurde auf dem Land ein bemerkenswerter Komplex mit privaten Bädern freigelegt, die mit ikonographisch sehr interessanten Mosaiken geschmückt waren. Zu erkennen sind einerseits der zur Jagd aufbrechende *dominus* (Hausherr) mit seinen Dienern und andererseits die beim Frisieren sitzende Hausherrin im Beisein von zwei Dienerinnen und umgeben von mehreren Toilettenutensilien: eine Kleidertruhe, Sandalen, Gefäße und Körbe (Abb. 60). Diese Mosaike werden in das frühe 5. Jh.

Abb. 59
Thabraca (Tunesien). Mosaik: Villa in einem Landgut (5. Jh. n. Chr.).

Eine urbane Kultur | 63

n. Chr. datiert. Die Bäder standen neben einer großen, nicht völlig freigelegten Villa.

Für die früheren Zeiten sind die Quellen noch dürftiger: keine identifizierten Baureste und nur wenige Bilder. Man muss sich mit einigen stereotypen Formen, die wahrscheinlich auf hellenistische Vorbilder zurückgreifen, begnügen. So ist auf dem großen Mosaik von El Alia eine fast vollständige und pittoreske Darstellung ländlicher Gegenden zu sehen, die verschiedene Bauten — wahrscheinlich Villen — erkennen lässt. Es wäre aber klüger, auch hier keine zu realistischen Details zu suchen.

Eine Region bildet allerdings eine Ausnahme und steht besonders im Mittelpunkt des Interesses, sei es, dass die *villae* dort sehr zahlreich oder dass sie Gegenstand sorgfältigerer Untersuchungen waren als an anderen Orten: Tripolitanien und besonders die Umgebung von Leptis Magna. Offenbar hatten die Honoratioren dieser großen Stadt beschlossen, ihre Landsitze an der Küste, unweit der Stadt, zu etablieren, wobei sie beim Bau Rücksicht auf die natürlichen Gegebenheiten der Landschaft nahmen.

Entlang der Küste liegen mehrere prächtige Residenzen, in Zliten z. B. die Villa Dar Buc Ammera, die eines der meist diskutierten Mosaike geliefert hat. Es handelt sich um einen Boden, dessen breiter Rand mit den figürlichen Motiven außergewöhnlich ist: sehr detailliert dargestellte Kämpfe aus dem Amphitheater. Man kann die verschiedenen Arten von Gladiatoren und ihre Ausrüstung ausmachen, Gefangene erkennen, die den Raubtieren ausgeliefert sind, und sogar ein Orchester mit Orgel, einer Tuba und zwei Hörnern, welches die Darbietungen begleitet. Die Datierung dieses sehr fein ausgeführten Mosaiks ist umstritten. Einige (besonders G. Ch. Picard) setzen es in die flavische Zeit wegen eines Elementes, das mit einem Sieg über die Garamanten zusammenhängen könnte. Andere möchten dieses Mosaik viel später ansetzen aufgrund der vier Jahreszeitenfiguren, die von einer ganz anderen, plumperen und anscheinend jüngerer Machart sind (Abb. 61). Erwähnenswert ist auch, dass diese Villa wie einige andere in der Gegend zu den wenigen zählt, die qualitätvolle Wandmalereien geliefert haben.

Weiter an der Küste wartet die *Villa de l'Odéon maritime* mit kleinen Pavillons auf, in die sich der Hausherr

Abb. 60
Sidi Ghrib. Thermen:
Toilette der Hausherrin
(5. Jh. n. Chr.).

64 | Die wichtigsten monumentalen Bauwerke

mit seinen Gästen zurückziehen und die Meereslandschaft betrachten konnte. Dies konnte er noch besser in einem Halbrund aus Stufen, das in den Fels geschlagen worden war, vielleicht um den Gästen die Beobachtung nautischer Spiele zu ermöglichen. In der *Villa du Petit Cirque* hatte der Hausbesitzer in einem Steinbruch einen kleinen Circus eingerichtet, um sich mit seinen Freunden in den Reitkünsten zu üben oder vielleicht Pferderennen zu veranstalten. Im Gegensatz zu den reichsten Stadthäusern verfügen diese Wohnsitze über geradezu unbeschränkten Platz. Die Räume drängen sich nicht um ein Peristyl, sondern breiten sich weiter über Galerien und Pavillons aus, die es den Bewohnern ermöglichten, ganz in der Tradition der republikanischen Villen dem alltäglichen Stress zu entfliehen.

Westlich von Leptis Magna, in Silin, wurde die *Villa du taureau* in sehr gutem Zustand durch neuere Ausgrabungen fast vollständig freigelegt. Die Bäder sind mit ihren Gewölben und dem bronzenen Heizkessel für die Bereitung des Warmwassers der Badebecken noch erhalten. Das Peristyl öffnete sich auf das gegen den Sockel des Gebäudes wogende Meer. Der gesamte Dekor aus Wandmalereien, im Muster verlegten Marmorplatten (*opus sectile*) auf Böden und Wänden wie auch aus sehr feinen Mosaiken hat sich bewahrt. Darunter die sehr schöne Darstellung eines Wagenrennens in einem Circus – vielleicht in Leptis Magna – und eine erstaunliche Szene, die übrigens aus einem anderen Mosaik in Hadrumetum bekannt ist: Menschen, vielleicht Gefangene, trotzen einem Stier. Diese spektakuläre Ausstattung könnte wohl in die severische Zeit datiert werden. Die Wohnanlage ist wahrscheinlich eines der vollendetsten und typischsten Beispiele für die großen vorstädtischen Villen der Africa proconsularis.

Es darf daran erinnert werden, dass der römische Prokurator, der im frühen 3. Jh. n. Chr. mit dem Urteil und der Hinrichtung des heiligen Bischofs Cyprian beauftragt war, in einer Villa außerhalb der Mauern Karthagos wohnte. Andere Villen jedoch hingen eher mit großen Landgütern und Agrarbetrieben zusammen. Dies ist vielleicht der Fall in Sidi Ghrib. Obwohl nur wenige Häuser der Großgrundbesitzer archäologisch nachgewiesen wurden, gibt es viele Indizien für ihre Landgüter, die aber zu einer umfassenderen Betrachtung der ländlichen Gebiete in der Africa proconsularis gehören.

Abb. 61
Zliten. Mosaik: eine Jahreszeit, der Sommer. Museum von Tripoli.

Die Grabanlagen: Nekropolen und Mausoleen

Nekropolen und Grabbauten sollen hier gesondert behandelt werden, weil alles, was mit dem Tod zu tun hat, die intimsten Glaubensüberzeugungen der Bevölkerungsgruppen betrifft und weil sich ihre Ausdrucksformen sowohl an die Lebenden als auch die Verstorbenen, die geehrt werden sollen, richten.

Die Nekropolen

Entsprechend der sehr alten in Rom geltenden Regel, die in archaische Zeit und auf das «Zwölftafelgesetz» zurückgeht, war es verboten, die Verstorbenen innerhalb der Stadtmauern zu beerdigen. Diese Bestimmung wurde zumindest bis in die Spätantike strikt eingehalten, als mit der Anerkennung des Christentums die Verstorbenen immer öfter in oder nahe bei den Kirchen bestattet wurden. Eine grundsätzliche Änderung setzte in Nordafrika bereits im 4. Jh. n. Chr. ein, viel früher als in anderen Regionen und noch vor dem Zerfall der städtischen Strukturen.

In der Africa proconsularis liegen die Nekropolen wie üblich am Rande der Städte, entlang den Zugangsstraßen, z. B. in Ammaedara, Thugga, Sullecthum an der Ostküste Tunesiens. Man kann gelegentlich auf Gräber stoßen, die innerhalb der römischen Stadtmauern angelegt waren: auf dem Forum von Thugga, auf dem Forum

Eine urbane Kultur | 65

von Simitthus, unter dem numidische Grabbauten lagen, die den Einheimischen sicher bekannt waren, sowie in Mactaris, wo in römischer Zeit megalithische Gräber innerhalb der Stadt erhalten waren. Man muss aber festhalten, dass es sich hier um viel frühere Gräber handelt, die eine gewisse Monumentalität aufwiesen und als Bestattungen von Gründerhelden betrachtet wurden, deren Andenken man bewahren wollte. Eine solche Einstellung verstieß auch nicht gegen die Sitten Roms, wo die sterblichen Überreste Traians im Sockel der Säule, die an seine Siege gegen die Daker erinnerte, bestattet wurden. Der Kaiser wurde somit nicht als Mensch, sondern als göttliche Figur oder Heros verstanden, für den die gewöhnlichen Gesetze keine Geltung hatten.

Vor allem auf dem Land waren viele Gräber ganz einfach, z. B. nur durch Steinhaufen, gekennzeichnet. Die mit der Romanisierung eingeführten Sitten, die die punische Tradition weiterführten, haben die Entwicklung von Grabbauten, Stelen oder Steinkisten in verschiedenen regionalen Stilen ausgelöst.

Die Steinkiste, eine für Nordafrika typische Form, besteht aus einem länglichen oben abgerundeten Block, der an den Schmal- oder Längsseiten eine eingravierte Grabinschrift trägt. Ruhen mehrere Familienmitglieder in derselben Steinkiste, sind mehrere Felder eingetieft. Die Inschrift kann umgeben sein von einem sehr nüchternen Dekor, z. B. einer Girlande oder aufwendigem Schmuck, wie dem Bild des beim Bankett lagernden Verstorbenen.

Die Stelen, aufrechte Steinplatten, stecken manchmal in einem Sockel und sind sehr unterschiedlich gestaltet (Abb. 62). Oft enthalten sie nur eine Grabinschrift, die zuweilen begleitet wird von dem Bild des Verstorbenen, mit seinem Partner oder seiner Familie, in einer Nische oder auf neutralem Grund oder eventuell in mehreren Registern angeordnet. Ein Grabgedicht (CIL 8, 11518) aus einer der Nekropolen von Ammaedara erzählt, dass eine untröstliche Gattin das Bildnis ihres Mannes in Stein – Stele oder Hochrelief – hauen ließ, um ihn immer vor Augen zu haben und so ihren Kummer ein wenig zu lindern.

Paradoxerweise wurden von Archäologen in der Africa proconsularis nur wenige Nekropolen systematisch ausgegraben. Sullecthum, ein Ort mittlerer Bedeutung, liefert ein schönes Beispiel für eine kleine Nekropole am Wasser, eine Seenekropole sozusagen. Andere wurden hie und da ausgegraben, in Thaenae nicht weit von Sullecthum, in Karthago selbst – u. a. die Nekropole der *officiales* (kaiserliche Sklaven und subalterne Beamte). Man sollte nicht vergessen, dass im 6. Jh. n. Chr. viele Nekropolen den Byzantinern als günstiger Steinbruch für den Bau von Befestigungen gedient haben. Dabei wurden die Grabbauten so abgetragen, dass sie heute kaum noch kenntlich sind. Außerdem wurden die Bestattungen schon seit der Spätantike von Schatzgräbern geplündert.

Dennoch kann ein außergewöhnliches Beispiel erwähnt werden: In den vergangenen Jahren wurden unter der Leitung von A. Ben Abed und M. Griesheimer mehrere tausend Gräber in Pupput, am Meer südlich des Cap Bon, ausgegraben. Es handelt sich um eine Nekropole der mittleren Kaiserzeit (2.–3. Jh. n. Chr.) mit vielen Grabfunden. Die noch laufende Untersuchung befasst sich mit der genauen Entwicklung der Gräber,

Abb. 62
Ammaedara. Grabstele des Ritters M. Licinius Fidelis aus Lyon (1. Jh. n. Chr.). Musée du Bardo.

66 | Die wichtigsten monumentalen Bauwerke

Abb. 63
Karthago. Nekropole der *officiales* (kaiserliche Sklaven): Stuckrelief.

der Rekonstruktion der Grabsitten und der Geschichte der Familienbezirke. Die künftige Publikation wird neue Aspekte zur Mentalität der Nordafrikaner, ihrer Einstellung zum Tod und ihrer diesbezüglichen religiösen Gefühle bringen. Eine Anzahl von Riten, die bei den Gräbern vollzogen wurden, ist schon bekannt: Zum Aufhängen von Blumenkränzen dienten Löcher in den Ecken der Stelen, für Libationen, d. h. Trankspenden für den Verstorbenen, waren Röhrchen vorhanden, die in den Gräbern manchmal zu sehen sind (z. B. in Sullecthum), weiterhin wurden auch Speiseopfer dargebracht. Die Familie versammelte sich beim Grab, um Totenmahle zur Stärkung des Toten zu zelebrieren. Diese Praxis war offensichtlich fest verankert, denn im frühen 5. Jh. n. Chr. rügte Augustinus die Zuhörer in seinen Predigten (*Confessiones* 6, 2), dass sie eine heidnische Sitte beibehalten hätten. Während seines Aufenthalts mit seiner afrikanischen Mutter Monica in Italien verbot ihr Ambrosius, der Bischof von Mailand, solche Totenmahle in den Friedhöfen der norditalienischen Metropole zu veranstalten.

Die Mausoleen

Die Stelen und noch mehr die großen Grabbauten erfüllten auch − und vielleicht vor allem −, die Funktion einer sozialen Selbstdarstellung; dasselbe gilt für gewisse Grabinschriften, wie die schon erwähnte Grabinschrift des «Erntearbeiters von Mactaris», der sein Leben als Tagelöhner begann und als hoch angesehener Bürger seiner Stadt beendete (CIL 8, 11824). Die Größe eines Grabbaus ist für die Lebenden ein Hinweis für den gesellschaftlichen Erfolg des Verstorbenen. Es war keinesfalls nötig, reich oder mächtig zu sein, um sich von den anderen abzuheben. Die schon erwähnte Nekropole der *officiales* in Karthago weist einige sehr große, recht massive Gräber auf, die mit Stuckreliefs mit Szenen von bedeutenden Lebensabschnitten des Verstorbenen geschmückt waren (Abb. 63). Andere zeigten verstorbene Frauen, die von ihren Dienerinnen frisiert wurden oder lasen.

In der Nekropole von Thaenae wurden gemauerte Gräber mit bemaltem Stuck, mit Nischen und kleinen Säulen «barock» ausgestaltet. Einige waren aufgrund ihrer Größe und ihres vor allem architektonischen Dekors charakteristische Gräber von Honoratioren, sowohl in

Abb. 64
Thugga. Tallandschaft. Im Hintergrund das libysch-punische Mausoleum.

den Nekropolen als auch als Einzelgräber auf ihren Landgütern (besonders im Steppenhochland), so dass ihr Andenken auf diese Weise nach dem Tod erhalten blieb. Nicht alle Grabbauten weisen außergewöhnliche Maße auf, aber sie setzen sich von den einfacheren, nur mit einer Stele gekennzeichneten Gräbern durch die Verwendung des *opus quadratum* und einer erlesenen Form ab.

Man kann sie z. B. östlich von Ammaedara entlang der Straße nach Karthago aufgereiht sehen. Diese Mausoleen, in Tripolitanien wie Tunesien besonders zahlreich und vielfältig, sind Erben verschiedener Traditionen: die einen von der hellenistischen Architektur, andere durch orientalische Einflüsse geprägt, wieder andere typisch römisch beeinflusst. Einige dieser Monumente erinnern übrigens daran, dass schon vor der Ankunft der Römer eine Tradition der sepulkralen Architektur in der Africa proconsularis bestand – wir werden nur die spektakulärsten erwähnen.

In Thugga steht das «libysch-punische» Mausoleum (Abb. 64), ein Fürstengrab aus dem frühen 2. Jh. v. Chr., das den Reisenden schon im 18. Jh. bekannt war. Eine zweisprachige libysch-punische Inschrift (London, BM 494–495) erwähnt auch den Namen des Architekten. Es ist ein schönes Beispiel für einen in Nordafrika sehr verbreiteten Typus, der aus der orientalischen Architektur stammt. Mit viereckigem Grundriss und drei Geschossen war der schlanke Bau von einem Pyramidendach gekrönt und, was eher selten ist, mit Mischwesen und anderen Motiven im Hochrelief geschmückt. Zu diesem Typus gehörte auch das jüngere, in seinem Aufbau aufwendigere Mausoleum von Sabratha: Hier ist der Grundriss sechseckig mit konkaven Seiten. Es besaß auch einen reichen Skulpturenschmuck. Orientalische und hellenistische Einflüsse wurden eng miteinander verbunden, wie in Simitthus, mitten im numidischen Land, beim monumentalen und wuchtig aussehenden Heiligtum, das mit seinem üppigen Bauschmuck vom Berggipfel aus die Stadt beherrschte.

Grabtürme, zu denen es Parallelen in der römischen Architektur gab, waren zahlreich im kaiserzeitlichen Nordafrika. Eine schöne Gruppe von Exemplaren, die allerdings nüchterner sind als die aus hellenistischer Zeit, ist in Sidi el Hani oder Sidi Aich südlich von Sufetula zu bewundern: Mit viereckigem Grundriss und schlankem Pyramidendach weisen sie im oberen Geschoss eine Nische auf, in der die Statue des Verstorbenen stand. In Mactaris sieht man heute noch weitere Grabtürme, von denen einige mit figürlichen Reliefs geschmückt sind – ein wichtiges, da seltenes Detail.

So sind alle diese Gräber mit dem berühmtesten unter ihnen, dem sehr gut erhaltenen Grab der Flavii in Cillium verwandt, das vor allem durch eine lange in die

68 | Die wichtigsten monumentalen Bauwerke

Fassade eingemeißelte Inschrift mit einem Gedicht von über hundert Versen (CIL 8, 212) auffällt (vgl. Abb. 10). Diese Grabinschrift spricht von all dem, was das Leben des Bestatteten geprägt hat, und beschreibt das Mausoleum. Sie belegt die Aufstellung einer Statue des mit 110 Jahren verstorbenen Titus Flavius Secundus in der Nische des ersten Stockes, von wo aus er seinen Besitz, die Bäume und die Weinreben, die er gepflanzt hatte, und seine Bewässerungsanlagen betrachtete. Der Text erzählt weiter von einem pittoresken Detail: Ganz oben auf dem Pyramidendach stand ein bronzener Hahn, der heute verloren ist.

Die religiöse, soziale, sogar politische Bedeutung dieser Mausoleen wird in Ghirza (Libyen) auf spektakuläre Weise illustriert (Abb. 65): Dort hatte die einheimische, halbnomadische Bevölkerung ihre Stammestraditionen beibehalten, wollte aber zugleich eine gewisse Romanisierung demonstrieren. Die Stammesführer kennzeichneten ihre Bestattungen mit einem großen Mausoleum, das die Form eines Turms oder eines Tempels haben konnte, zwei aufwendige und umso bemerkenswertere Formen, weil mehrere nur Kenotaphe sind. Der Bauschmuck ist sehr üppig: geometrische Elemente aus dem Repertoire der römischen Architektur und auch figürliche Reliefs mit landwirtschaftlichen und pastoralen Szenen, Bereiche, aus denen die Verstorbenen ihren Reichtum geschöpft hatten.

Das Mausoleum von Tigi zeigt ein Bild von der Arbeit mit dem Pflug. Eine ganze Reihe solcher Mausoleen befand sich ganz im Süden Tunesiens entlang des *limes tripolitanus* und war häufiger als an anderen Orten der Provinz mit Szenen aus dem Alltag und der Mythologie geschmückt. Ein schönes Beispiel dafür liefert das Mausoleum von El Amrouni etwas südlich von Tataouine, das N. Ferchiou untersucht hat. Eine der Seiten ist mit einer ganzfigürlichen Darstellung des Verstorbenen, Q. Apuleus Maxsimus, geschmückt, dessen Grabinschrift (CIL 8, 22758) auf Latein, aber auch Neo-Punisch verfasst ist. Die drei anderen Seiten zeigen Orpheus, wie er Tiere bezaubert, Orpheus und Eurydike sowie verschiedene Szenen aus der Unterwelt (Ixion mit seinem Rad), Hercules und Alkestis und den von Weinranken erstickten Lykurgos. Dieses erstaunliche, inzwischen verschollene Denkmal dürfte in die erste Hälfte des 2. Jhs. n. Chr. datieren.

Ein anderer Mausoleumstypus, der mit einigen Exemplaren auch in Ghirza vertreten ist, hatte noch interessantere symbolische Anspielungen: Er ähnelte einem Tempel. Auf dem tunesischen Steppenhochland sind ziemlich viele Bauwerke dieser Art erhalten geblieben –

z. B. das Grabmal von Postumia Matronilla auf einem großen Landgut in Henchir ez-Zaatli nahe Thelepte. Die über dem Eingang angebrachte Grabinschrift (CIL 8, 11294) erinnert an alle Qualitäten dieser tadellosen Gattin. Das Tempelgrab steht auf einem Podium mit einer Freitreppe. In der Cella standen Sarkophage oder Statuen, vielleicht lagen die Gräber aber auch im Unterbau. Diese aufwendigen Grabbauten dienten gleichermaßen religiösen Bedürfnissen wie auch der Selbstdarstellung des Bauherrn und seiner Familie.

Abb. 65
Ghirza (Libyen).
Ein Mausoleum (3. Jh. n. Chr.).

Abb. 66
Ammaedara.
Tetrastyl-Mausoleum
(2.–3. Jh. n. Chr.).

Weniger streng verbinden andere Mausoleen verschiedene Elemente zu manchmal interessanten Bauten. Einer der schönsten Grabbauten, der in Ammaedara einsam auf einer kleinen Ebene am Wadi Haidra steht, bleibt anonym (Abb. 66). Die in die Fassade eingemeißelte Inschrift ist inzwischen unlesbar geworden. Dieses aus Quadern errichtete Mausoleum besteht aus einem Podium und einer Ädikula mit einem Satteldach aus Stein. Die Statue des Verstorbenen wurde zwischen den Säulen aufgestellt. An derselben Fundstätte steht ein weiterer großer Grabturm mit sechseckigem Grundriss.

70 | Die wichtigsten monumentalen Bauwerke

Eine romanisierte Gesellschaft?

Die nordafrikanische Gesellschaft war sehr differenziert. Ein großer Teil bestand aus Einheimischen mit unterschiedlichem sozialem Status, von bescheidenen Bauern bis zu den einflussreichsten Honoratioren in den Städten, die teilweise die Ämterlaufbahn absolvierten. Auch die Stämme bildeten eine starke Einheit. Die stets präsenten maurischen Stämme spielten gegenüber den römischen Behörden oft eine wichtige politische Rolle, wenn die Machthaber schwächer wurden. Dazu kamen noch Gruppen von außen, wie die römischen Siedler und ihre Nachfahren oder auch eine bedeutende jüdische Gemeinschaft. Eine Synagoge wurde schon vor längerer Zeit in Hammam Lif bei Tunis freigelegt, eine weitere wurde vor kurzem in Clupea entdeckt. Viele andere Menschen aus semitischen oder hellenisierten Gegenden lebten auch in diesem Teil des Mittelmeerraums.

Die Frage der Romanisierung dieser Gesellschaft löst seit einigen Zeiten heftige Diskussionen bei den Althistorikern aus. Einige versuchen, die wirkliche Reichweite des römischen Einflusses auf die unterworfenen Bevölkerungen abzuschätzen: Das Buch von M. Benabou *La résistance africaine à la romanisation* (1976) hat diesbezüglich unterschiedliche Reaktionen und Polemik hervorgerufen. Andere aber lehnen sogar den Begriff Romanisierung als Gleichschaltung der Lebensweise radikal ab. Wir wollen hier nicht die Stichhaltigkeit dieser Ideen erörtern, sondern lediglich feststellen, dass es Gegenden gibt, die stark von der römischen Kultur geprägt sind. Rom hat die meisten schriftlichen Zeugnisse und greifbaren, materiellen Spuren hinterlassen. Dies kann auch für den Fall der Africa proconsularis nachgewiesen werden.

Wie oben erwähnt basiert unser Wissen vornehmlich auf den Inschriften. Die Africa proconsularis ist eine der Provinzen, in denen am meisten geschrieben wurde. Es genügt ein Blick auf die umfangreiche Sammlung der lateinischen Inschriften im *Corpus Inscriptionum Latinarum*. Grab- und Ehreninschriften sind zahlreich vertreten und beinhalten wertvolle Informationen über die Gesellschaft, ihre Struktur und Entwicklung. Die Namen geben Auskunft über Familie, Sippe und ihre Veränderungen, die einheimische oder fremde Herkunft der Verstorbenen und insbesondere über deren Tätigkeiten. Sie sind ein unverzichtbarer Indikator für die Fortschritte einer eventuellen Assimilierung, einer freiwilligen, um an der neuen Gesellschaft teilzuhaben, oder weniger freiwilligen als Folge eines sozialen Drucks auf alle Gesellschaftsschichten, von den ärmsten bis zu den reichsten.

Der Fall der Honoratioren von Leptis Magna in augusteischer Zeit ist aufschlussreich: Der Erbauer des Theaters, Annobal Tapapius Rufus, war der Sohn eines gewissen Himilco – ein typisch punischer Name. Er gehörte eindeutig zu einer alten Familie der Stadt, die stolz auf ihre Herkunft war. Doch zeigen seine typischen römischen *tria nomina*, dass er das neue Bürgerrecht erworben hatte und es gern zur Schau trug. Auf diese Art lassen viele Verstorbene aus bescheidenen Verhältnissen durch ihren Namen und den ihrer Eltern, Gattin und Kinder ihre einheimische, latinische oder sonstige Herkunft erkennen. An dem sehr einfachen Stammbaum, der manchmal rekonstruiert werden kann, lässt sich die fortschreitende Integration oder Nichtintegration der Familien ablesen.

Die römische Tradition, den *cursus honorum* des Verstorbenen in Stein einzumeißeln, bringt weitere Angaben über das Funktionieren der Gesellschaft. Indem sie die individuelle Laufbahn der Honoratioren im ganzen Römischen Reich, in einer Provinz oder einer Stadt beschreiben, zeigen diese Inschriften, wie Personen aus der Provinzbevölkerung in die jeweiligen Führungsschichten integriert wurden. Für die Africa proconsularis lässt sich so beobachten, wie die Einheimischen an den großen Ritter- und Senatorenständen teilhatten, welche Posten ihnen anvertraut wurden, wie schnell sie aufstiegen und in welchem Verhältnis sie in den lokalen Senat aufgenommen wurden. Die Angabe ihrer Heimatstadt ist auch ein guter Hinweis auf die Gunst, die dieser seitens des Kaisers erwiesen wurde. Diese Vorgänge wurden schon lange Zeit genauer untersucht. Es lässt sich sehr gut erschließen, dass die Africa proconsularis, oder zumindest einige ihrer Städte, sehr rasch aus den eigenen Reihen Amtsträger der Reichselite stellten.

Weiterhin geben uns die literarischen Texte und die Archäologie auch Auskunft über die nordafrikanische Gesellschaft. Wir haben schon für die Spätantike den Briefwechsel und die Predigten des Augustinus erwähnt.

Eine einzige Sprache, Latein?

Eine der Bedingungen für die Übernahme der römischen Lebensweise durch die Bevölkerung des antiken Nordafrika war natürlich eine gemeinsame Sprache: das Latein. Die Situation war schon vor der Ankunft der Römer mit mehreren nebeneinander bestehenden Sprachen schwierig genug: das Punische und die immer noch schlecht bekannte numidische Sprache, die mehrere Inschriften aus den numidischen Gebieten geliefert hat. Das Griechische wurde noch von einer gewissen Anzahl von Personen gesprochen. Es gibt sogar einige etruskische Inschriften, welche die Beziehungen zwischen Etruskern und Puniern und die Anwesenheit von etruskischen Siedlern in den punischen Gebieten bezeugen.

In römischer Zeit herrschte noch immer eine komplexe Situation. Die numidische Sprache ist verschwunden, aber das Punische in der Variante des «Neo-Punischen» behauptet sich weiterhin sogar in den romanisierten Kreisen. Die oben erwähnten Inschriften aus Leptis Magna sind auf Latein und Punisch verfasst. Es ist bekannt, dass Augustinus (*Epistulae* 66, 2) noch im frühen 5. Jh. n. Chr. von Hippo Regius aus darüber klagte, dass viele ländliche Gemeinden seines Bistums nur punisch sprächen, so dass er mit einem dieser Sprache kundigen Geistlichen reisen musste. Das Griechische wurde natürlich von Händlern und von einem Teil der Intellektuellen gesprochen. Während der byzantinischen Zeit blühte es durch die Ankunft von griechisch sprechenden Zuwanderern aus Konstantinopel erneut auf.

Wenn auch Latein von den meisten übernommen wurde, zeigt sich in den Inschriften und den literarischen Texten deutlich, dass es nicht immer beherrscht wurde oder manchmal von der in Rom gebräuchlichen Schriftsprache abwich. Augustinus (*Confessiones* 1, 14) fürchtete, während seines Aufenthaltes in Rom als Tölpel aufzufallen – vielleicht nur eine Koketterie. Beim Lesen der Grabinschriften merkt man hingegen, dass viele Handwerker die Sprache des einzumeißelnden Textes nicht beherrschten, so zahlreich sind die Fehler, die manchmal sogar zu unverständlichen Inhalten führten. Das Latein war dennoch ein Faktor der Einheit im römischen Nordafrika, wichtig für alle Kontakte mit der Verwaltung und für die Handelsbeziehungen. Man denke nur an die Pinselaufschriften auf den Amphoren, die Inhalt, Qualität und Herkunft des Produkts auf Latein angeben.

Städtische und ländliche Religion

Die Religion und der Kult sind ebenfalls starke Hinweise für die Einheit oder Zersplitterung der Gesellschaft und die Anpassung an die römischen Kultur. Wie die Sprachen waren die Glaubensvorstellungen in Nordafrika vor der Ankunft der Römer sehr unterschiedlich. Auch in römischer Zeit herrschte noch keine Einheit. Die Historiker sind sich allerdings über die Rolle und Bedeutung der Relikte der punischen und einheimischen Religion nicht einig. Man weiß aber wohl, dass die Römer eine sehr pragmatische Politik geführt haben und nie im Sinn hatten, allen überall ihre Religion aufzuzwingen. Die sehr sorgfältig ausgeführte Studie über die Stadt Thugga hat die religiöse Vielfalt der nordafrikanischen Städte gezeigt.

Die Staatsreligion

Für die Römer ist die Religion zuerst eine Sache der Bürger, die sich durch die Einhaltung der Riten die Gunst der Götter sichern mussten. Daher nehmen die Orte, an denen sie vollzogen wurden, einen großen Raum in der Stadt ein. Die Sorge für diejenigen Götter, die am deutlichsten die Staatsreligion verkörperten – die in der kapitolinischen Trias vereinten Iuppiter, Iuno und Minerva –, äußert sich in den ihnen geweihten Tempeln und den Kulthandlungen zu ihren Ehren. So ist Iuppiter immer präsent in den Städten, in denen ihm auch der wichtigste Tempel der Stadt, das Kapitol, das allgemein die Bindung an Rom ausdrückt, geweiht ist (Abb. 67).

Einige spektakuläre Exemplare sind mehr oder weniger vollständig erhalten geblieben: in Thuburbo Maius, wo der Tempel in der Spätzeit aufgelassen wurde und Werkstätten eingerichtet wurden; in Uthina, wo das auf beeindruckende Fundamente gestützte Kapitol auf einer Anhöhe emporragt. In Karthago ist das Kapitol verschwunden, stand aber wahrscheinlich an der Stelle der Kathedrale Saint-Louis auf dem Byrsa-Hügel: Massive Fundamente sind dort beobachtet worden. Andernorts ist das Kapitol nur noch durch eine Weihinschrift oder mehr oder weniger große Baureste, besonders des Podiums, belegt.

Abb. 67
Thuburbo Maius.
Kolossalkopf des Iuppiter
(Ende des 2. Jh. n. Chr.).
Musée du Bardo.

Abb. 68
Karthago. Altar der *gens Augusta*. Aeneias flieht aus Troia mit seinem Vater Anchises und seinem Sohn Ascanius (1. Jh. n. Chr.). Musée du Bardo.

Wie schon bei der Besprechung der Städte erwähnt, kann die Lage der Bauplätze sehr unterschiedlich sein: In Leptis Magna stand auf keinem der beiden Foren ein Kapitol. In Thugga enthielt das 168 n. Chr. errichtete Kapitol zusätzlich eine Inschrift für das Wohl von Marc Aurel und Lucius Verus und war nicht auf das Forum ausgerichtet, sondern auf einen außerhalb liegenden Platz und wurde in gewisser Weise einem früheren Heroon untergeordnet. In Sufetula wurde eine seltene, aber grandiose Lösung getroffen: Drei Podiumtempel, statt eines Baus mit drei *cellae*, stehen auf dem Niveau des Forums, die Pronaoi sind durch Stege verbunden, ein Konzept, das architektonische, aber zweifelsohne auch religiöse Gründe hatte.

In der Africa proconsularis begegnen uns auch alle Götter des römischen Pantheons. Apollo, Mars, Neptun und viele andere erscheinen regelmäßig auf den Weihinschriften. Doch decken sich ihre Eigenschaften bei weitem nicht immer mit denselben Eigenschaften der Gottheiten Roms. Apollo z. B. wurde schon in augusteischer Zeit von einer Privatperson verehrt, dem Freigelassenen Publius Perellius Hedulus, der in Karthago am Hang des Byrsa-Hügels, unweit des Kapitols, ein kleines der augusteischen Familie (*gens Augusta*) geweihtes Heiligtum errichten ließ, wie eine Inschrift besagt (*Inscriptions latines d'Afriques* 353). Den spektakulärsten Teil dieses Komplexes bildete ein monumentaler mit Reliefs geschmückter Altar, der unmittelbar auf römische Vorbilder zurückgriff.

Zu sehen ist auf einer Längsseite die auf Waffen sitzende Göttin Roma, mit einer Victoria auf der ausgestreckten rechten Hand; vor ihr auf einem kleinen Podest liegen Globus, Füllhorn und Caduceus. Auf der zweiten Seite flieht Aeneas mit seinem Vater Anchises und seinem Sohn Ascanius aus Troja – ein in augusteischer Zeit sehr beliebtes Thema, und auch für Karthago wegen der Reise des Aeneas nach Italien sehr bedeutend (Abb. 68). Auf einer der Schmalseiten steht der Dedikant selbst, in der Art der Opfernden auf den Larenaltären der Wegkreuzungen in Rom. Die andere Schmalseite zeigt einen thronenden Apollo, ähnlich der Darstellung auf dem berühmten augusteischen Theateraltar von Arles. Die Übernahme des Bildprogrammes der damaligen kaiserlichen Propaganda zeigt den römischen Charakter des Bauwerks und seine Beziehungen zu einem Kult für die kaiserliche Familie. Ein kleiner, aber bedeutender Unterschied besteht in der Tatsache, dass es sich um die private Weihung eines Freigelassenen handelt und dass Roma nicht nur vom Globus als Symbol des Universums, sondern auch vom Füllhorn und dem Caduceus begleitet wird.

Apollo erscheint auch als *Apollo citharoedus* in dem Heiligtum, das ihm in Bulla Regia (dessen Schutzgott er auch ist) geweiht wurde und in dem er wahrscheinlich von einer ganzen Reihe von Gottheiten umgeben war, die für die religiöse Mentalität der Bewohner aufschlussreich sind. Zu erwähnen sind: *Minerva pantheia*, d. h. mit Attributen anderer Götter ausgestattet (sie trägt Flügel), und Pluto (Abb. 69); dazu kommen noch zwei

Abb. 69
Bulla Regia. Statue des Pluto aus dem Apollotempel. Musée du Bardo.

74 | Städtische und ländliche Religion

Statuen von Ceres mit den Gesichtszügen von Kaiserinnen. Vielleicht gehörte aber nur die Statue des Apollo zu diesem Heiligtum, während die anderen erst später dazugekommen sein können, um eine Art Depot zu bilden. Während die Statue eine Kolossalkopie eines klassischen Typs war, entsprach der Tempel jedenfalls nicht den Merkmalen römischer Tempel, da die *cella* mit dem Bildnis des Gottes auf gleicher Ebene mit dem Hof lag: Dieser Plan gilt als typisch «afrikanisch».

Mars wird nicht oft angerufen; Minerva ebenfalls nicht, obwohl sie manchmal, z. B. in einem Tempel von Thugga, Gegenstand kultischer Verehrungen war und wie oben erwähnt als *Minerva pantheia* im Apollheiligtum von Bulla Regia stand.

Saturn, Caelestis und ihre Partner

Andere römische Gottheiten hatten in verschiedenen Formen in Nordafrika Fuß gefasst. Die wichtigste ist zweifellos Saturn. Dieser uralte italische Gott des Universums und der Zeit hatte in Rom seinen Tempel in der Nähe des Kapitols. Dort befand sich das Kultbild mit seinen besonderen Merkmalen: Der Gott saß mit überkreuzten Füßen, die der Tradition nach mit einem roten Wollband gefesselt waren. Der Oberkörper war nackt; der bärtige Kopf war verhüllt und er hielt sein traditionelles Attribut die *harpe*, ein sichelförmiges Messer in der Hand. Im Gegensatz zu allen anderen war Saturn die einzige Gottheit, der ohne Kopfbedeckung geopfert wurde.

Dieser Saturn ist mit den italischen Siedlern nach Nordafrika gekommen. Von seinem Tempel in Karthago waren viele Statuen – meistens nach dem kanonischen Vorbild – bekannt. Doch es war nicht vorauszusehen, welche Verehrung dieser Gott bis in die Spätantike hier erfahren sollte. Das jüngste Denkmal, eine in der Nähe von Vaga/Béja entdeckte Votivstele, auf welcher Saturn majestätisch thront, wird in das Jahr 323 n. Chr. datiert. Die Zahl der Stelen, die zu seinen Ehren errichtet wurden, geht in die Hunderte und auch die Heiligtümer sind zahlreich (Abb. 70).

Aber ein Blick auf das Aussehen dieser Denkmäler und auf einige Weihinschriften zeigt, dass der auf dem Land verehrte Saturn nicht derselbe ist, wie derjenige der städtischen Tempel. Die dem Saturn gewidmeten Arbeiten von M. Le Glay haben gezeigt, dass sich diese Beliebtheit leicht erklären lässt. Saturn als universelle Himmelsgottheit (*Saturnus Augustus*) erschien der einheimischen Bevölkerung sowohl als römisches Äquivalent ihres höchsten Gottes, der über die Natur, Fruchtbarkeit und Ernten wacht, und Regen spendet, als

Abb. 70
Ain Tounga. Votivstele für Saturn. Musée du Bardo.

auch des Baal, des höchsten Gottes des punischen Pantheons. Dieser ist auch der Gewittergott und der Gottes der Berge: Viele Heiligtümer stehen auf einer Anhöhe, wie das große, auf dem Djebel Bou Kornein oberhalb der Bucht von Tunis. Einige seiner über 600 Stelen sind durch die Konsuljahre genau datiert.

Diese unscharf umrissene Gottheit wurde also sowohl von den römischen Siedlern als auch von den kleinen Bauern berberischer Abstammung verehrt. Der Ortsname als Epitheton präzisierte oft den lokalen Charakter der Persönlichkeit des Gottes, z. B. wurde Saturn auf dem Djebel Bou Kornein als *Balcaranensis* bezeichnet. Doch nicht alle sahen in ihm genau dieselbe göttliche Figur. Eine Entdeckung, die in der *Maison de la Cachette* bei den Antoninus Pius-Thermen von Karthago gemacht wurde, ist ein sehr gutes Beispiel dafür. Unter den im 4. Jh. n. Chr. vielleicht vor der Zerstörungswut der Christen versteckten Objekten sind zwei besonders interessant: ein Stierkopf aus Marmor – eines der Opfertiere für Saturn mit einer Weihinschrift für diesen Gott zwischen den Hörnern, und eine Inschrift, die mehrmals ergänzt wurde und auf ein religiöses Kollegium verweist. Letztere (CIL 8, 24519) ist dem *Iuppiter Hammon Barbarus Silvanus* geweiht. Diese Namen, mit welcher genauen Bedeutung auch immer, legen nahe, dass die Gottheit (ein Saturn sehr nahestehender Gott) eher als einheimisch betrachtet wurde. Darauf folgen die Listen der Priester, darunter dreimal eine *mater sacrorum* (Mutter der Opfer), die anscheinend beim Priesterkollegium den Vorsitz führte. Dieser Organisationstyp tritt auch in anderen Gegenden auf, vor allem aber in den orientalischen Religionen: ein zusätzliches Indiz für den Sondercharakter dieses doch mitten in der Stadt verehrten Gottes.

Die archäologischen Untersuchungen belegen diesen komplexen Kult deutlich: Anhand einiger Heiligtümer zeigt es sich nämlich, dass römische Tempel auf ältere, wenig monumentale Anlagen folgten. In Thugga überdeckt z. B. der die Ebene beherrschende Tempel des 3. Jhs. n. Chr. eine ältere Anlage, einen lediglich eingezäunten Bereich, in dem unverzierte Votivstelen bzw. aufgerichtete Steine standen. An anderen Orten, in einheimischem Milieu, blieben solche Einfriedungen noch in römischer Zeit bestehen. Dies trifft sogar für den nahe Karthago gelegenen heiligen Bezirk auf dem Djebel Bou Kornein zu, dessen Stelen aber römisch aussehen. Auf diesem Berg gab es keinen Monumentalbau. In solch einem kleinen ländlichen Heiligtum sind die Stelen kaum beschriftet.

An anderen Orten hingegen, Thignica (bei Thugga) oder Ammaedara, sind die Stelen mit Reliefs, die sich auf drei übereinander liegende Register verteilen – Abbild des Universums –, ganz romanisiert: oben der thronende Saturn von Luna und Sol umgeben, im mittleren Bereich werden oft der Dedikant und seine Familie dargestellt, wie sie dem Saturn ein Opfer darbringen (Abb. 71); ganz unten die Opfertiere, ein Stier und ein Widder. Ist die Stele nicht so figurenreich, so weisen die *harpe* und der Kiefernzapfen auf den Gott hin. Einige Stelen sind sehr qualitätvoll, andere viel schematischer: ein Zeichen, dass Saturn bei allen Schichten der Gesellschaft einschließlich der einheimischen Bevölkerung unabhängig von ihrer Herkunft, populär war. Der meistens dem Kanon entsprechend dargestellte Gott kann aber auch gelagert sein und den Kopf auf die Hand stützten. Es treten ebenfalls von der punischen Welt übernommene Symbole auf: insbesondere brezelförmige Kuchen.

Das alles sind Aspekte, die zweifellos bezeugen, dass Saturn eine vor den Römern verehrte Gottheit zumindest teilweise überlagert. Dies zeigen auch einige etwas ältere Heiligtümer, die deutlich vorrömische Züge aufweisen. Dies ist besonders der Fall in Thinissut (Cap Bon), wo erstaunliche Tonstatuen gefunden worden sind. Als Gott des offiziellen Pantheons blieb Saturn dennoch abseits. Seine heiligen Bezirke befanden sich fast alle am Stadtrand, manchmal ziemlich entlegen. In Ammaedara lag er über 1,5 km vom Stadtzentrum entfernt, jenseits der Nekropolen am linken Ufer des Wadi Haidra. Der monumentale Teil des Baus wurde unter Septimius Severus von einer Privatperson Saturn und Caelestis geweiht (AE 1999, 1776). Er zeigt eine besondere Gliederung: Drei von der Stadt aus nicht sichtbare Terrassen steigen am Südosthang des Hügels stufenförmig an. Die untere stand voller Stelen und Cippi; die mittlere, auf beiden Seiten von einer Portikus flankiert, trug den auf einem massiven Sockel aus Quadern errichteten Altar; auf der oberen Terrasse standen die drei *cellae* des Tempels.

Abb. 71
Ammaedara. Votivstele: Saturn zwischen Sol und Luna.

76 | Städtische und ländliche Religion

Unter einer lag ein kleiner Raum, der wahrscheinlich als Schatzkammer gedient hat, um die Weihgaben zu bergen, die außerhalb keinen Platz mehr gefunden hatten.

Neben der Fülle von Stelen fallen vor allem die vielen verschiedenen Statuen auf: ein großes Bildnis des Saturn, vielleicht das Kultbild, viele andere kleine Figuren des Gottes, aber auch andere Gottheiten, deren Verhältnis zum Inhaber dieses Tempels nicht immer ersichtlich ist: Nutrix (die Nährmutter), Ops (Göttin agrarischer Fülle), Aesculap, Mars und Mercur. Diese wurden durch Tierfiguren aus Stein oder Keramik (Widder) und viele andere mit dem Namen von Saturn beschriftete Weihgaben ergänzt. Ein solch besonderer Befund zeigt wohl, dass sich das Heiligtum am Schnittpunkt zweier Welten (die Stadt und das Land) befand und vielleicht mehr den Bauern als den Städtern zugänglich war – mehrere Stelen mit erstaunlich schematischen Menschenfiguren sind diesbezüglich aufschlussreich. Eine Kartierung der Heiligtümer zeigt die große Vielfalt und die mehr oder weniger starke Romanisierung seines Kultes sehr deutlich.

Saturn wurde auch gern mit anderen Gottheiten verbunden, die ebenfalls einen Bezug zu den Naturkräften hatten. So z. B. mit Pluto, der allerdings in anderer Form als der sonst üblichen erscheint. Seine Benennung als *frugifer* (fruchtbar) ist bezüglich seiner Persönlichkeit eindeutig, und es ist umso interessanter festzustellen, dass er in vielen Städten – Thala, Simitthus, Thabraca, Zama Regia – verehrt wurde. Einige unter ihnen wie Thugga haben Pluto sogar als Schutzgott gewählt. Von ihm sind nur wenige Bilder bekannt, darunter immerhin eine Statue aus dem Apolloheiligtum von Bulla Regia.

Nicht allein Saturn war in Nordafrika beliebt. Der Kult seines weiblichen Pendants, Caelestis, oft in den Weihinschriften mit ihm verbunden, war in vieler Hinsicht sehr ähnlich (Abb. 72). Als östliche Gottheit und Beschützerin des punischen Karthago mit dem Namen Tanit hatte sie wahrscheinlich schon Eingang in Rom gefunden. In der Africa proconsularis wurde sie mit Iuno assoziiert, war sehr beliebt und wurde als die Gottheit schlechthin betrachtet; dies umso mehr, als Iulia Domna, die Gattin des Septimius Severus, mit ihr gleichgesetzt wurde. Ihr Kult war in den großen wie in den weniger bedeutenden Städten sehr verbreitet. Die Schließung eines ihrer beiden Tempel in Karthago löste heftigen Widerstand aus, als Kaiser Honorius 399 n. Chr. zwei Gesandte, die *comites* Iovius und Gaudentius, dorthin schickte, um diese Maßnahme durchzusetzen. Die Umwandlung des Tempels in eine Kirche bewirkte weitere Unruhen, ein Zeichen, dass die Anhänger dieser Göttin, die sich mit Umzügen und lauten Aktivitäten auf der Straße äußerten, in der Stadt noch sehr zahlreich waren. Das Heiligtum wurde erst 421 n. Chr. zerstört.

In Thugga hatte eine Honoratiorenfamilie im frühen 3. Jh. n. Chr. der Göttin eine außergewöhnliche Tempelanlage gebaut, die gleichzeitig zum Wohl des Severus Alexander und seiner Mutter Iulia Mamaea gestiftet war (Abb. 73). Der eher kleine, aber auf seinem Podium sehr elegante Tempel, vielleicht von einem heiligen Hain flankiert, stand inmitten eines halbrunden mit einer Portikus ausgestatteten Platzes. Die Anlage des Caelestis-Tempel in Thuburbo Maius sah ähnlich, aber bescheidener aus.

Das nordafrikanische Substrat

Einige Städte, die auf ihre Vergangenheit besonders stolz waren, zeigten deutlich ihre Verbundenheit mit den alten Gottheiten. Leptis Magna bietet hierfür das schönste Beispiel: Auf dem Forum des 1. Jhs. n. Chr. wurden neben dem Tempel von Roma und Augustus zwei weitere errichtet, der eine zu Ehren des Dionysos/Liber Pater, der andere zu Ehren des Hercules. Doch sind beide nur die romanisierten Formen der Schutzgottheiten aus der punischen Zeit, Shadrapa und Melkart, die auf einem der Reliefs des Septimius Severus-Bogens einen herausragenden Platz einnehmen.

Während Hercules im Westen der Provinz als Schutzgott (*deus patrius*) von Sufes/Sbiba verehrt wird, tritt er hier als *genius* der Kolonie auf. Augustinus (*Epistulae* 50) erzählt, dass im Jahre 399 n. Chr. die Anhänger dieses Gottes wegen der Zerstörung seines Bildnisses durch die Christen wütend geworden waren und ein großes Massaker angerichtet haben. Hercules war also in der Africa proconsularis beliebter als in anderen Gegenden, weil er mit einer punischen Gottheit identifiziert wurde.

Ähnlich verhält es sich bei dem Heilgott Aesculapius, der mit einer anderen großen punischen Gottheit, nämlich Eschmun, gleichgesetzt wurde. Nach Apuleius (*Florida* 28, 37) und Tertullian (*Apologeticum* 23, 6) hat er besonders in Karthago eine gewisse Beliebtheit erfahren. Es sei hier an eine oft kommentierte Inschrift (*Inscriptions latines d'Afrique* 225) aus Thuburbo Maius erinnert, die die rituellen Handlungen vor Eintritt in das Heiligtum erwähnt: Enthaltsamkeit von der Frau, von Schweinefleisch, von Bohnen, vom Friseur und von Bädern.

Ein weiteres Beispiel ist Neptun: Auf Mosaiken wird er oft als triumphierender Gott auf einem von Seepferden gezogenen Wagen gezeigt (Abb. 74). So z. B. in Utica, wo er auf einem sehr großen Mosaikboden von

Abb. 72
Maktar. Votivstele einer Caelestis-Priesterin. Musée du Bardo.

Eine romanisierte Gesellschaft? | 77

Abb. 73
Thugga. Tempel der Caelestis.

Abb. 74
La Chebba (Tunesien). Mosaik: Neptun auf seinem Wagen. Musée du Bardo.

78 | Städtische und ländliche Religion

Amphitrite begleitet wird, oder auch in Acholla im sog. Neptunhaus. Eine nähere Betrachtung zeigt aber, dass der afrikanische Neptun dem römischen nicht genau entspricht. Er wurde in Nordafrika, und besonders in der Africa proconsularis, nicht allein als Gott des Meeres, sondern auch, wie es die Inschriften zeigen, als Gott der Gewässer – besonders als Schutzgott der natürlichen oder gefassten Quellen – verehrt. Ihm wurden manchmal im Binnenland bescheidene Quellen und die mit ihnen zusammenhängenden Orte – z. B. Höhlen – geweiht.

Viele weitere Götter wurden in der Africa proconsularis verehrt. Die systematische Untersuchung einiger Städte, insbesondere Thugga, aber auch Sabratha, zeugt von der sehr großen Vielfalt der Kultorte und der mit ihnen verknüpften Kulte. Es ist deshalb nicht weiter erstaunlich, dass die Gottheiten mit einem direkten Bezug zur Natur und Fruchtbarkeit bei den Gläubigen besonders beliebt waren: so die *Cereres*, Ceres und Proserpina (Abb. 75), die in vielen Inschriften aus Karthago und seiner *pertica* erwähnt werden, aber auch aus dem Nordwesten Tunesiens bis nach Ammaedara, wo diese mit der Ernte assoziierten weiblichen Gottheiten ein Heiligtum besaßen. Ihr Kult spielte eine besondere Rolle, da etwa 20 damit verbundene Priester (*sacerdotes*, dann in der zweiten Hälfte des 3. Jhs. n. Chr. *magistri*, d.h. «Oberhäupter» des Priesterkollegiums) bekannt sind. Die meisten stammen aus Karthago, wenn auch einige laut Inschriften in Uchi Maius, Thugga oder Thuburbo Maius tätig waren. Ihr Name wurde jeweils mit einer Zahl ergänzt, die sich auf den Beginn des Kultes in Karthago bezieht und vielleicht mit der Gründung der Kolonie von Caesar im Jahr 44 v. Chr. zusammenfällt, ein unter den Historikern viel diskutiertes Datum.

So wurden alle sich auf die Natur und Fruchtbarkeit beziehenden Götter vom Volk respektiert und verehrt. Die gemischte Bevölkerung der Provinz, zumindest einiger Städte, wie auch die Entwicklung der Religion in der römischen Welt, erklärt, warum die mit dem Seelenheil verbundenen Gottheiten so beliebt waren. Die ägyptische Isis hatte Gläubige nicht nur in Karthago, sondern auch in kleineren Städten wie Bulla Regia, wo ihr ein Tempel geweiht war. Ebenfalls in Karthago war ein Heiligtum den orientalischen Gottheiten geweiht, mit einem Kult nur für Eingeweihte: Zwei kleine Reliefs geben Götter mit einem Löwenkopf wieder. In Ammaedara zeugt eine Inschrift (AE 1999, 1784) zu Ehren des Iuppiter Dolichenus aus der Kommagene von der Existenz eines Kultes für diesen Gott, der vor allem in der Armee verbreitet war. Nur selten hingegen gibt es Kulte für kleinere Gottheiten wie Bellona, eine Kriegsgöttin, der in Ammaedara eine Weihgabe, ein kleiner behauener Giebel, aufgestellt worden war – vielleicht von Soldaten.

Alle diese Götter hatten einen römischen Namen. Es gibt jedoch Zeugnisse, dass in der mittleren Kaiserzeit von den Römern selbst als einheimisch betrachtete Gottheiten an gewissen Orten verehrt wurden. Die wenigen Weihgaben für die *Dii Maurii* (Maurische Götter) – auch «Erhabene», «Götter der Heimat», «heilige», «unsterbliche», einmal sogar «Barbaren» genannt – stellen uns vor ein heikles Problem: Diese wurden in Nordafrika fast immer entweder von Soldaten oder von kaiserlichen Beamten, Statthaltern oder Prokuratoren verehrt. Es ist vorstellbar, dass die Römer damit versucht haben, das Wohlwollen der nicht näher definierten einheimischen Götter zu gewinnen. Diese Weihgaben zeigen zumindest, dass sich die Römer der Existenz der andersartigen Gottheiten bewusst waren. Man sollte sich aber davor hüten, den Kult der *Dii Maurii* als Ausdruck eines Widerstands gegen das römische Pantheon zu verstehen: Eine Inschrift (AE 1968, 590) aus Musti setzt sie mit den *Castores* gleich.

Erstaunlicher ist aber ein schönes bei Vaga entdecktes Relief, das sieben männliche und weibliche Gottheiten darstellt, die vor einem Vorhang nebeneinandersitzen oder stehen. Im Hintergrund ist eine ländliche Gegend zu erkennen. Die punisch oder libysch klingenden Namen der Gottheiten sind in den Stein gemeißelt (*Inscriptions latines païennes du Musée du Bardo* 185). Zwei von ihnen, *Macurtam* mit einer Laterne und *Iunam*, werden von einem Pferd begleitet: Sie erinnern an die Dioskuren Castor und Pollux. Andere tragen ein sonderbares Gewand: Eine unter ihnen, *Vihinam*, ist in einen ungewöhnlichen Mantel aus Schuppen und Federn gehüllt. Sie hält eine Art Geburtszange, und das vor ihr dargestellte Kind lässt annehmen, dass es sich um eine Schutzgottheit der Geburten handeln könnte. Der sitzende *Macurgum* hält in der einen Hand eine Schriftrolle (*volumen*) und in der anderen einen Stock, um den sich eine Schlange ringelt: Er wird mit Aesculap gleichgesetzt. *Matilan* streckt seine Hand über einen Altar und kündigt damit das Opfer des zu ihm gebrachten Widders an. In der Person des *Varsissima* wird gewöhnlich eine von Tertullian (*Ad nationes* 2, 8) erwähnte Gottheit der Mauren gesehen. In der Mitte schließlich scheint *Bonchor* mit einem Zepter in der Hand die Versammlung zu leiten. Wir haben es hier offensichtlich mit einheimischen, vorrömischen oder punischen Gottheiten zu tun, denen in der zweiten

Abb. 75
Karthago. *Maison de la Cachette*: Ceres (Demeter). Musée de Carthage.

Hälfte des 2. Jhs. n. Chr. – Stil und Name der beiden römischen Dedikanten, sprechen für diese Zeit – ein öffentlicher Kult und erstaunlicherweise sogar ein Bild gewidmet wurde.

Man kann hierin sowohl die politische Haltung Roms in den eroberten Gebieten als auch die Vitalität einer autonomen Religion sehen, die sich oft hinter einem römischen Namen versteckt, aber manchmal auch ganz offen auftritt. Davon ist noch eine Spur auf einer Weihung für Baliddir aus Thysdrus zu erkennen, die ein Dedikant mit dem bezeichnenden Namen Baalshillek gestiftet hat. Der Gott selbst wurde auch von einem römischen Bürger mit einer Bronzestatue in Sigus bei Cirta verehrt (CIL 8, 19121).

Abb. 76
Thugga. Porträt des Kaisers Lucius Verus. Musée du Bardo.

Der Kaiserkult

Wie in anderen Teilen des Reiches gab es jedoch ein Bindeglied, das einen gewissen Zusammenhalt zu sichern vermochte: den Kaiserkult (Abb. 76). Dieser ist der Ausdruck der Staatsreligion schlechthin, in der es darum geht, den Kaiser, zu Lebzeiten oder nach seinem Tod, und seine Familie – Gattin und Kaiserhaus – zu verehren.

Die architektonischen Belege für diesen Kult sind zahlreich in der Africa proconsularis. Es sei als Beispiel – eines der frühesten übrigens – der Roma und Augustus geweihte Tempel auf dem Forum von Leptis Magna erwähnt, der zuerst dem Gründer der iulisch-claudischen Dynastie geweiht wurde und ungefähr zwanzig Bildnisse von Familienmitgliedern aufnahm: Livia, seine Gattin, aber auch Tiberius, Claudius, Caligula und verschiedene weitere Angehörige.

Abb. 77
Bulla Regia. Statue der Kaiserin Lucilla. Musée du Bardo.

Diese Verehrung beschränkte sich nicht nur auf die Kaiser und deren Gattinnen, sondern auch auf viele Prinzen, die in den Provinzen sehr beliebt waren: Germanicus und Tiberius, der in Suo verehrt wurde und noch vor seiner Thronbesteigung nach Augustus' Tod 14 n. Chr. von den Einwohnern des *pagus* in Thugga einen Tempel bekam. Unter Domitian wurde auf dem Forum von Leptis Magna, neben einem Tempel für die Antoninen, ein weiterer der flavischen Familie geweiht. In Sabratha wurde dem Marc Aurel ein Tempel geweiht. In Thugga wurde das Kapitol gestiftet mit dem Zusatz «für das Heil des Marc Aurel und Lucius Verus» (CIL 8, 15513.15514), eine in der zweiten Hälfte des 2. und im 3. Jh. n. Chr. gern verwendete Formel. Ein weiterer Tempel wurde dem Caracalla gewidmet.

Zu beachten ist außerdem der sehr große, von Septimius Severus zu Ehren seiner Familie (*gens Septimia*) erbaute Tempel auf dem severischen Forum von Leptis Magna, der sehr beeindruckt durch die Ausmaße seines Podiums, die Größe der Säulen des *peripteros sine postico* und der Cella, aber auch durch die Reliefs auf den Sockeln der Frontsäulen mit Szenen aus der Gigantomachie.

Es gab noch viele mehr oder weniger wichtige Tempel an anderen Orten. Die dem Kaiser selbst, seinem *genius* oder seinem *numen* gewidmeten Inschriften zeugen auf vielfältige Weise von diesem Kult. Die in der Africa proconsularis so zahlreichen kaiserlichen Darstellungen lassen Respekt oder Verehrung gegenüber dem Kaiser und seiner Familie erkennen, besonders für diejenigen, die der Stadt eine besondere Wohltat erwiesen oder ein Privileg gewährt haben. Es gab einerseits ganz traditionelle, meistens marmorne Darstellungen des Kaisers als stehende oder thronende Figur, je nach Funktion mit Toga oder Panzer bekleidet, an allen wichtigen Orten der Stadt: Forum, Thermen, Theater, in Leptis Magna auf der *summa cavea*, in einem kleinen *sacellum* für Ceres Augusta. Andererseits fielen den Stadtbewohnern aber auch Kolossalbildnisse besonders ins Auge, da sie dem Herrscher eine übermenschliche Größe verliehen. Als noch erhaltene Beispiele sind zu erwähnen: zwei Statuen des Lucius Verus und Marc Aurel als thronende nackte Heroen im Theater von Bulla Regia, ein Kolossalkopf des Traian in Hadrumetum – er hatte die Stadt in den Rang einer Kolonie erhoben –, die schon erwähnte Reihe von Statuen im Roma und Augustustempels in Leptis Magna, eine große Statue der Livia aus dem Theater derselben Stadt, eine andere aus Karthago, oder auch der in der Basilika von Karthago entdeckte monumentale Kopf der Kaiserin Faustina der Jüngeren.

80 | Städtische und ländliche Religion

Doch hat sich der Kaiserkult, so aktiv er auch war, seit seiner Entstehung unter Augustus nicht kontinuierlich entwickelt. Kurz nach 70 n. Chr. soll ihn Vespasian erneuert haben, aber darüber ist wenig bekannt. In der zweiten Hälfte des 2. Jhs. n. Chr. und in severischer Zeit haben sich zahlreiche Bezeichnungen für eine Gleichsetzung mit den großen Göttern des römischen Pantheons oder mit für Nordafrika spezifischeren Göttern angehäuft (Abb. 77). So wurde Iulia Domna, die Gattin des Septimius Severus, gerne im Habitus der Caelestis dargestellt (z. B. in Karthago). Das Nebeneinander von Götterstatuen und Persönlichkeiten der kaiserlichen Familie mit göttlichen Attributen sind die üblichen Mittel einer solchen Angleichung.

Wir befinden uns aber hier in der Grauzone zwischen den Treuebekundungen gegenüber dem Römischen Reich und der Präsentation des eigentlichen Kultes. Dies lässt sich noch besser für die Spätantike feststellen, in der die Kaiser des ausgehenden 4. Jhs. n. Chr. als glühende Förderer des Christentums, wie z. B Theodosius, auf dieselbe Weise verehrt wurden. Dieser Kult dürfte die Einheimischen, die schon länger daran gewöhnt waren, ihren Herrschern zu huldigen, nicht besonders gestört haben. Es sei an das kleine Heiligtum für die numidischen Könige erinnert, das auf dem Forum von Thugga neben dem Kapitol weiterbestand und diesem eine abweichende Orientierung dieses Tempels – im rechten Winkel zum Forum – aufzwang. Zwar war dieser Kult zuerst öffentlich, aber später haben ihn auch Privatleute – aus angesehenen oder bescheideneren Kreisen – gefördert. Das Heiligtum der *gens Augusta* in Karthago ist diesbezüglich bezeichnend. Auch die Städte hielten an diesen Treuebekundungen fest.

Davon zeugt die Funktion des *flamen perpetuus*, der von den Dekurionen für ein Jahr gewählt wurde und diesen Titel ehrenhalber lebenslang behielt. Das gleiche galt für ihre Frauen (*flaminicae perpetuae*), die für den Kult der Kaiserinnen und weiblicher Mitglieder der Dynastie auserkoren wurden. Diese Ehre bietet für Priester wie Priesterinnen oft die Gelegenheit zu besonders großzügigen Wohltaten, wie in Thugga festzustellen ist. Der Titel – manchmal durch *sacerdos* (Priester) ersetzt – hielt sich bis in die Vandalenzeit. Einer dieser Priester betont in einer Grabinschrift (CIL 8, 10516) von Ammaedara, dass er selbst ein *cristianus* (Christ) sei (Abb. 78).

Der Kaiserkult, wie auch der Königskult in der Vandalenzeit, ist offensichtlich zu einer politischen Funktion ohne weitere religiöse Aufgabe geworden. Derselbe Kult hat sich auch auf Provinzebene entwickelt: In Karthago versammelte das *concilium provinciae Africae*

Abb. 78
Ammaedara. Grabinschrift eines christlichen Priesters des Kaiserkults aus der Vandalenzeit.

Abgeordnete der Provinz, Priester, die aus dem Kreis der Honoratioren stammten, und von denen einige sogar in den Ritterstand aufgenommen wurden. Der Kaiserkult hat andere Formen des Staatskultes, die der Stadt selbst oder ihrem *genius* galten, nicht ausgeschlossen. Davon gibt es zahlreiche Nachweise in der Africa proconsularis (z. B. in Abbir Maius).

Sekundäre Gottheiten wie der *genius* eines *vicus* in Thugga oder der *genius* der Kolonie existieren neben den beiden großen Schutzgottheiten Hercules und Liber Pater in Leptis Magna. Solche Schutzgottheiten treten auch noch in anderen Kolonien auf: Mercur in Thysdrus, Apollo in Bulla Regia oder Pluto in Thugga. Wie die meisten römischen Gottheiten kann ein Genius eine menschliche Form annehmen. Eine in Thugga entdeckte Figur stellt einen stehenden Mann mit einer Mauerkrone auf dem Kopf dar, einem traditionellen Attribut der Genien als Beschützer der Städte, dessen Kopf ein Porträt ist. Im weiteren Sinne konnte jede geographische oder politische Einheit ihren Genius haben, der gegebenenfalls verehrt wurde: Provinzen, Flüsse, Berge.

Im städtischen Bereich gab es auch noch andere, freilich weniger angesehene Priesterämter: *pontifices* und *augures* wie in Rom, die manchmal in Kollegien organisiert waren und die selber auch einen Beitrag in die Stadtkasse zahlen mussten. Ebenfalls wie das römische Priesteramt war das der *seviri Augustales* (d. h. sechs in einem Kollegium organisierte Priester) den Freigelassenen vorbehalten; darüber gibt es aber nur wenige Nachweise in der Africa proconsularis: in Hippo Regius, Theveste und Ammaedara. Ein anderes Kollegium aus elf Personen – die *undecemprimi* – erscheint in einigen Inschriften der Africa proconsularis: Ihre genaue, in peregrinen Städten ausgeübte Funktion ist unsicher, sie dürften aber mit dem Kaiserkult zusammenhängen.

Das Christentum brachte die lebendige und dynamische Religion dieses Landes allmählich ins Wanken, doch nicht ohne Widerstände, die teils gewaltsam wie in Sufes, teils unauffällig waren. Wir hatten im Zusammenhang mit Saturn die Entdeckung eines Ensembles von Statuen und heidnischen Inschriften in einem zugemauerten Raum der *Maison de la Cachette* in Karthago – vielleicht unter einem Mosaikboden – erwähnt. Unter den kleinformatigen Statuen waren Ceres und wahrscheinlich Proserpina. Ein Versteck vor der Wut der Christen? Durchaus möglich, da die Texte über mehrere Fälle von Zerstörung heidnischer Bildnisse in Nordafrika berichten. Man sollte jedoch angesichts einer Grabung, die nicht alle gestellten Fragen zu lösen vermochte, Vorsicht walten lassen.

Aus dieser Übersicht wird verständlich, dass sich die Präsenz Roms auch in der Religion zeigt und dass Rom durch die Staatsreligion alle anderen unabhängig von ihrer Herkunft an sich zog, die am Leben der Provinz teilnehmen wollten. Man sieht auch, wie die älteren Traditionen oft noch sehr lebhaft zum Ausdruck kamen. Das Stadtleben hat zwar bestimmt eine Anziehungskraft ausgeübt, aber jeder konnte besonders bei religiösen Veranstaltungen Gelegenheit finden, seine persönlichen Gefühle auszudrücken, auch dann, wenn diese auf vorrömischen Glaubensüberzeugungen beruhten. Diese machten auf dem Land zweifelsohne einen wesentlichen Anteil aus. Ganz deutlich wird es an der Art, wie Saturn verehrt wurde, aber auch an den Kulten für die Quellen und die Naturelemente.

Eine afrikanische Kunst?

Die Kunst in allen ihren Bereichen bietet, wie bereits mehrfach betont, eine unverzichtbare Informationsquelle über das materielle Leben und die religiöse sowie intellektuelle Kultur der Africa proconsularis. Wir müssen aber jetzt die Kunst gesondert betrachten, die verschiedenen Ausdrucksformen durchgehen und untersuchen, ob sie in dieser Provinz besondere Gestalt angenommen hat.

Die Architektur

Nordafrika zählt zu den Regionen des Römischen Reiches, in dem sich die meisten Bauwerke erhalten haben, vor allem in Tunesien und Libyen. Die spätere Geschichte dieser Gebiete erklärt zum großen Teil diese Situation, wenn auch einige Fundstätten wie Karthago sehr früh ihrer prächtigen Bauten beraubt wurden. Schon im Mittelalter bemerkten arabische Reisende wie el Bakri, dass die Stadt als Steinbruch für den Bau der neuen Hauptstadt Tunis gedient hatte. Im 17. und 18. Jh. beschreiben europäische Reisende, wie die tripolitanischen Großstädte Sabratha und Leptis Magna kostbare Baumaterialien bis nach Europa geschickt haben: Säulen wurden in Versailles als Bauschmuck verwendet. Doch wurden die meisten aufgelassenen Fundstätten ihrem Schicksal überlassen. Deshalb liefern die gelegentlich mit Zeichnungen ergänzten Berichte viele nützliche Informationen über den Zustand der antiken Städte und Bauwerke vor dem Eingriff der Archäologen in der Moderne.

Wir sind also in der Lage, die Charakteristika dieser Architektur herauszuarbeiten, um abzuschätzen, was wirklich landestypisch sein könnte. Nicht zu vergessen ist auch, dass eine weitgehend von der hellenistischen Welt übernommene Architekturtradition bestand. Man denke nur an die großen Mausoleen von Sabratha und Thugga oder auch an das numidische Heiligtum von Simitthus.

Einige Aspekte scheinen typisch für Nordafrika zu sein. Unter den Bautechniken wurde oft das *opus africanum* (Webrahmentechnik) hervorgehoben, ein Mauerwerk aus regelmäßigen Lagen kleiner rechteckiger Bruchsteine, die in gewissen Abständen von vertikalen Pfeilern unterbrochen werden, die alternierend aus hochkant und querliegenden großen Quadern bestehen. Diese Technik wurde in der Kaiserzeit üblicherweise auch in anderen Gegenden für alle Mauern angewendet, die nicht in Quadermauerwerk ausgeführt worden waren.

Typisch für Nordafrika ist wahrscheinlich eine spezielle Gewölbetechnik, die Gewölbe über einer verlorenen Schalung aus Tonröhren herstellte. Diese geriefelten, an einem Ende flaschenartig zulaufenden Tonzylinder wurden ineinandergesteckt, um Bögen zu bilden, die dann mit *opus caementicium* verputzt wurden. Diese einfache Technik machte es möglich, ohne Lehrgerüst zu arbeiten, und konnte von den Handwerkern leicht eingesetzt werden. Davon liefern hauptsächlich die Thermen zahlreiche Beispiele, aber auch andere Bauten mit einer solchen Decke. Ein eigenartiges Gebäude in Karthago, mit dem modernen Namen Koubba Bent el Rey, diente kürzlich als Versuchsobjekt, um ein Tonröhrengewölbe experimentell zu rekonstruieren.

Es standen viele Steinbrüche zur Verfügung, meistens in der Nähe, so dass oft in Quadermauerwerk gebaut werden konnte. Wo hingegen keine Steine zu brechen waren, wurde auf andere, lange unbeachtete – da weniger spektakuläre – Mittel zurückgegriffen. So haben die Maurer in Thysdrus mitten im Sahel Mauern aus Toub, einer Art Stampflehm, auf einem mehr oder weniger hohen Sockel aus Bruchsteinen errichtet. Durch Ausgrabungen konnte an verschiedenen Orten die Verwendung solcher Lehmmauern und auch anderer Techniken, wie vorfabrizierte Gipsplatten für Wände, nachgewiesen werden.

Im Übrigen übernahmen die Baumeister erfolgreich alle Neuerungen der römischen Architektur, von den Fundamenten bis zur Bedachung. Die monumentalen Bauwerke, die in nichts hinter denen von Rom zurückstehen, belegen dies ganz deutlich, und die großen öffentlichen Thermen veranschaulichen gerade durch ihre Dimensionen viele der raffiniertesten Bautechniken. Diese schon im Zusammenhang mit den Städten behandelten Gebäude sind über das ganze Gebiet der Provinz verbreitet. Trotz spärlicher Informationen über die Architekten darf man annehmen, dass sie in ausreichender Zahl vorhanden und kompetent genug waren, um die Nachfrage der lokalen Bauherren zu befriedigen. Es ist aber nicht ausgeschlossen, dass für besonders wichtige Projekte – z. B. die severischen Arbeiten in Leptis Magna, die sich ans Traiansforum von Rom anlehnen – Architekten aus anderen Gebieten geholt wurden.

Ein Teil der Arbeiten wurde auch Ingenieuren, insbesondere militärischen Ingenieuren, anvertraut, wenn es sich um Straßenbau oder um Zweckbauten handelte, vor allem Brücken und Aquädukte. Die Brücken sind zahlreich und manchmal sogar spektakulär. Eine der schönsten überquert in Simitthus den Medjerda (Abb. 79). Solche Baureste geben oft Anlass zu interessanten Beobachtungen über die eingesetzten Techniken zur Vorbeugung besonders heftiger Hochwasser, wie sie bei den Wadis dieser mediterranen Regionen auftreten. So konnten die jüngeren Arbeiten über die byzantinische Festung in Ammaedara die Reste der römischen Brücke und der im Flussbett verankerten Pfeiler nachweisen. Außerdem wurden Dämme dem Ufer entlang angelegt, um die Erosion zu verhindern.

Im Allgemeinen ist das Straßennetz durch erhaltene Abschnitte der Fahrbahnen, aber auch dank der oft noch *in situ* stehenden Meilensteine gut bekannt. Zu den bisherigen Arbeiten von P. Salama kommt jetzt noch die systematische Prospektion hinzu. Es ist hier nicht möglich, alle antiken Straßenverläufe zu beschreiben, aber zu erwähnen sind wenigstens die nach Westen führende Strecke von Karthago nach Lambaesis und die Straße von der Hauptstadt zu den Großstädten Tripolitaniens, die zuerst Hadrumetum erreichte und dann den Syrten entlang führte. Eine weitere sehr wichtige Verbindung gab es zwischen Hadrumetum und Capsa, die dann nach Norden weiterführte. Dieses für die Sicherheit, Wirtschaft und Verwaltung der Provinz so wichtige Straßennetz ist in mehreren Phasen bis zum 4. Jh. n. Chr. entstanden, und die in regelmäßigen Abständen gesetzten Meilensteine geben Auskunft über den jeweiligen Stand des Straßenbaus.

Das Wasser spielte in Nordafrika sowohl auf dem Land als auch in den Städten eine wesentliche Rolle als bestimmender Faktor des Lebens. Aber nicht überall in gleicher Weise, da sich die Provinz über ganz unterschiedliche Landschaften erstreckt. Der Wasserhaushalt im Süden verlangte andere Lösungen als im Küstenbereich oder in gut bewässerten Gebieten wie dem Medjerdabecken. Je schwieriger die Lage, desto mehr Disziplin und Aufmerksamkeit waren seitens der Gemeinschaft notwendig. Es wurden sogar ganz bestimmte Systeme eingerichtet, wie es in der Inschrift (CIL 8, 18587) von Lamasba (Algerien) beschrieben wird, die die Bewässerungsmodalitäten unter den Bauern regelten, indem Nutzungsperioden für jeden Einzelnen festgelegt wurden.

Dank der «Albertini-Tafeln» ist bekannt, dass die Bewässerungsanlagen noch im ausgehenden 5. Jh. n. Chr. instandgesetzt wurden. Die seit dem 19. Jh. durchgeführten und heute in einigen Gebieten wieder aufgenommenen Prospektionen haben Spuren verschiedener Talsperren, Rückhaltebecken und Zisternen nachgewiesen, die eine Eindämmung des Oberflächenwassers, die Kanalisierung des Regenwassers und deren Speicherung ermöglichten.

Die Versorgung der Städte und die Wasserverteilung standen immer im Mittelpunkt, weshalb sie auch zu großen Stiftungen anregten. Deshalb hat man sich oft gefragt, ob die verschiedenen monumentalen Bauwerke überhaupt zur Gesundheitspflege notwendig waren oder ob sie nicht eher beliebige Geschenke der Euergeten für

Abb. 79
Simitthus (Tunesien).
Brücke über den Medjerda.

Abb. 80
Zaghouan (Tunesien).
Wasserheiligtum am
Beginn des Karthago versorgenden Aquädukts.

die Stadtausschmückung gewesen sind. Die eingesetzten Mittel konnten je nach Gebiet und Periode verschieden sein: Brunnen, wo das Grundwasser es erlaubte, oder Zisternen, manchmal spektakulären Ausmaßes. Für letztere können zwei Beispiele in der Hauptstadt Karthago angeführt werden: in Borj Jedid und in La Malga.

Der geläufigste Typus entspricht großen länglichen Wasserspeichern, die tief und gewölbt, mit manchmal sehr ausgeklügelten hydraulischen Systemen ausgestattet sind. In La Malga haben neuere Arbeiten kürzlich das Funktionieren eines beeindruckenden Ensembles aus 15 aneinandergereihten Zisternen nachgewiesen, mit einer Wassertiefe von 4 m und einer Gesamtfläche von 130 x 102 m. Ein sechzehntes rechtwinkliges Becken, an dem das Aquädukt entlangführt, kommt zu dieser im Laufe der Jahrhunderte erneuerten monumentalen Anlage noch hinzu. Es sind insgesamt über 44000 m³ – zum Vergleich 25000–30000 m³ in Borj Jedid –, die durch eine Verteilungskammer flossen.

Ein weiteres gut untersuchtes Beispiel liegt in Bararus/Rougga, 15 km südöstlich von Thysdrus entfernt: Hier sind zwei Zisternen aus der ersten Hälfte des 1. Jhs. n. Chr. miteinander verbunden, aber von einem anderen Typus als in La Malga. Beide sind rund mit inneren Pfeilern und einem Fassungsvermögen von 7600 m³, das natürlich viel kleiner als bei den Zisternen Karthagos ausfällt, aber für ein relativ bescheidenes *municipium* doch noch bedeutend ist; die Zisternen von Thugga haben vergleichsweise ein Volumen von 6000 m³.

Doch bevor das Wasser gespeichert werden konnte, musste es gefasst und über manchmal weite Entfernungen geleitet werden. Die Aquädukte stellten die spektakulärsten, technisch oft sehr raffinierten Bauwerke dar. Karthago, eine der größten Metropolen der römischen Welt, hatte einen beträchtlichen Wasserbedarf. Am Fuß des Djebel Zaghouan, an einem großen Nymphäum, begann eine der Leitungen, die über teils unterirdische, teils oberirdische Abschnitte eine kurvenreiche Strecke von etwa 140 km bis nach Karthago zurücklegte (Abb. 80. 81). In dem vor kurzem ausgegrabenen *castellum aquae* (Verteiler) wurde das Wasser entlang der Zisternen von La Malga und zu denen von Borj Jedid (zur Versorgung der Antoninus Pius-Thermen) weitergeleitet.

Etwas weiter südlich des Djebel Zaghouan, bei der kleinen Stadt Zucchar, begann eine weitere Leitung: die Quellfassung war ein schönes Nymphäum. In Simitthus sind die Bögen eines Aquäduktes noch zu sehen, wie auch auf dem Land bei Ain Wassel. Viele weitere, mehr oder weniger bedeutende Städte (z. B. Sufetula) wurden auf diese Weise versorgt. Das in Uthina eingerichtete System wurde einer exemplarischen Untersuchung unterzogen, die die Komplexität des Verlaufes deutlich herausgestellt hat. In anderen Städten ist das Vorhandensein eines Aquäduktes bislang nur durch Inschriften bezeugt. Die systematischen Prospektionen auf dem Land belegen mehr und mehr die Existenz weniger aufwendiger, oft sehr kleiner Einrichtungen, die das Wasser auffingen und es auf kurzen Distanzen zu den Verbrauchern weiterleiteten.

In den Städten angekommen, wurde das Wasser auf die öffentlichen Einrichtungen und die Privathaushalte verteilt. Die Thermen verbrauchten viel Wasser, aber auch die großen und kleinen Brunnen: so in Sufetula, wo mindestens drei monumentale Springbrunnen erhalten sind, in Mactaris in der Nähe des Traiansbogens oder in Althiburos unweit des Forums (Abb. 82), in Thugga und anderen Orten. Die monumentalen Brunnen, die wir in Leptis Magna oder Sufes gesehen haben, spielten im Städtebau eine wichtige Rolle.

Abb. 81
Zaghouan. Aquädukt von Karthago.

Die Skulptur

Es stellt sich die Frage, ob es in der Africa proconsularis ein besonderes Ausstattungsprogramm gegeben hat. Gegenüber Rom und anderen Provinzen fällt die kleine Zahl öffentlicher Reliefs auf. Die Stadtbögen besaßen keinen figürlichen Dekor, abgesehen von den Bögen des Marc Aurel in Oea und vor allem des Septimius Severus in Leptis Magna. Vielleicht gab es einen Bogen mit Reliefs in Hadrumetum, falls das Fragment eines Triumphzugs aus dieser Stadt zu einem Bogen gehört,

Abb. 82
Althiburos. Brunnen an einer Straßenkreuzung.

und einen weiteren in Karthago, für den das Relief mit einer Victoria sprechen könnte.

Es lässt sich aber schwer entscheiden, ob kein besonderes Interesse für solche Bilder vorhanden war oder ob es das Ergebnis eines äußerst schlechten Erhaltungszustands ist. Jedenfalls sind die wenigen Baureste bezüglich ihrer Ikonographie, Ideologie und Gestaltung außergewöhnlich interessant. Neben seinem eher ungewöhnlichen Bauplan stellt der viertorige Bogen von Oea sehr geschickt die Kaisertugenden zur Schau.

Was den severischen Bogen von Leptis Magna angeht, bildet er durch seine Architektur wie seinen Bauschmuck ein erstklassiges Werk, das einen Meilenstein in der römischen Kunstentwicklung setzte. Die Gliederung der Fronten mit je zwei Giebelecken über den Säulen zeugt von einer bemerkenswerten «Barockisierung». Die Gestaltung vereint gekonnt verschiedene Formen des historischen Reliefs sowohl auf der Attika als auch auf den Innenseiten der Pfeiler. Alle Reliefs schildern verschiedene Episoden aus der Regierungszeit des Septimius Severus. Die Reliefplatten an den Pfeilern weisen eine relativ einfache Machart auf, während die an der Attika sorgfältiger ausgeführt sind und von ganz neuen Tendenzen in der Skulptur zeugen: das Relief mit dem *adventus* des Kaisers und seiner Söhne in Leptis Magna im frühen 3. Jh. n. Chr. ist durch den systematischen Einsatz des Bohrmeißels gekennzeichnet wie auch durch die frontale Darstellung der wichtigen Figuren des Septimius Severus, Caracalla und Geta auf ihrem Wagen auf Kosten einer realistischen Perspektive (Abb. 83).

Der auf diese Neuerungen gelegte Schwerpunkt könnte ein nordafrikanisches Merkmal in der unmittelbaren Tradition der von R. Bianchi Bandinelli definierten «plebejischen Kunst» erkennen lassen. Jedoch erscheinen zur gleichen Zeit auf dem Forum Romanum

Abb. 83
Leptis Magna. Relief auf dem Bogen des Septimius Severus: der Kaiser und seine Söhne auf einem Wagen (frühes 3. Jh. n. Chr.).

86 | Eine afrikanische Kunst?

von Rom ähnliche Tendenzen auf dem Bogen desselben Kaisers. Außerdem verrät der Dekor der severischen Basilika in Leptis Magna (große Pilaster mit Akanthus-, Efeu- und Weinblättern und dazwischen mythische Figuren, Dionysos und seine Gefährten, Taten des Hercules) den Stil von Handwerkern aus Aphrodisias in Karien – eines der wichtigsten Bildhauerzentren des Römischen Reiches –, die im ganzen Mittelmeerraum unterwegs waren (Abb. 84). Man erkennt den Stil dieser Künstler auch auf anderen Werken in verschiedenen Museen Tripolitaniens und Tunesiens wieder.

Echte landestypische Merkmale zu identifizieren bereitet erhebliche Schwierigkeiten, da einerseits das Wirken des aus dem Land stammenden Herrschers von Bedeutung war, andererseits Bildhauer aus anderen Gegenden mitwirken konnten. Es stellen sich dieselben Fragen, wenn man die Statuen oder die Porträts untersucht. Die Bildnisse der kaiserlichen Familie oder der Privatpersonen spielten eine wichtige Rolle in der Africa proconsularis, da sie wie die Inschriften die Bedeutung des Kaisers, der Honoratioren und ihrer Familie betonten.

Schon lange haben die Fachleute versucht, eine typische Machart der nordafrikanischen Werkstätten auszumachen, um sie mit denen aus Rom und anderen Provinzen zu vergleichen. Der Versuch blieb aber erfolglos. Es ließ sich nur feststellen, dass die Beziehungen zu den Werkstätten Roms enger sind als zu denen in Griechenland oder Kleinasien, was angesichts des regen Austauschs zwischen der *urbs* und der Africa proconsularis sicher keine Überraschung ist.

Wahrscheinlich stammten einige dieser Porträts (vor allem kaiserliche) direkt aus Rom oder wurden von stadtrömischen Bildhauern an Ort und Stelle geschaffen. Andere hingegen sind vom Stil kleinasiatischer Künstler gekennzeichnet, wie ein schönes Porträt aus Hadrumetum, das wahrscheinlich Lusius Quietus, einen General Traians maurischer Herkunft, darstellt.

Sucht man für Nordafrika spezifische Charakteristika, so werden sie vielleicht in der Neigung zu einem gewissen Realismus zu finden sein, der manchmal fast veristisch anmutet. Das kommt z. B. im Porträt eines angesehenen Bürgers von Thugga zum Ausdruck, der wie ein Stadtgenius mit einer Mauerkrone auf dem Kopf dargestellt wird (Abb. 85). Als weiteres Beispiel kann das sonderbare, in Massicault entdeckte Bildnis eines angesehenen Bürgers angeführt werden, der wie ein Hercules mit einem Löwenfell bekleidet ist. Da er einen Mohnblumenstrauß in der Hand hält, handelt es sich wahrscheinlich um eine Grabstatue.

Auffällig ist auch eine Vorliebe für das Kolossale, wie es z. B. das in Hadrumetum entdeckte Porträt Traians deutlich zeigt, oder noch grandioser der Kopf der Kaiserin Faustina der Jüngeren, der in der Basilika Karthagos auf dem Byrsa-Hügel gefunden wurde. Doch hängen diese Charakteristika eng mit dem Können der Bildhauer und vielleicht auch mit der Geldsumme zusammen, die seitens der Auftraggeber für diese Skulpturen aufgewendet werden konnte.

Ein anderer Bereich der Skulptur ist wahrscheinlich aufschlussreicher: Es sind die Votiv- und Grabstelen. In den meisten Fällen wurden die Handwerker am Ort oder in der Umgebung rekrutiert und gaben in ihren Werken eher die Konzepte und den Geschmack der Provinz wieder. Der persönliche Charakter dieser Stelen ist

Abb. 84
Leptis Magna. Reliefpfeiler: die Taten des Hercules.

Eine romanisierte Gesellschaft? | 87

Abb. 85
Thugga. Statue: Ratsherr als Stadtgenius mit einer Turmkrone auf dem Kopf (3. Jh. n. Chr.).

Abb. 86
Maghrawa (Tunesien). Stele für Saturn, Detail (frühes 3. Jh. n. Chr.). Musée du Bardo.

markant. Ihre Ikonographie wie Komposition spiegeln so die Mentalität jedes Einzelnen wider. Die große Vielfalt der Stelen lässt sich auch dadurch erklären, dass sie einerseits der allgemeinen Entwicklung der römischen Kunst und andererseits dem unterschiedlichen Stilempfinden der provinziellen Kreise entsprechen. Man kann sowohl Reliefs mit einer für den römischen Westen typischen Inszenierung des Verstorbenen und seiner Familie antreffen als auch solche, die sehr stark an einfachen traditionellen Ausdrucksweisen festhalten.

Die Reihe von Stelen, die zu Unrecht lange La Ghorfa zugewiesen wurden, aber, wie A. M'Charek gezeigt hat, aus Macota/Maghrawa nahe Mactaris stammen, veranschaulicht am besten diese Tendenzen (Abb. 86). Die Gegend von Mactaris ist sehr lange mit der punischen Kultur verbunden geblieben, was das bemerkenswerte Aussehen dieser Reliefs erklärt. Hier haben wir eine hierarchische Komposition vor Augen, die den Blick vom irdischen zum himmlischen Bereich führt – wie auf vielen Stelen für Saturn –, und eine erstaunliche Ikonographie, welche direkt aus dem punischen Repertoire abgeleitete Objekte und Symbole mit aus der römischen Kunst entlehnten Figuren kombiniert.

Venus, Hercules beim Kampf und Atlanten sind zu erkennen. Architekturdarstellungen kommen häufig vor: verschiedene Heiligtümer, deren Bauelemente – Cella, Säulengang, Decke – voneinander getrennt wurden, um jedes einzelne besser zur Geltung zu bringen. Die Datierung dieser sonderbaren Zeugnisse ist schwierig: Wahrscheinlich gehören sie in die zweite Hälfte des 2. Jh. n. Chr. Diese Reliefs bestätigen die Existenz einer figürlichen Kunst in der Africa proconsularis, die mit der römischen Kunst wenig zu tun hatte und andere Schwerpunkte setzte.

Die reliefierten Sarkophage hingegen sind kaum aufschlussreich und weniger zahlreich als die Stelen, vermutlich wegen der hohen Herstellungskosten und einer anderen, monumentaleren Konzeption der Bestattung, die dem Einfluss der Vorbilder aus Rom noch mehr Gewicht einräumte. Einige sind wahrscheinlich Importe aus den Werkstätten Roms, wie das später im Baptisterium von Oued Ramel wiederverwendete Relief mit den drei Grazien (Abb. 87). Die Entdeckung von Wannen-Sarkophagen, deren Reliefs nur grob ausgearbeitet waren, beweist jedoch, dass Bildhauer vor Ort tätig waren. Die meisten übernahmen unmittelbar die in Rom erfundenen Themen. Selten sind die Reliefs, die eine gewisse Originalität aufweisen, wie auf dem in Ucubi/Henchir Kaoussat entdeckten Exemplar mit der Darstellung des schlafenden Endymion. Dieses für einen Sarkophag geläufige Bild, das in sehr einfachem Stil ausgeführt ist, zeigt, dass der Handwerker nur eine vage Vorstellung der

88 | Eine afrikanische Kunst?

Abb. 87
Oued Ramel (Tunesien). Sarkophag mit den drei Grazien und den Jahreszeiten. Musée du Bardo.

Komposition hatte. Es gibt jedoch einige hervorragende Objekte, wie den in Karthago entdeckten Sarkophag der vier Jahreszeiten aus dem frühen 4. Jh. n. Chr. – ein qualitätvoller Import wahrscheinlich aus Rom –, der hier vollendet worden sein muss, da die Figur des jungen Verstorbenen in der Mitte schließlich den Kopf eines Mädchens bekommen hat. Zu erwähnen ist auch eine ganze Reihe später Sarkophage, die in Keddel, einem Stein aus der Umgebung Karthagos, ausgeführt wurden. Sie sind mit großen Riefeln – abgesehen von einigen Ziermotiven oder christlichen Figuren (ein Hirte mit Schaf auf den Schultern) – geschmückt. Ein Teil dieser Produktion scheint auf die Iberische Halbinsel, insbesondere nach Tarragona exportiert worden zu sein.

Es sind nur sehr wenige Signaturen von den offenbar zahlreichen Bildhauern bekannt. Ein Brief des Augustinus (*Epistulae* 50) wirft ein interessantes Licht auf diesen Aspekt: Er antwortet den wegen der Zerstörung einer Herculesstatue empörten Heiden aus Sufes und erklärt, dass die Christen der Stadt die verlorene Statue problemlos ersetzen werden, da es in der Gegend viele Bildhauer gebe.

Die Mosaike

Bei den Mosaiken bietet sich eine ganz andere Situation. Wir stehen hier vor einer römischen Kunstgattung, die in der Africa proconsularis einen unvergleichlichen Erfolg gehabt hat. Die Punier kannten einen ähnlichen Fußbodenbelag, nämlich einen Zementestrich, der mit kleinen Steinen oder Keramikfragmenten, die an Mosaiksteine erinnern, versetzt war (*opus signinum*). Einige dieser Böden weisen sogar figürliche Motive auf. Doch bleiben diese von den späteren Mosaikböden aus *tesserae*, die besonders für ornamentale und figürliche Kompositionen besser geeignet sind, noch weit entfernt. Die frühesten Exemplare erscheinen nicht vor der zweiten Hälfte des 1. Jhs. n. Chr. Der flavischen Zeit wird nämlich von einigen Forschern das Mosaik der Gladiatoren von Zliten (Tripolitanien) zugewiesen, wie auch ein weiterer Mosaikboden aus demselben Wohnhaus mit einer sehr realistischen Komposition aus Akanthusblättern und Vögeln. Es lässt sich aber feststellen, dass diese Technik sofort erfolgreich war und sich überall verbreitet hat.

Die meisten Charakteristika dieser Mosaike gelten für ganz Nordafrika. Das erste betrifft das fast ausschließliche Vorherrschen der Polychromie, während einige Werkstätten in Rom und noch mehr in Ostia die spektakulärsten Bodenmosaike des 2. und 3. Jhs. n. Chr. aus

Abb. 88
Thysdrus. Hasenjagd.
Musée du Bardo.

Abb. 89
Karthago. Mosaik: Jäger
mit Falken (4.–5. Jh.
n. Chr.). Musée du Bardo.

schwarzen und weißen Tesserae gestalteten. Das zweite Merkmal ist chronologischer Art: Der seit dem frühen 2. Jh. n. Chr. gesicherte Erfolg dieser Technik hielt bis in die ausgehende Spätantike und darüber hinaus an, denn es sind auch Mosaike aus der Zeit nach der arabischen Eroberung bekannt. Dies ist der Fall in Mahdia, wo der Kalifenpalast zumindest geometrische Bodenmosaike besaß, und in Belalis Maior/El Faouar bei Vaga, wo figürliche Motive mittelalterlich sein könnten.

Im ikonographischen Bereich fällt die Vorliebe für die Figuren, die Anzahl großer teppichartiger Kompositionen und das Interesse für realistische Bilder auf. Die Honoratioren betrachteten und zeigten ihren Gästen auch gerne Szenen, die an die Quelle ihres Wohlstandes – Bilder des Landlebens – und ihre bevorzugten Freizeitbeschäftigungen erinnerten. Insbesondere die Jagd gehörte seit dem 2. Jh. n. Chr. zur repräsentativen Ikonographie der Reichen. Diese realistischen Jagdszenen, die Verfolgung eines Hasen zu Pferd und mit Hunden, sind zahlreich – z. B. in Thydrus (Abb. 88). Drei weitere Beispiele mit diesem Thema stammen aus Karthago: In der Spätantike wurden offenbar neue Jagdtechniken eingeführt, wie die auf einem berühmten Mosaik dargestellte Beizjagd (Abb. 89). Ein großer Mosaikboden des 4. Jhs. n. Chr. zeigt einen getöteten Kranich, den die Jäger Diana und Apollo opfern. Darauf ist auch der Fang von Raubtieren mit Fallen zu sehen. Diese riskanten und exotischen Jagden – es gab Löwen in Zentraltunesien noch bis zum Ende des 19. Jhs. – versorgten die Amphitheater mit Tieren und

90 | Eine afrikanische Kunst?

erscheinen eher auf spätantiken Mosaiken. Das dritte Beispiel zeigt einen mit einer riesigen Schlange kämpfenden Elefanten (vgl. Titelbild).

Die *spectacula* bildeten entsprechend ihrer Beliebtheit einen wichtigen Teil des Repertoires. Die athletischen Wettkämpfe waren sehr wahrscheinlich weniger geschätzt, umso mehr erfreuten sich dagegen die Veranstaltungen im Circus und Amphitheater der größten Attraktivität. Allem was mit Pferderennen, den Pferden und den Wagenlenkern zu tun hatte, galt die Leidenschaft des Volkes. Diesbezügliche Szenen sind auf Mosaiken detailliert wiedergegeben, von der Aufzucht der Tiere (Hadrumetum) bis zur Übergabe der Palme an den Sieger. Es gibt zahlreiche Bilder von Pferden. Die sorgfältig geschmückten Tiere mit geflochtener Mähne und Schwanz werden allein oder in Verbindung mit den vier Jahreszeiten dargestellt, wie in der *Maison du Paon* in Karthago. Sie werden oft mit einem symbolträchtigen Namen, der ihre mutmaßlichen Qualitäten (Geschwindigkeit, Farbe, Ausdauer) suggeriert, bezeichnet und tragen auf der Kruppe ein wahrscheinlich mit glühendem Eisen eingebranntes Zeichen, vielleicht das ihres Besitzers. Das erstaunlichste Zeugnis in diesem Zusammenhang ist ein Mosaik aus der *Maison aux Chevaux* in Karthago, vielleicht dem Sitz einer Vereinigung von Wagenlenkern und Anhängern der Partei der *Veneti* (die Grünen). Auf schachbrettförmig angeordneten Feldern, die abwechselnd aus Marmorintarsien und Mosaiken bestehen, sind etwa fünfzig geschmückte Pferde zu sehen (Abb. 90 a.b). Die Besonderheit ist hierbei, dass jedes Pferd in eine kleine Szene eingebunden ist, die verschlüsselt auf seinen Namen hinweist. Mythische Episoden (Hercules und die Keryneische Hirschkuh), Alltagsszenen (ein Läufer im Stadion, Würfelspieler), symbolträchtige Figuren (die Zwillinge säugende Wölfin) haben unter Fachleuten viele Diskussionen ausgelöst (Abb. 90 b).

Der Circus selbst wurde häufig dargestellt. Auf einem Mosaik der *Villa du taureau* in Silin wurde das Rennen bis in die kleinsten Details geschildert; und auf einem sehr späten Boden von Capsa (5. oder gar 6. Jh. n. Chr.) fällt die besondere Darstellungsweise verschiedener Einzelheiten auf: die Zuschauer als gleichförmig übereinandergereihte Köpfe unter den Arkaden oder die Wagen auf der Rennbahn und das ganze, für die Spiele zuständige Personal (vgl. Abb. 41). Die Wagenlenker schließlich werden auf ihrem Wagen oder zu Fuß nach ihrem Sieg hervorgehoben: Auf einem Bild in Thugga wird ein Wagenlenker durch ein lustiges Wortspiel mit seinem Namen und dem der Liebe verherrlicht: *Eros, omnia per te* (Eros, alles durch dich). Der Circus war auch einer der Orte für Zauberpraktiken, die in der Africa proconsularis sehr verbreitet waren. In Hadrumetum wurden in der Nähe des Zirkus zahlreiche Fluchtafeln gefunden, kleine Bleilamellen mit allerlei die Hilfe sonderbarer Geister erbittenden Zauberformeln, um sich den Sieg seiner bevorzugten Mannschaft oder die Niederlage seiner Gegner zu sichern. Diese Täfelchen wurden nahe am Ort, wo das Ereignis stattfand, versteckt. Solche Praktiken wurden übrigens auch in vielen anderen Bereichen angewandt, wie z. B. in Liebesbeziehungen.

Das Amphitheater hat beträchtliche Zuschauermengen angezogen. Aber sie kamen nicht in erster Linie, um Gladiatoren zu sehen. Diese hatten in Nordafrika nie größeren Erfolg, wenn sie auch in einigen Inschriften erwähnt werden und in Zliten (Tripolitanien) eine der vollständigsten Darstellungen eines *munus* (Gladiatorenspiel) zu sehen ist. Ein Mosaik von Thy-

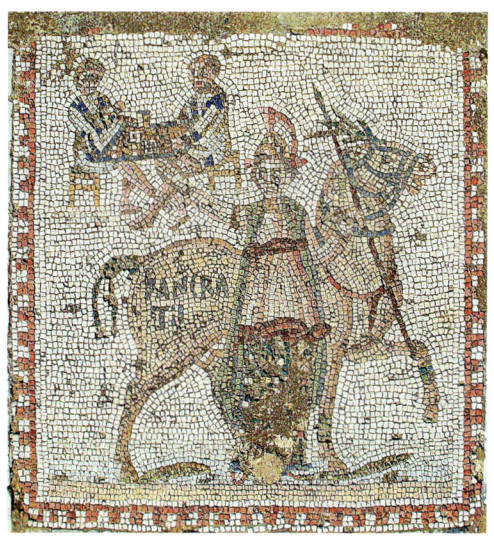

Abb. 90 a
Karthago. *Maison aux Chevaux:* Mosaik der Pferde.

Abb. 90 b
Karthago. Mosaik der Pferde, Detail: Athena.

Eine romanisierte Gesellschaft? | 91

Abb. 91
Thysdrus. Mosaik:
den Tieren vorgeworfener
Gefangener. Musée d'El
Djem.

drus, und eines in Zliten zeigen im Amphitheater *ad bestias* Verurteilte (Abb. 91). Die Zuschauer strömten aber eher zu den Tierhetzen, in denen Tiere gegeneinander oder gegen spezielle Tierkämpfer kämpften.

Die Mosaike, die derartige Vorstellungen zeigen, waren dementsprechend zahlreich. Als Wiedergabe dieses sehr geschätzten Vergnügens erinnerten sie manchmal auch an die Großzügigkeit eines prominenten Bürgers. Zu diesem Zweck wurden die dargestellten Tiere – Löwen, Strauße, Panther, Stiere – mit einer Zahl versehen, die wahrscheinlich der Anzahl vorgeführter Tiere entsprach. Besonders viele Bilder gibt es in Thysdrus, was angesichts der Existenz eines Amphitheaters nicht weiter verwunderlich ist. Alle Kompositionsarten wurden eingesetzt: Medaillons, in denen Raubtiere dargestellt sind, oder größere Szenen, in denen Tiere einander verfolgen. Die Tierkämpfe selbst nehmen auf den Mosaiken viel Platz ein. Auf einem sonderbaren Mosaik von Hadrumetum sind gestaffelt über die ganze Fläche Tiere und mehrere, wie für eine Parade nebeneinander aufgereihte Tierkämpfer dargestellt.

Aber das lebendigste und informationsreichste Zeugnis, das schon oben betrachtet wurde, kommt aus Smirat im Sahel. Es schildert die verschiedenen Phasen einer *venatio* im Amphitheater, die von einem prominenten Bürger namens Magerius veranstaltet wurde, der die Gunst seiner Mitbürger gewinnen wollte.

Im Vergleich zu den Darstellungen aus dem Amphitheater und dem Circus sind die das Theater betreffenden Bilder schwächer vertreten. Die Persönlichkeit berühmter Autoren erregte die Aufmerksamkeit der Mosaizisten sicherlich als ein Zeichen des kulturellen Lebens in der Africa proconsularis. So wird in Hadrumetum ein in seine Gedanken vertiefter Dichter dargestellt. Es ist zweifellos ein Porträt, da die Physiognomie des Mannes mit dem viereckigen, dicklichen, von einem breiten Bart gerahmtem Gesicht sehr realistisch ist. Noch berühmter ist ein anderes Mosaik aus der gleichen Stadt, auf dem Vergil von zwei Musen flankiert, mit einer Rolle in der Hand, auf der die ersten Verse der Aeneis erscheinen, zu erkennen ist (Abb. 92).

Wir kommen hier nicht auf die der Meereswelt gewidmeten Mosaikböden zurück, die oben behandelt wurden (Abb. 93). Auch die Götterwelt bot ein unerschöpfliches Repertoire für gefälligen Dekor, dessen Religiosität manchmal aber nur schwer einzuschätzen war. So wurden die Götter gern als Vorwand für die Abbildung von Liebesszenen verwendet, wie in Thysdrus auf einer Reihe kleiner Bilder mit Liebesabenteuern des Iuppiter, in der *Sollertiana domus*, erscheinen z. B. Leda und der Schwan. Die *Venus Marina* von Bulla Regia dagegen bot die Gelegenheit, einen sinnlich nackten Frauenkörper darzustellen.

Was soll aber der rätselhafte Mosaikboden aus Ulules/Ellès in der Gegend von Mactaris mit der fast nackten Venus bedeuten, die mit einem Diadem gekrönt und von zwei Kentaurinnen flankiert ist (Abb. 94)? Eine Inschrift über der Szene weist vielleicht auf die Pferderennen hin. Doch bleibt schwer verständlich, warum diese Venus ihre Nacktheit dermaßen zur Schau stellt, vielleicht ein ländliches Pendant zur *Venus Marina*.

Saturn wurde trotz der Verehrung, die er genoss, nur ausnahmsweise auf einem Mosaik von Ziqua/Zaghouan in Zusammenhang mit dem Tierkreis dargestellt. Das wäre ein Hinweis darauf, dass alle diese Mosaikböden in erster Linie als Dekor und in zweiter Linie als religiöse Bilder dienten. Bacchus und alle Teilnehmer seines Umzugs – Eroten, Satyrn und Mänaden – wurden hingegen besonders geschätzt.

Abb. 92
Hadrumetum. Vergil und
die Musen. Musée du Bardo.

So sind auch die großen narrativen Kompositionen aus mythischen Erzählungen zu verstehen, von denen einige spektakuläre Beispiele bekannt sind – der oben schon erwähnte Zyklus von Pegasus und Bellerophon auf den Fußböden der *Maison des Nymphes* in Neapolis (vgl. Abb. 54). Es gibt aber kaum weitere Beispiele für einen über mehrere Räume verteilten Bildzyklus, außer in Tripolitanien, besonders in der *Villa du Nil* in Zliten. Dieser Befund steht im Gegensatz zu den vielen in Syrien oder Zypern gefundenen Mosaikböden dieses Typs. Man kann daraus schließen, dass die Bewohner der Africa proconsularis Alltagsszenen der Mythologie vorzogen.

Ein anderes Thema war den Nordafrikanern sehr wichtig: alles, was mit der Zeit zusammenhängt. An erster Stelle sind die Jahreszeiten zu nennen, die nach uralten Konventionen teils als Halbwüchsige, teils als junge Frauen dargestellt sind, als Büste oder als ganze Figur. Der in einen Mantel gehüllte Winter mit Schilfkrone und Stange, an deren Ende Wildenten festgebunden sind (die Jagdzeit der Enten); der Frühling ist mit einer Tunika bekleidet und trägt eine Rosenkrone; der oft nackte Sommer hält eine Garbe in der Hand; der Herbst schließlich ist mit Weinlaub und Efeu gekrönt und trägt Trauben. Damit sollen die Fruchtbarkeit der Natur, aber auch die zyklische Wiederkehr der Jahreszeiten, Garant für die Stabilität und Prosperität des Universums, vor Augen geführt werden.

Derartige Böden sind sehr zahlreich, so in der *Villa Dar Buc Ammera* in Zliten mit den Gladiatorenszenen und in La Chebba an der Ostküste Tunesiens (Abb. 95; vgl. Abb. 74). Hier wird das große Zentralmedaillon mit Neptun, der auf seinem Wagen aus dem Meer emporfährt, von den mit Ranken gerahmten vier Jahreszeiten, den jeweils passenden Tieren und Alltagsszenen umge-

Abb. 93
Acholla. Traianische Thermen: Zug von Meereswesen. Musée du Bardo.

Abb. 94
Ellès. Venus wird von zwei Kentaurinnen gekrönt. Musée du Bardo.

Eine romanisierte Gesellschaft? | 93

Abb. 95
La Chebba. Mosaik: eine
Jahreszeit, der Sommer.
Musée du Bardo.

ben, z. B. der Olivenernte im Winter. Eine Ausnahme in der Ikonographie bilden die vier Jahreszeiten als geflügelte junge Frauen auf einem späten Mosaik aus Karthago.

Aion ist der Genius der ewigen Zeit ohne Anfang und Ende. Er tritt in der Gestalt eines nackten, in der Mitte des Tierkreises stehenden Jünglings auf. Man findet ihn in einem Haus von Ammaedara, umgeben von vier kleinen Eroten, die entsprechend den weiblichen Jahreszeiten bekleidet sind. Der Herbst trägt ein Pantherfell, das dionysische Gewand schlechthin. Er ist natürlich die Jahreszeit des Bacchus, der Trauben und der Weinlese (Abb. 96). Es gibt aber nicht nur pittoreske Bilder, die die Verbundenheit der Nordafrikaner mit den Früchten der Erde ausdrücken. Tunesien hat mehrere Monatsbilder geliefert: zwei in Thysdrus, das erste wahrscheinlich aus dem 2. oder 3. Jh. n. Chr., das zweite aus noch späterer Zeit, und eines in Gobr el Ghoul bei Siliana aus der byzantinischen Zeit.

In Thysdrus bleibt das Motiv auf beiden Mosaikböden gleich: Eine Reihe kleiner Bilder stellt Szenen mit zum Monat passenden Tätigkeiten dar (Abb. 97). Unterschiede zwischen den Darstellungen lassen sich durch ihren zeitlichen Abstand voneinander erklären, da sich die Feste wie auch in Rom weiterentwickelt haben. Die Monatsbilder von Gobr el Ghoul übernehmen byzantinische Formen: Die zwölf Monate werden in der Gestalt männlicher Figuren mit entsprechenden Attributen aneinandergereiht. Dieses Schema ist interessant, weil es als konkretes Beispiel dafür dient, was die Byzantiner in die Africa proconsularis, die sie den Vandalen entrissen hatten, mitgebracht haben.

Es ist schwer, die Mosaikkunst der Africa proconsularis zu differenzieren, da die Werkstätten kaum bekannt und Signaturen von Mosaiklegern sehr selten sind. Wie die meisten römischen Handwerker signierten sie in der Regel ihre Werke nicht. Erst aus der Spätantike begegnen uns einige Namen: So verewigte sich eine Werkstatt auf dem Mosaik im Baptisterium von Henchir Errich; in Sufetula stellt sich die Frage, ob der Name Xenophon, der auf dem Mosaik der vier Jahreszeiten des gleich-

Abb. 96
Thysdrus. Mosaik:
Der Jahresgenius. Musée
d'El Djem.

94 | Eine afrikanische Kunst?

namigen Hauses erwähnt ist, vielleicht eher den Mosaizisten als den griechischen Autor meint (Abb. 98). Die große Anzahl von Mosaikböden in Städten wie Thysdrus oder Karthago suggeriert, dass viele Handwerker tätig waren, ohne dass man eine genauere Vorstellung von der Größe der Werkstätten und der Anzahl der dort Beschäftigten hätte. Es ist nur an die schon lange aufgestellte Hypothese zu erinnern, nach der die Künstler Wanderhandwerker gewesen sein könnten. Man glaubt oft, die Spuren der Mosaizisten aus Karthago auch außerhalb Nordafrikas, insbesondere in Sizilien zu finden, wo sie im 4. Jh. n. Chr. vor allem an der Ausgestaltung der Villa Romana del Casale bei Piazza Armerina teilgenommen hätten.

Wenn sich die figürlichen Darstellungen für eine Charakterisierung der Mosaike der Africa proconsularis nicht besonders eignen, so bieten die floralen und geometrischen Motive bessere Möglichkeiten. In diesem Bereich gibt es anscheinend regionale Moden, vielleicht Werkstatt-Traditionen, die während einer gewissen Zeit den Erfolg bestimmter Ornamente garantieren. So hatte seinerzeit G. Ch. Picard einen «Blumenstil» definiert, der in der ersten Hälfte des 2. Jhs. n. Chr. auf den Sahelmosaiken erschienen sei. In demselben Gebiet hat er auch die Beliebtheit der Flächenmuster aus Ellipsen und konkaven Quadraten festgestellt. Es wäre nicht weiter erstaunlich, wenn solche Phänomene den Einfluss einer in diesem Gebiet tätigen Werkstatt aufzeigen würde.

Wie auch immer die Größe und der Betrieb der Werkstätten gewesen sein mag, die Mosaike in Tunesien wie in Tripolitanien sind ein Beispiel für ein mit den Römern eingewandertes Kunsthandwerk, das frühere Kulturen auf nordafrikanischem Boden in dieser Form nicht kannten, das aber so erfolgreich wurde, dass es charakteristisch für diese Gegend erscheint.

Abb. 97
Thysdrus. Mosaik: Monatsbilder. Musée de Sousse.

Abb. 98
Sufetula. Mosaik mit der Darstellung des griechischen Autors Xenophon. Musée du Bardo.

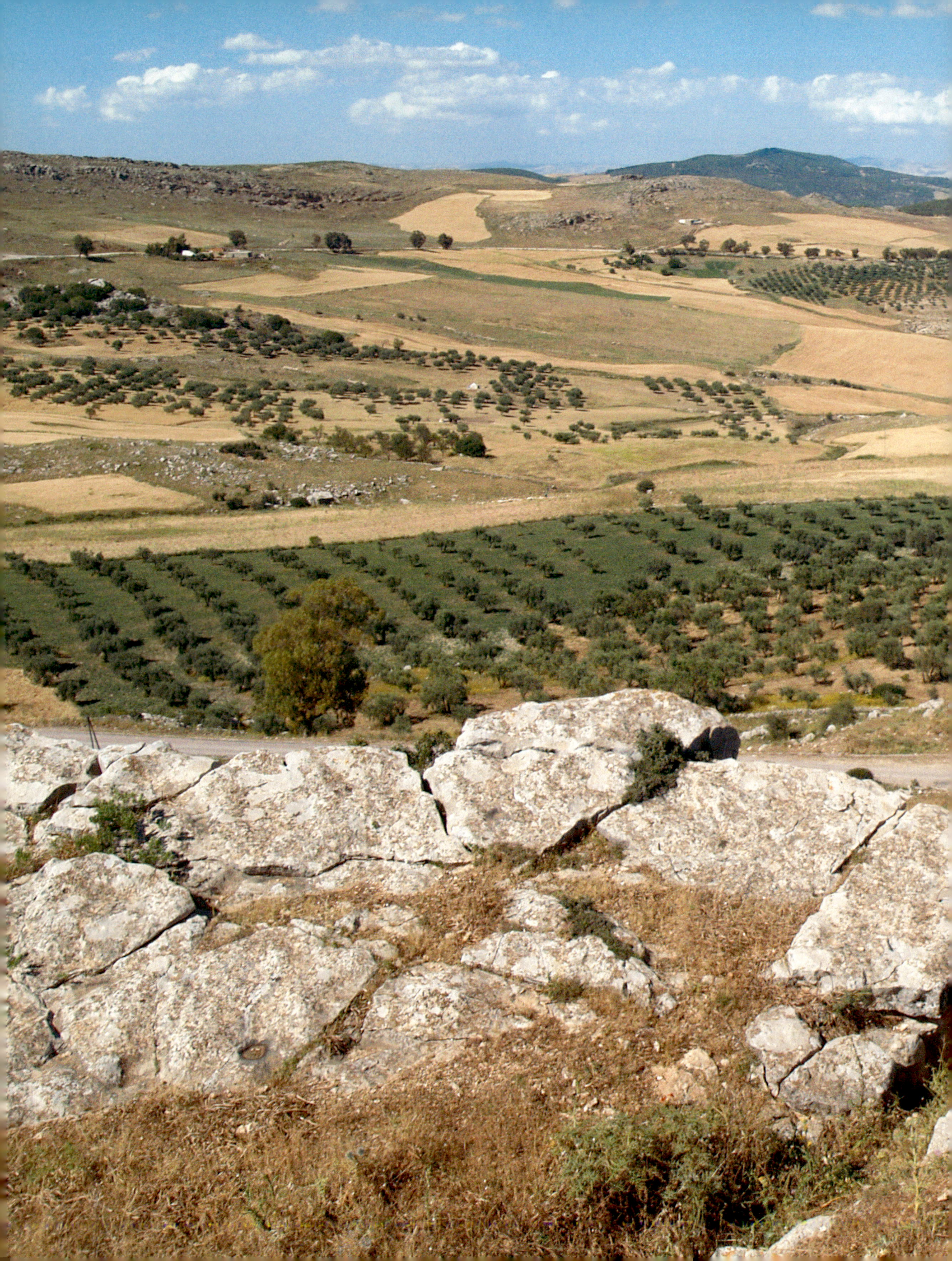

Abb. 99
Landschaft bei Dougga.

Soziale Vielfalt in den ländlichen Gegenden der Africa proconsularis

In Nordafrika sind die Städte viel besser erforscht als das Land, für das sich die Archäologen erst in jüngerer Zeit mehr interessiert haben. Es gibt in Tunesien noch kein Äquivalent für die Prospektionskampagnen, die englische und französische Missionen unter der Leitung der UNESCO im libyschen Hinterland durchgeführt und die anregende Publikationen ergeben haben (insbesondere D. Mattingly u. a., *Farming the Desert* [1996]).

Einige Arbeiten haben aber den Weg vorbereitet und weitere Untersuchungen laufen bereits. Das Hinterland von Cillium war Gegenstand einer systematischen und gründlichen Recherche durch F. Bejaoui und B. Hitchner, die ein besseres Verständnis der Besiedlungsformen ermöglicht hat. Ein tunesisch-dänisches Team forschte in der Gegend von Segermes. In Oued Ramel ermöglichte der Bau eines Erddammes die Ausgrabung eines kleinen ländlichen Baukomplexes mit Tempel, Wirtschaftsteil (besonders Ölpressen) und Wohntrakt. Die Umgebung von Thugga wurde in den späten 1990er Jahren durch das *Institut national du Patrimoine de Tunisie* und die Universität von Trient ebenfalls prospektiert (Abb. 99).

Diese systematischen Arbeiten in einer der reichsten Gegenden der Africa proconsularis führten zu spektakulären Ergebnissen. Es geht um das Medjerdabecken, ein schon in der Antike besonders fruchtbares Gebiet, in dem früher bereits mehrere Inschriften gefunden wurden, welche auf die seit Hadrian beschlossenen Gesetze für die Urbarmachung des Landes verweisen. Bei dieser Gelegenheit wurde ein neues Fragment in Ain Wassel entdeckt. Die Untersuchung hat zwar keine Spuren von Landwirtschaft, dafür aber viele Reste von Anlagen aus der römischen Zeit erbracht: kleine Weiler, Infrastruktur (Aquädukte), Landwirtschaftsgebäude (besonders Ölpressen), mehr oder weniger bedeutende Gutshöfe. Eine dieser Anlagen wurde in Ain Wassel ausgegraben und ihre Geschichte konnte bis ins 7. Jh. n. Chr. verfolgt werden. Man kann die Bedeutung solcher Forschungen ermessen, die zu einer besseren Kenntnis des Territoriums, von dessen Bewohnern und Bewirtschaftungsweise geführt haben.

Die Organisation des Territoriums war ebenfalls schon seit einiger Zeit Gegenstand systematischer Arbeiten. Sie

Abb. 100
Landschaft in der tunesischen Dorsale bei Ammaedara. Im Hintergrund der Djebel Bou el Hanèche.

ist mittlerweile klarer geworden. In vielen Gebieten sind die aufeinanderfolgenden Aufteilungen, die durch die Landvermessung der Römer zustande gekommen sind, identifiziert worden. Ein Atlas dieser Centuriationen wurde erstellt, der alle durch Luftaufnahmen, Prospektionen und Satellitenaufnahmen erkannten Zeugnisse sammelt: Spuren in der modernen Landschaft, die leider durch die Landwirtschaft verschwinden (Grenzsteine und anderes). Den Römern ging es darum, die Zuteilung der Landstücke für die Siedler vorzubereiten. Die erste Vermessung (*centuratio*) begann schon 123 v. Chr. mit dem Kolonisierungsversuch des Gaius Gracchus und teilte den Raum in Landlose von 200 *iugera* (ca. 50 ha) ein. Vier weitere große *centuriationes* kamen noch hinzu: eine im Norden der Provinz auf einer Fläche von ca. 150 x 160 km; eine zweite, kaum kleiner, in der zentralöstlichen Region; eine dritte um Thapsus herum, die wahrscheinlich keiner offiziellen Vermessung entsprach, da sie die punische Elle verwendete statt des römischen Fußes; eine letzte in der Africa nova um Ammaedara (Abb. 100).

Das Land des heutigen Tunesiens war somit auf die verschiedenen Stadtgebiete, die großen kaiserlichen Landgüter und die privaten Gütern aufgeteilt. Viele kaiserliche Landgüter befanden sich im Medjerdatal oder im Steppenhochland. Einige sind durch Inschriften, Grenzsteine und auch archäologische Reste bekannt. So ist auf dem *saltus Massipianus* östlich von Thala noch die Eingangstür mit ihrem beschriftetem Sturz (CIL 8, 587) zu sehen. Bekannt unter den privaten Landgütern ist z. B. die *Villa Magna Variana id est Mappalia Siga* in Henchir Mettich, wo eine berühmte Agrarinschrift (CIL 8, 25902) gefunden wurde. Außerdem noch viele andere, die mit dem Namen eines ihrer Besitzer oder einer topographischen Besonderheit – z. B. *fundus turris rutunda* (Landgut mit rundem Turm) – bezeichnet werden (CIL 8, 16411).

Aufgrund einiger Schriftquellen, besonders des Plinius und des Fronto, die die Ausdehnung der einzelnen Besitztümer und die geringe Zahl von Eigentümern betonen, hat man oft gedacht, dass in Nordafrika große Landgüter vorherrschten. Mit J. M. Lassère modifizieren wir diese Ansicht, da zu berücksichtigen ist, dass uns die Inschriften auch über die kleineren Landgüter Auskunft geben. Ein in Pupput entdeckter Text (*Inscriptions latines de la Tunisie* 800) führte so zur Entdeckung eines Gutes, des fundus Banorensis, von nur 20 ha.

Die Africa proconsularis als Getreidekammer von Rom

Der landwirtschaftliche Reichtum Nordafrikas, das schon lange als Getreidekammer Roms galt, ist gut belegt. Man kennt auch die Anekdote über Cato, der am Vorabend des dritten Punischen Krieges den römischen Senatoren eine saftige Feige als Symbol für die Fruchtbarkeit des nordafrikanischen Bodens zeigte, um sie dazu zu bewegen, Karthago den Todesstoß zu versetzen (Plinius, *Naturalis historia* 15, 74). Die Römer waren ja nicht die ersten, die diese Fruchtbarkeit nutzten. Agrarwissenschaftliche Abhandlungen von punischen Autoren, besonders über die Plantagen, waren bekannt und geschätzt. Diejenige des Magon wurde sogar übersetzt. Die Römer haben aber die Böden der Africa proconsularis systematisch erschlossen und genutzt. Den Kaisern ging es zuallererst um die Versorgung Roms mit Getreide, das kostenlos an die Plebs verteilt werden konnte, ab dem 3. Jh. n. Chr. kam auch Wein hinzu. Das Problem der Versorgung mit Nahrungsmitteln wurde ab 330 n. Chr. noch dringlicher, weil das ägyptische Getreide jetzt Konstantinopel versorgte.

Das Öl

Nach dem Getreide und dem Wein war das Öl die dritte Quelle des landwirtschaftlichen Reichtums Nordafrikas. Die Punier hatten gelernt, den wilden Ölbaum (*oleaster*) zu veredeln und anzupflanzen. Im Jahre 46 v. Chr. legte Caesar Leptis Magna einen Tribut von 3 Mio. l Olivenöl auf. Aber erst ab dem 2. Jh. n. Chr. wurden große Ölbaumplantagen angelegt, wo es das Klima erlaubte: im Sahel, am Cap Bon, in Tripolitanien und auch in der westlichen Africa proconsularis. Der Ölbaum kommt vor allem durch Veredelung zustande, und ein Landwirt des fundus Aufidianus bei Mateur rühmte sich in einer be-

Abb. 101
Ölpressen im tunesischen
Steppenhochland.

deutenden Grabinschrift (AE 1975, 883), Olivenbäume auf diese Weise vermehrt zu haben.

Die Anlage von Olivenhainen verlangt viel Aufmerksamkeit und Arbeit vor allem dort, wo der Boden schwer zu bearbeiten ist, und wenigstens am Anfang ist eine gewisse finanzielle Investition notwendig, da der Baum nur jedes zweite Jahr einen Ertrag abwirft und nicht vor sieben Jahren Früchte trägt. Doch ist die Pflege relativ einfach (Pflügen, Düngen, seltener Schneiden), er kann sehr alt werden und andere Anpflanzungen sind zwischen den Bäumen mit genügend Abstand möglich. Produktion und Handel mit Olivenöl haben somit zur Bereicherung mehrerer Zentren Tripolitaniens und Tunesiens beigetragen: Leptis Magna, Thysdrus oder besonders Sufetula.

Die Olivenölproduktion hat eindeutige Spuren hinterlassen. Die Ölpressen waren massive Konstruktionen, die unabhängig von ihrem Typ – es gab Unterschiede zwischen Tripolitanien und Tunesien – durch stabile Pfeiler für die Fixierung eines Hebels gekennzeichnet waren, mit dessen Hilfe schwere Steine das Öl aus den bereits zerkleinerten Oliven herauspressten (Balkenpresse). Die Pfeiler aus behauenen, manchmal wiederverwendeten Steinblöcken, sowie die Gegengewichte des Hebels, sind oft erhalten geblieben und lassen sich leicht identifizieren. Dies gilt auch für die Dekantierbecken, in denen Öl und Wasser getrennt werden konnten (Abb. 101). Die Ölpressen unterscheiden sich von den Weinpressen durch die Form dieser Becken und der Pressplatten, deren Kalk durch die oleische Säure angegriffen ist. Ein schönes Beispiel bietet der antike Gutshof von Oued Ramel.

Einzeln, zu zweit oder zu dritt je nach Bedeutung der Anlage, konnten sie aber auch größere Gruppen bilden, von kleinen Produktionseinheiten bis zu fast industriellen Komplexen. Diese sind manchmal sehr sorgfältig gebaut und haben einige spektakuläre Baureste hinterlassen, z. B. in Henchir Gousset zwischen Thelepte und Ammaedara an der heutigen algerisch-tunesischen Grenze.

Eine Reihe von Prospektionen (D. Mattingly in Tripolitanien, M. de Vos und M. Khanoussi in der Region von Thugga; B. Hitchner um Cillium, S. Ben Baaziz in der Gegend von Thala und Ksar Tlili) und jüngere Arbeiten, insbesondere die von Jean-Pierre Brun, befassten sich mit diesen Anlagen und ihrem Arbeitsablauf. Es wurde auch versucht, die von den Pressen erzeugte Ölmenge einzuschätzen. Die Frage ist insofern wichtig, als sie Rückschlüsse auf die Olivenernte, auf die Ausdehnung der Olivenhaine, wie auch auf die Amphorenherstellung und den Handel in der Provinz und im ganzen Mittelmeergebiet ermöglicht. Man kann einige Zahlen vorschlagen, die aber noch hypothetisch bleiben. In der Gegend um Leptis Magna wurden ungefähr 1 500 Ölpressen für eine geschätzte Jahresproduktion von 50 bis 100 l Öl pro Presse registriert, was grob gerechnet also insgesamt 150 000 l ergibt. Im Steppenhochland (Sufetula, Cillium, Thelepte) mit den meisten Bauresten beträgt die Dichte der Anlagen mehr als eine Presse pro km². Wenn jede die Produktion aus den Erträgen von ca. 2 500 Bäumen sichern konnte, hätten die Plantagen dieser Region zwischen einer und zwei Millionen Ölbäume gezählt.

Die Untersuchung der «Albertini-Tafeln» aus der Vandalenzeit (ausgehendes 5. Jh. n. Chr.), die im südlichen Steppenhochland gefunden wurden, zeigt, dass damals der Verkaufswert eines Ölbaums 15 *folles* betrug. Zur gleichen Zeit war der Wert eines Schales in der Mitgift einer jungen Braut 15 Mal höher. Diese Produktion übertraf selbstverständlich den lokalen Bedarf, wie groß er auch gewesen sein mag, und konnte so mit einer im 2. und 3. Jh. n. Chr. stark steigenden Nachfrage mithalten. Doch sie blieb zu keiner Zeit konstant.

Der von Caesar den Einwohnern von Leptis Magna auferlegte Tribut legt zusammen mit anderen Indizien nahe, dass die Ölgewinnung wahrscheinlich in Tripolitanien ihren Ursprung hat. Sie blieb dort immer von Bedeutung, wie die Archäologie zeigt, auch wenn das *Byzacium*, das Gebiet zwischen Neapolis und Hadrumetum, seit dem 1. Jh. n. Chr. ebenfalls als sehr produktive und exportstarke Region galt. Dieser tunesische Anteil wuchs aber im 2. Jh. n. Chr. und wurde vom 3. Jh. n. Chr. an in der Gegend von Thala und im Steppenhochland, trotz der Entfernung von der Küste und der hohen Transportkosten, vorherrschend. Einige Forscher meinen, dass dieses Öl in Schläuchen zur Küste transportiert und dort für den Fernhandel in Amphoren umgefüllt wurde.

Die heutige Forschung zielt u. a. auf eine Neubewertung der Getreide- und Olivenanteile sowie auch des Weines in der Landwirtschaft der Africa proconsularis. Fest steht jedoch, dass die Ölbaumkultur weiterhin eine bedeutende Rolle in der nordafrikanischen Wirtschaft spielte. Die Ölpressen fanden ihren Weg sogar in einige Städte, wie im aufgelassenen Kapitol und den angrenzenden Häusern von Thurburbo Maius. Ein in der Spätantike zur Peripherie gewordenes Wohnviertel von Sufetula bietet dafür ein gutes Beispiel: Eine Ölmühle mit zwei Pressen wurde wahrscheinlich im 7. Jh. n. Chr. mitten auf dem Pflaster einer offensichtlich nicht mehr benutzten Straße eingerichtet.

Sehr aufschlussreich ist, dass der Ölbaum auf den in Nordafrika so zahlreichen Mosaiken mit der Darstellung der vier Jahreszeiten als die Pflanze des Winters erscheint. Viele Böden schildern das Leben auf dem Land und zeigen die Olivenernte als eine typische Tätigkeit. Dies ist in einer kleine Szene des schon erwähnten Mosaiks des *dominus Iulius* zu sehen (vgl. Abb. 58). Diese Bilder zeigen deutlich den Stellenwert von Oliven und Öl für die Ernährung, für die Körperpflege – vor allem in den Thermen – und für die Medizin. Viel Öl wurde sicherlich auch für die Beleuchtung verwendet, vor allem in den Kirchen der Spätantike, wie anhand der beträchtlichen Lampenproduktion und der Entdeckung von Resten von Glasleuchtern zu schließen ist.

Die Rolle des Ölbaums und des Öls in Nordafrika – im 1. Jh. n. Chr. wurde es in Rom nicht besonders geschätzt, weil es zu bitter war – macht auch auf die Bedeutung der Kultivierung der Bäume in der Africa proconsularis aufmerksam. Es sind aber nur fossile Spuren einiger Plantagen im Sahel und um Sufetula nachgewiesen worden.

Doch bezeugen mehrere Grabinschriften, dass viele Grundbesitzer stolz waren, Bäume angepflanzt zu haben. Titus Flavius Secundus erinnert in der Inschrift (CIL 8, 212) auf seinem Mausoleum in Cillium an die von ihm gepflanzten Bäume und freut sich, sie noch von seinem Grab aus zu sehen zu können. Ein gewisser Dion, erst im Alter von 80 Jahren verstorben, rühmte sich auf dem Mosaik seines Grabes in Uppenna (*Inscriptions latines de la Tunisie* 243) nur einer Sache, nämlich 4000 Bäume gepflanzt zu haben; die Art wird nicht angegeben, vermutlich sind es aber Ölbäume. In demselben Zusammenhang ist eine Inschrift (AE 1975, 883) des ausgehenden 3. Jhs. n. Chr. bei Mateur zu nennen, in der der Landwirt des fundus Aufidianus betont, wie viele Ölbäume er veredelt hat.

Es gab aber noch viele andere Baumsorten. Die «Albertini-Tafeln», eine notarielle Urkunde aus der Vandalenzeit, die im südwestlichen Tunesien gefunden wurde, erwähnen gleich mehrere Baumarten: Ölbäume natürlich und vermutlich weniger stark vertretene Arten, wie den Feigen-, Apfel-, Granatapfel-, Mandel- und Pistazienbaum.

Ein Mosaik von Thydrus zeigt Kirschen, und die Birnbäume wurden durch Augustinus (*Confessiones* 2, 8) berühmt, der seine Gewissensbisse wegen der in seiner Jugend gestohlenen Birnen ausführlich beschreibt. Plinius (*Naturalis historia* 18, 51) hatte früher schon in seiner Beschreibung der Oase Gabes einige dieser Bäume erwähnt. Die unter Hadrian erlassene lex Manciana und später die von Commodus ergriffenen Maßnahmen für eine erleichterte Bewirtschaftung des Brachlandes hatten das Pflanzen von Bäumen gefördert. Der Landwird war der Besitzer der von ihm gepflanzten Bäume, auch wenn ihm das Land nicht gehörte, und die von ihm erzielten Ernten wurden steuerlich begünstigt. Wie aus den «Albertini-Tafeln» zu erfahren ist, blieb diese Regelungen bis in die Vandalenzeit in Kraft.

Der Wein

Die Weinrebe hatte große Bedeutung in der nordafrikanischen Landschaft. Sie wird in zwei Agrarinschriften aus Henchir Mettich und Ain el-Djemala, wie auch in den «Albertini-Tafeln» erwähnt, in denen geschildert wird, wie eine Witwe ein kleines Stück Land mit Feigenbäumen und sechs Weinstöcken verkauft. Auch T. Flavius Secundus in Cillium (CIL 8, 212) rühmte sich, Wein angebaut zu haben.

Weinreben erscheinen auch in den Texten von Plinius und bei den Agronomen. Sie werden auf vielen Mosaiken gezeigt. Abgesehen von den zahlreichen Darstellungen weinlesender Eroten und dionysischer Gestalten (Abb. 102. 103), insbesondere in Thysdrus, die auf häufig wiederholte Vorlagen zurückgreifen, erscheinen Weinreben z. B. auf einem der Bodenmosaike der Dreikonchenanlage von Thabraca, wo sich die Weinstöcke um eine niedrige Stütze winden oder an einem Spalier emporklettern. Dieses Bild entspricht genau der Situation beim Landwirt des fundus Aufidianus: Weinspaliere stehen in seinem Obstgarten und neue Reben unter den

Abb. 102
Thysdrus. Mosaik: berauschter Silenus im Schlaf. Musée de Carthage.

Abb. 103
Karthago. Silenus im Schlaf. Musée de Carthage.

Bäumen. Betrachtet man das erstaunliche, in Ammaedara gefundene *mosaïque des îles* (Mosaik der Inseln), so wird einem bewusst, dass die Reben zum nordafrikanischen Lebensbereich gehören: Auf einigen dieser Inseln sind Weinberge zu erkennen.

Das Ausmaß des Weinanbaus in der Africa proconsularis ist aber schwer einzuschätzen, zudem ein Teil der Ernte bei Tisch konsumiert wurde. Nötig wären mehr Pollenanalysen, sorgfältige Untersuchungen der Weinpressen, die sich durch bestimmte Merkmale (Größe der Becken, Form der Pressplatten) von den Ölpressen unterscheiden, und eine Analyse der Rückstände.

Innerhalb der Provinz muss der Wein in Schläuchen transportiert worden sein. Bessere Kenntnisse der für den Ferntransport verwendeten Amphoren, ihre Werkstätten, sowie ihre technischen Eigenheiten und Datierung führen heute jedoch dazu, dem Handel des nordafrikanischen Weins im gesamten Mittelmeergebiet eine wichtige Rolle einzuräumen. Man hat in der Tat festgestellt, dass viele außerhalb der Africa proconsularis gefundene Amphoren innen mit einer Pechschicht bestrichen waren. Sie waren somit für Olivenöl nicht geeignet, wohl aber für Wein oder Fischsaucen.

102 | Die Africa proconsularis als Getreidekammer von Rom

Der Weizen

Der Getreideanbau hinterlässt nur wenige Spuren. Einige Bilder können aber in diesem Zusammenhang genannt werden: Eine schöne Grabstele von Siliana, «Stele Boglio» benannt nach dem Namen des neuzeitlichen europäischen Kolonisten, auf dessen Landbesitz sie gefunden wurde, zeigt die Ernte und die Rückkehr des mit Garben beladenen Wagens.

Seltene Reliefs, wie vom Mausoleum von Tigi, oder eine Szene des Mosaiks des *dominus Iulius* kennzeichnen den Sommer durch ein Weizenfeld. Auskunft geben auch einige Inschriften, wie die des «Erntearbeiters von Mactaris» (CIL 8, 11824), in der der Verstorbene die mühevolle Erntearbeit in den reichen Weizenebenen erwähnt. Als Tagelöhner bei Großgrundbesitzern, die temporäre Arbeiter brauchten, war ihm ein sozialer Aufstieg bis zum Rang eines Dekurionen gelungen.

Die großen, im mittleren Medjerdatal gefundenen Texte erwähnen auch Getreide, Weizen und Gerste, daneben aber auch z. B. dicke Bohnen oder Futterpflanzen. Heute noch kann man beobachten, wie die Verbreitung solcher Kulturen, die den Ruhm und zu einem großen Teil auch den Reichtum der Africa proconsularis darstellten, in den reichsten Schwemmebenen, wie der des Medjerda, und auf vielen anderen Böden ausgesehen haben mag.

Ob Ölbäume, Reben oder Weizen, alle hingen stark von den Niederschlägen ab. Ein Aufeinanderfolgen mehrerer trockener Jahre stellte eine große Gefahr für die Ernten, die Ausfuhr dieser Produkte und sogar die Nahrungsversorgung Nordafrikas dar. Man versteht also auch, warum mehrere Inschriften ihren Schwerpunkt auf die Bewässerung der Felder und Plantagen legen. So werden beim Mausoleum von Cillium die vom Verstorbenen angelegten «Fließwassermäander» erwähnt (CIL 8, 212). Auf dem fundus Aufidianus war ein Brunnen gebohrt worden (AE 1975, 883). Die «Albertini-Tafeln» schließlich nennen ausführlich alle Gewässer in der Nähe der zum Verkauf angebotenen Parzellen sowie die daraus abgeleiteten Bewässerungskanäle, was einen sorgfältigen Unterhalt dieser Anlagen belegt.

Die Landwirtschaft sicherte jedenfalls den Wohlstand der Provinz, der Großgrundbesitzer und wahrscheinlich auch eines größeren Teils der Kleinbauern, die zumindest eine Zeit lang von den günstigen Bestimmungen der Agrargesetze (*lex Manciana*, *lex Hadriana de rudibus agris*) zu profitieren wussten. Ein Ehepaar verkaufte z. B. im Jahre 394 n. Chr. ein Landstück mit drei Mandelbäumen, vier Feigenbäumen und einem Pistazienbaum: ein sehr bescheidenes Gut («Albertini-Tafel» 4, 6).

Die Inschrift aus Souk el-Khemis (CIL 8, 10570), die von einer an Kaiser Commodus gerichteten Petition berichtet, zeigt, wie sehr die nordafrikanischen Bauern an den garantierten Privilegien festhielten und sie so energisch verteidigten, dass sie selbst an den Kaiser appellierten, um ihnen Geltung zu verschaffen. Der Hintergrund war folgender: Der Pächter eines kaiserlichen Landgutes hatte die Anzahl der Tage für die Fronarbeit der Kolonen – zwei Tage zum Pflügen, zwei während der Ernte und zwei zum Jäten – erhöhen wollen. Die Bauern protestierten und Commodus gab ihnen Recht.

Die Fülle der Zeugnisse schildert eine Vielfalt von Agrarlandschaften, die oft niederschlagsreich, manchmal eher trocken sein konnten. Diesen Eindruck erwecken z. B. die wenigen und eher allgemein gehaltenen Mosaike, die ein Gesamtbild eines Gutshofes und dessen Aktivitäten geben wollen. Diesen Anspruch hatte ein Mosaikboden aus der Umgebung von Leptis Magna oder ein anderer, ziemlich mittelmäßiger in Hadrumetum.

Viele Aspekte neben diesen wenigen Informationen bleiben noch unbekannt. Wir wissen fast nichts über die Anbaumethoden, und die Archäologen haben hier im Gegensatz zu anderen Regionen des Mittelmeergebietes nur wenige landwirtschaftliche Geräte gefunden; vermutlich wegen der wenigen Ausgrabungen auf Landgütern. Schließlich ist festzuhalten, dass alle erwähnten Produkte, die zu einem Teil für den Fernhandel bestimmt waren, in Lagerhäusern (*horrea*) aufbewahrt werden mussten. Diese *horrea*, von denen einige bekannt, aber noch nicht gut genug untersucht sind, ermöglichten die Lagerung von Frachtgütern, die von den Reedern (*navicularii*) transportiert wurden. Dazu zählen diejenigen in Horrea Caelia/Hergla, ca. 30 km nördlich von Hadrumetum. Der Name der Fundstätte stammt von einem Anhänger Caesars, M. Caelius Rufus, der ausgedehnte Landgüter in Leptis Minor oder auch in Demna am nördlichen Cap Bon besaß. Die Büros der Reeder in Sullecthum, Hadrumetum und in einigen anderen großen Häfen hatten Filialen in Ostia, wie es die Mosaike vor den Läden am «Platz der Korporationen» (*piazza delle corporazioni*) zeigen.

Die Weidewirtschaft

Die Bedeutung der drei wichtigsten landwirtschaftlichen Güter und der von ihnen eingenommene Raum sollten nicht vergessen lassen, dass nicht alle Böden für den Ackerbau geeignet waren, sondern dass auch die Weidewirtschaft eine wichtige Rolle in den ländlichen Gebieten der Africa proconsularis spielte. Auch Ziegen und Schafe stellten eine Quelle des Reichtums dar. Selten belegen Inschriften diesen Wirtschaftszweig, zu den wenigen gehört das in Henchir Snobbeur entdeckte Weidenreglement (CIL 8, 23956). Die Archäologie hat noch keine gesicherten Spuren erbracht, wie z. B. die Gehege oder Schafställe in Südgallien.

Dieser Bereich der Wirtschaft kommt auf Mosaiken ebenfalls nicht häufig vor. Es ist möglich, dass damals die Zucht dieser Tiere in vielen Fällen mit den nomadischen Großstämmen in Verbindung stand, die von den Römern bedrängt und auf enge Gebiete eingegrenzt wurden.

Die Ziege hatte ohnehin einen schlechten Ruf, da sie die Sträucher abfraß. Nichtsdestotrotz dürften die Herden einen nicht unerheblichen Nebenverdienst gesichert haben, wie die in der Inschrift von Henchir Mettich (CIL 8, 25902) erwähnten Bienenstöcke. Eine Gebühr von vier Bronzemünzen wurde pro Stück Vieh, das auf dem Gut der *Villa Magna Variani* weidete, verlangt und eine weitere für den Honig.

Fischfang und Fischverarbeitung

Die mit dem Meer verbundenen Tätigkeiten sind auf den Mosaiken gut vertreten, was vielleicht mit einer Faszination für das Wasser und die Tiefen des Ozeans zusammenhängt (Abb. 104). Die Fischerei war ganz sicher eine bedeutende Quelle des Reichtums. Die Africa proconsularis besaß übrigens über 1500 km Küste. Zwar war sie nicht überall für die Fischer zugänglich, da einige Küstenabschnitte im Norden sehr felsig sind, andere im Osten gefährliche Untiefen besitzen, z. B. rund um die Kneiss-Inseln, aber dafür war das Meer sehr fischreich. Bis in die Spätantike zeigen zahlreiche Mosaikböden auf oft gelungene Art das Bestreben eine üppige Fauna wiederzugeben und alle Formen der Fischerei darzustellen, die sowohl von Berufsfischern als auch von kleinen Eroten praktiziert werden. Gezeigt werden das Angeln, der Fischfang mit dem Sperber, die Wadenfischerei (Zugnetzfischerei) mit mehreren Booten, der Fischfang mit der Reuse oder auch die Krakenfischerei mittels kleiner in ganzen Reihen miteinander verbundener Amphoren, wie sie noch heute in einigen tunesischen Häfen zu sehen ist. Die dafür eingesetzten Boote wurden von den Mosaiklegern ebenfalls in allen Details ausgeführt. Wie bei den Darstellungen der nordafrikanischen Landschaft sind jedoch die oft aus der hellenistischen Kunst übernommenen Topoi zu berücksichtigen.

Ein sehr feines Mosaik in der *Villa du Nil* in Zliten zeigt einen jungen Mann und einen etwas kahlen und dickbäuchigen Greis, die am Meer angeln. Das von den beiden verwendete Gerät ist genau wiedergegeben und entspricht sicher der Realität. Das Nebeneinander eines jungen und eines älteren Fischers ist hingegen von traditionellen Musterbüchern entlehnt, ebenso spezielle Fischereiformen und vor allem die Eroten beim Fischen.

Die meisten Spuren hat aber nicht der Fischfang selbst hinterlassen, sondern die Tätigkeiten zur Verarbeitung und zur Konservierung von Fischen (*salsamenta*/ Eingesalzenes) sowie zur Herstellung von Fischsaucen (*garum*), einer besonders geschätzten Würze, die durch die Gärung in Becken und Salzlake entstand. Entsprechende Anlagen sind entlang der Küste, vor allem der Africa proconsularis, zu sehen. Die dort von einem tunesisch-französischen Team durchgeführten Prospektionen haben über 150 kleine oder fast industrielle Anlagen in Sullecthum (Abb. 105), Thabraca oder Neapolis erfasst. Der vor allem im Sommer reiche Fischfang, wenn die Schwärme von Sardellen und Sardinen vorbeikamen, wurde für den Export eingelagert und später in Amphoren verschifft.

Eine der größten Anlagen der Africa proconsularis — jedenfalls eine der am besten untersuchten — befand sich

Abb. 104
Althiburos. Fischer.

in Neapolis und war wahrscheinlich bis zum Ende der byzantinischen Zeit in Betrieb. Außerdem wurden Pinselaufschriften auf Amphoren für Fischsauce, die die Herkunft des Produkts («aus der Stadt des *garum*») bezeichnen, als «aus Neapolis» gedeutet.

Diese Fabriken sahen alle fast gleich aus: relativ tiefe, mehr oder weniger große, verputzte Becken, in denen die Fische mit ihren Eingeweiden – eher kleine Arten wie Sardellen und Sardinen – alternierend mit Salzlagen aufeinandergeschichtet wurden. Die dafür notwendigen Rohstoffe, Salz und Fische, kamen aus dem Meer. Das Wasser wurde u. a. für die Reinigung gebraucht und diente auch als Handelsweg für einen beachtlichen Teil der Produktion. Diese Art Sauce, die mit dem vietnamesischen «nuoc mam» verglichen wird, war hochgeschätzt und wurde über weite Entfernungen gehandelt.

Die archäologische Untersuchung der Fabrik in Neapolis hat nicht nur die detaillierte Beobachtung der verschiedenen Einrichtungen, sondern auch der Geschichte, der Entwicklung und des fortschreitenden Niedergangs im 7. Jhs. n. Chr. ermöglicht. Kurz nach der Mitte des 1. Jhs. n. Chr. eingerichtet, wurde die Fabrik in der Mitte des 2. Jhs. n. Chr. erweitert: Die Anzahl der Becken betrug anfangs 20, später wurde sie reduziert. Dank den Fortschritten in der Ichthyologie und der Bestimmung von Meerestieren (Gräten, Skelettteile) wurde es möglich, die verwendeten Arten sehr genau zu identifizieren.

Abb. 105
Sullecthum. Becken für das *garum*.

Soziale Vielfalt in den ländlichen Gegenden der Africa Proconsularis | 105

Auch die Existenz von künstlich angelegten Fischteichen, also einer Art Fischzucht, konnte archäologisch nachgewiesen werden. In reichen Häusern wurde das Becken im Peristyl manchmal zu diesem Zweck genutzt, so dass der Hausherr die Freude am Betrachten der schwimmenden Fische mit deren Genuss verbinden konnte. Auch der Thunfisch während seiner Wanderung sowie alle einheimische Arten wurden intensiv gefischt.

Das Handwerk

In Nordafrika wie in der ganzen antiken Welt nahm das Handwerk einen wichtigen Platz im Alltag und in der Wirtschaft ein.

Die Keramik

Die Untersuchung der Produkte aus der Landwirtschaft und aus dem Meer gibt Anlass, über das Handwerk nachzudenken. Denn Öl, Wein und *garum* sind von den Gefäßen für den Ferntransport (Amphoren) nicht zu trennen. Keramik war in der Tat ein Hauptprodukt der Africa proconsularis. Sie wurde vielseitig eingesetzt. Als Baumaterial – Ziegel und Backsteine – unterschied sich diese Keramik typologisch kaum von der anderer Gegenden der römischen Welt. Die Dachziegel waren flach und U-förmig (*tegulae* und *imbrices*) und wurden fast überall hergestellt, wie auch die mehr oder weniger oft verwendeten Backsteine. Sie wurden für verschiedene Bauten, u. a. auch für Gräber verwendet. Zum Teil stammten sie aus militärischen Werkstätten, wie in Ammaedara, wo mehrere mit dem Stempel der *Legio III Augusta* gekennzeichnet waren.

Die bei der Untersuchung des Tonmaterials erzielten Fortschritte haben gezeigt, dass dieses scheinbar banale Material über große Entfernungen gehandelt werden konnte, da Ziegel aus nordafrikanischen Werkstätten in Marseille gefunden und umgekehrt Ziegel und Backsteine aus Italien nach Nordafrika eingeführt wurden. Außerdem sind noch Tonröhren zu erwähnen, die für die Errichtung von Gewölben dienten, ein Charakteristikum der nordafrikanischen Architektur.

Eine bescheidene Anzahl von Tonfiguren ist ebenfalls bekannt. Doch war es, verglichen mit anderen Regionen, eine relativ sekundäre Produktion. Das Tongeschirr und die Lampen hingegen nahmen einen sehr wichtigen Platz ein und erfuhren seit dem 2. Jh. n. Chr. eine beispiellose Entwicklung. Sie überschwemmten die Märkte des ganzen Mittelmeergebietes und verdrängten allmählich alle anderen Produktionsstätten der übrigen Provinzen.

Denn Nordafrika hatte zuvor sehr viel Feingeschirr aus Italien und Gallien importiert. Diese Tendenz wurde dann umgekehrt. Die Töpfer der Africa proconsularis, insbesondere im heutigen Tunesien, stellten qualitätvolle Produkte mit feinem, orangerotem Glanzton her, die oft auch verziert waren. Die heute bevorzugte Bezeichnung lautet englisch African Red Slip Ware, was der französischen sigillée claire und der italienischen Terra Sigillata Chiara entspricht. Schon lange als Gattung bekannt, wurde diese Keramik erst vor relativ kurzer Zeit systematisch untersucht, im Gegensatz zu dem Material aus dem Nahen Osten (insbesondere Antiochia). Pionier in diesem Bereich war der italienische Forscher Nino Lamboglia, der um 1960 bei den Ausgrabungen von Ventimiglia (Norditalien) für das dort gefundene Material eine erste Gliederung vorschlug.

Gleichzeitig führten die Arbeiten des niederländischen Forschers Jan W. Salomonson in Raqqada bei Kairouan, vor allem in Zusammenarbeit mit A. Ennabli, zur ersten Chronologie und Typologie der nordafrikanischen Sigillata.

Aber erst 1972 wurde mit der Publikation von John Hayes (*Late Roman Pottery*, wenige Jahre später durch einen Supplementband ergänzt) eine Gesamtanalyse der nordafrikanischen Keramik römischer Zeit erstellt, mit einem Schwerpunkt im ausgehenden 2. Jh. n. Chr. Auf dieses monumentale Werk stützt sich noch heute die Erforschung dieses Materials, die mit der neueren Publikation von M. Bonifay in eine neue Phase gelangte (*Etudes sur la céramique romain tardive d'Afrique*, 2004), in der die Forschungen von annähernd 50 Jahren berücksichtigt werden. Die zahlreichen Untersuchungen zielten auf eine bessere Bestimmung der verschiedenen Keramikgattungen, vornehmlich der Terra Sigillata, des sog. Kochgeschirrs («Grobkeramik») und der Amphoren, aber auch auf eine Bestimmung der verschiedenen Werkstätten in der Africa proconsularis.

Die Kenntnisse der Keramikproduktion im Westen der Provinz und in Numidien sind dagegen noch recht ungenügend. Die fortschreitenden Forschungen haben aber auch gezeigt, wie komplex dieses Handwerk war, und wie es sich im Laufe der Zeit weiterentwickelte. Die Terra Sigillata war jedoch bei weitem das im ganzen Mittelmeergebiet erfolgreichste Produkt, das sich bis zum Ende der Antike ständig weiterentwickelte.

Die älteste Ware ist die sog. Sigillata Chiara A. Es ist ein sehr feines Geschirr aus relativ kleinen Gefäßen mit schöner roter Farbe. Meistens sind es offene Formen, kleine Schalen z. B., deren Rand mit eleganten Blättern verziert ist. Ihre Verbreitung bleibt beschränkt und die Werkstätten wurden bisher nicht identifiziert. Kürzlich wurde vorgeschlagen, eine Werkstatt in Pheradi Maius am Fuß des Cap Bon zu lokalisieren. Dort entwickelten sich viel später Werkstätten der Sigillata Chiara C, wovon einige Produkte an die der Sigillata Chiara A erinnern.

Zu den ältesten und feinsten Erzeugnissen zählen die Gefäße aus der Werkstatt von El Aouja: kleine geschlossene Formen und eine Art Kugelflaschen mit engem Hals, die auch vom Glasgeschirr bekannt sind. Der Applikendekor dieser Keramik bietet ein breit gefächertes Spektrum, das sich insbesondere auf die Veranstaltungen im Amphitheater und die in diesem Bereich so zahlreichen Berufsverbände, die *sodalitates*, bezieht.

Die Sigillata Chiara C kommt besonders reichlich vor. Sie wurde auch am längsten produziert, nämlich vom ausgehenden 3. Jh. n. Chr. bis in die byzantinische Zeit. Das umfangreiche Repertoire besteht aus offenen wie geschlossenen Formen, unter denen einige besonders häufig anzutreffen sind: z. B. die flachen fußlosen Schalen, die als Silbergeschirr ebenso geschätzt wurden. Es ist gut möglich, dass die Töpfer zumindest an das kostbare Metallgeschirr erinnern oder es gar imitieren wollten.

Der Ton ist fein mit einem orangeroten Überzug. Der Dekor besteht aus Appliken und weist zahlreiche heidnische, profane und christliche Motive auf (Abb. 106 a.b). Figuren, Tiere, Bäume oder Pflanzenmotive wurden je nach Wunsch des Künstlers bzw. Kunden miteinander kombiniert. Man hat «Versuchsplatten», Scherben mit einem Durcheinander verschiedenster Motive ohne Beziehung zueinander gefunden. Hier hat der Töpfer zweifellos sein Material und die ihm zur Verfügung stehenden Model getestet. Dieselbe Matrize konnte vom Handwerker für ganz verschiedene Szenen ohne Beziehung zueinander eingesetzt werden. Somit kommen mythische Episoden vor (die Taten des Hercules), heidnische Gottheiten (Mithras), Szenen des Alten Testaments (Abraham, Daniel in der Löwengrube, die drei Jünglinge im Feuerofen, Jona) und aus dem Leben Christi, Märtyrerfiguren oder auch Darstellungen aus dem Amphitheater und Circus (Tierhetzen oder siegende Wagenlenker).

So bietet die nordafrikanische Sigillata besonders reiche figürliche Darstellungen in der Spätantike. Zum Beispiel erscheinen die zwölf Taten des Hercules auf einem Geschirrset, je eine Tat auf einem anderen Gefäßtyp, so dass die Kunden ein vollständiges Bilderensemble erwerben konnten.

Die recht zahlreichen Produktionszentren liegen hauptsächlich in der Mitte des heutigen Tunesiens, vor allem im Steppenhochland, zwischen Sufetula und Kairouan, und in der Gegend von Thelepte. Es sei als Beispiel die große Werkstatt von Sidi Marzouk Tounsi genannt, deren Keramik auf den mediterranen Märkten geschätzt war. Diese Zentren hatten ihr eigenes Profil, da bestimmte Gefäße nur im Landesinneren verbreitet wurden. Dies trifft für die Werkstätten von Sidi Aich oder Henchir es-Srira zu.

Die nordafrikanische Terra Sigillata ist meistens nicht signiert. Wir kennen also die Töpfer nicht, die je nach Kunden offensichtlich ganz verschiedenen, heidnischen oder christlichen Dekor anbrachten, ohne wirklich auf den religiösen Inhalt zu achten. Wir wissen auch nichts über den genauen Status der auf dem Land gelegenen Werkstätten, die in einigen Fällen vielleicht mit einem großen Landgut zusammenhingen. Eine Ausnahme bil-

Abb. 106 a.b
Sigillata-Teller. Römisch-Germanisches Zentralmuseum, Mainz.
a) Biblische Szenen: drei Jünglinge im Feuerofen und Potiphars Weib (Inv. O.39475).
b) Urteil des Salomon (Inv. O.39449).

Soziale Vielfalt in den ländlichen Gegenden der Africa Proconsularis

dete jedoch im späten 3. und frühen 4. Jh. n. Chr. die Werkstatt des Navigius, dessen Name als Töpfer oder Werkstattbesitzer in großen Buchstaben mit stumpfer Spitze auf den Gefäßen eingeritzt ist. Dazu zählen insbesondere hohe zylindrische Flaschen, die mit Jagdszenen oder mythischen Episoden (Mars, Orpheus) reich verziert sind, und vor allem Kopfgefäße, die meistens wie Porträts aussehen (Abb. 107). Navigius war sicher nicht der einzige Hersteller, aber die meisten Gefäße stammen wohl von ihm.

Diese Produktion wandelte sich gegen Ende des 4. Jhs. n. Chr. Es erschienen neue Formen, z. B. große rechteckige Tabletts, deren Rand und Mittelfeld mit Reliefs verziert sind und aus Gipsmodeln – einige Exemplare sind gefunden worden – hergestellt wurden. Das Repertoire ist immer noch reichhaltig, hat sich aber verändert: Personifizierung der Provinzen Mauretania und Africa; Pegasus und die Nymphen; die Heiligen Petrus und Paulus. Später verschwanden die Reliefs auf den Gefäßen völlig.

Abb. 107
Kopfförmiges Tongefäß.
Musée de Nabeul.

Nun setzte sich die in byzantinischer Zeit vorherrschende Sigillata Chiara D durch. Der Ton ist etwas gröber, die Farbe deutlich orange. Die offenen Formen sind größer und meistens rund. Die vielen Dekors wurden diesmal in den Ton gestempelt, das Repertoire ist schmäler und die Zeichnung schematischer: Tiere, Vögel, christliche Figuren. Die narrativen Szenen sind verschwunden. Diese zwar weniger attraktive und weniger feine Keramik war aber auf den mediterranen Märkten immer noch sehr geschätzt. Alle das 6. und 7. Jh. n. Chr. betreffenden großen Ausgrabungen in Gallien, Italien und im östlichen Mittelmeergebiet liefern beträchtliche Scherbenmengen.

Die zu einem Teil lokalisierten Werkstätten wurden oft nach Norden verlegt, in das Tal des Medjerda und des Wadi Miliane. Eine hat sich in den Thermen der Laberii von Uthina niedergelassen, die im 5. Jh. n. Chr. noch in Betrieb waren. Eine andere, sehr sorgfältig untersuchte Werkstatt, deren Massenproduktion zum größten Teil auch spät datiert wird, liegt in El Mahrine südwestlich von Karthago.

Wie die Terra Sigillata eroberten seit dem 2. Jh. n. Chr. die Lampen aus nordafrikanischen Werkstätten das gesamte Mittelmeergebiet. Die Typologie der Lampen ist heute gut bekannt: Sie veränderten sich bis zum 7. Jh. n. Chr. von den runden Lampen aus beigem oder braunem Ton mit profanem oder heidnischem Dekor bis zu denen, die der Sigillata vergleichbar waren. Die ersten Lampen aus dem 2. und 3. Jh. n. Chr. sind oft mit einem Stempel oder verschiedenen Zeichen versehen, die zum größten Teil den Hersteller (z. B. *Pullaeni* oder *Luccei*) bezeichnen. Nur zwei Serien geben genauere Auskunft über die Lage der Werkstatt: Bararus für die Lampen des Faustinus und Ad Aquas Regias (vielleicht Haffouz in der Gegend von Kairouan). Für die übrigen Lampen bleibt der Herstellungsort noch fraglich.

Die Lampen aus roter oder orangeroter Sigillata sind länglicher (Abb. 108 a.b). Der Rand ist vor allem mit geometrischen Mustern, der Lampenspiegel mit christlichen Motiven, Symbolen, edelsteinverzierten Kreuzen oder Figuren aus dem Alten Testament verziert: Adam und Eva, Jona, die Kundschafter in Kanaan, Daniel in der Löwengrube, der Wächter des Weinbergs. Diese Lampen werden fälschlicherweise als christlich bezeichnet, es gibt auf ihnen aber auch Alltags- und Jagdszenen oder pagane Bilder. Sie wurden auf den mediterranen Märkten mit dem größten Erfolg verkauft. Die Stücke wurden oft bis zum völligen Verschwinden des Dekors abgeformt und nachgeahmt.

Die Lampen stammen aus denselben Werkstätten, die das Geschirr herstellten, und machten eine ähnliche

Entwicklung durch. Die Töpfereien arbeiteten zuerst in Zentraltunesien (Sidi Marzouk Tounsi, Jilma, Henchir es-Srira), dann weiter südlich (Sidi Aich) und verlagerten sich schließlich nach Norden (El Mahrine, Bordj Jerbi und Uthina/Oudhna).

Die nordafrikanische Keramikproduktion beschränkte sich nicht auf diese Prestigeobjekte. Die Fachleute erfassen heute auch die Entwicklung des sog. Kochgeschirrs genauer. Die verwendete Technologie (insbesondere für die Hitzebeständigkeit) und die für den Haushaltsbedarf nötigen Formen wurden laufend verbessert. Dieses Kochgeschirr wurde noch in byzantinischer Zeit exportiert, was für seine Qualität spricht.

Die «Grobkeramik» ihrerseits wird langsam auch besser bekannt. Ein Teil dieser Keramik wurde nur für den lokalen Bedarf hergestellt. Es gab aber auch bedeutende Werkstätten, die eine ganze Region versorgten. Wir erinnern auch an eine wahrscheinlich einheimische Tradition, die ähnlich der bei den Berbern verwendeten Ware von Hand geformt wurde. Für diese Keramik aus einem ziemlich groben Ton war keine aufwendige Installation notwendig, wahrscheinlich nicht einmal ein echter Ofen. Heutige vergleichbare Herstellungsprozesse zeigen, dass ein offenes Areal zum Aufschichten der Reisigbündel genügte.

Die Amphoren schließlich stellten eine bedeutende Gattung dar, deren Spuren im ganzen Mittelmeergebiet, einschließlich in den Schiffswracks, zu finden sind, weil sie dem Transport wichtiger Waren wie Wein, Öl oder *garum* dienten. Im Allgemeinen gilt, dass die mit Pech beschichteten Amphoren eher Wein oder Eingesalzenes enthielten. Mit dem Fortschritt bei den Untersuchungsmethoden kann der Inhalt zwar besser identifiziert werden, aber paradoxerweise steht man heute dieser Frage vorsichtiger gegenüber, da von ihr die wichtigsten Angaben zum Handel abhängen.

Einige Amphoren waren gestempelt (z. B. die aus Sullecthum oder Leptis Minor), andere trugen eingeritzte oder aufgepinselte Zeichen, die auf die Herkunft oder den Inhalt hinweisen konnten. Auch die Morphologie der Amphoren hat sich im Laufe der Zeit verändert, und daraus konnte eine klare Typologie gewonnen werden. Es gab regionale Abweichungen, wie z. B. eine eigene Form für Tripolitanien. Es existierte auch ein Typ punischer Tradition, der zumindest in der Frühzeit durch die Lage der Henkel auf dem Bauch gekennzeichnet war. Andere sind durch ihre Proportionen oder die Form der Henkel – manchmal Doppelhenkel – charakterisiert. Einige Amphoren aus der ausgehenden Antike weisen eine betonte Kugelform auf; zur gleichen Zeit erschien ein ganz besonderer Typus: die *spatheia*. Es sind sehr schmale und kleine Gefäße von maximal 50 cm Höhe, die wahrscheinlich mit kostbarem Inhalt gefüllt waren.

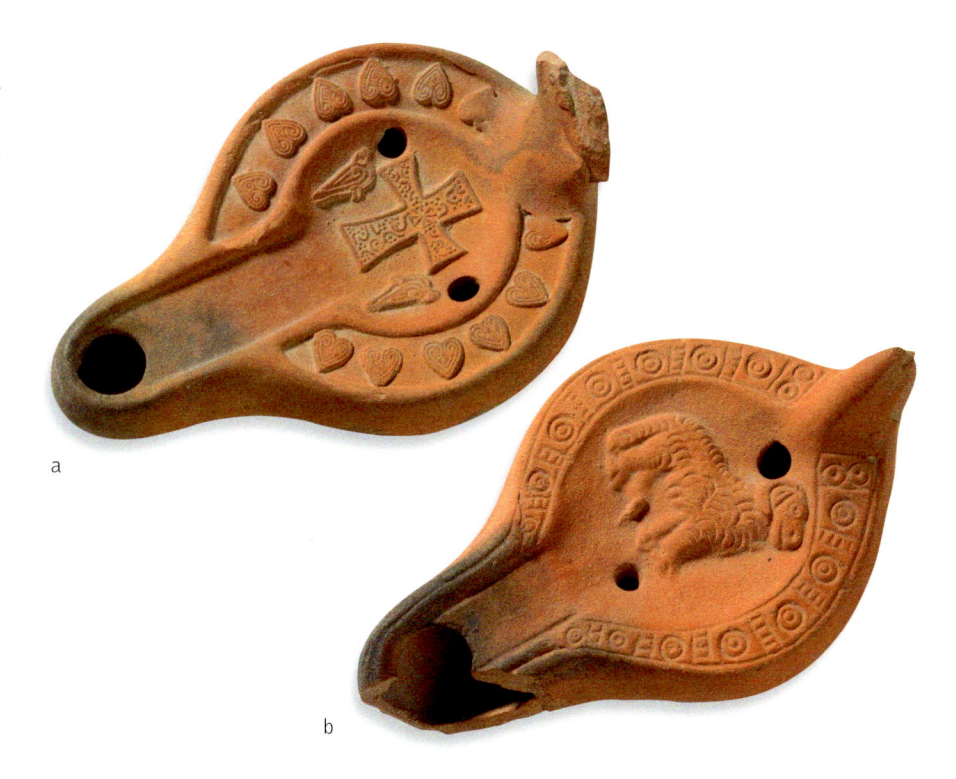

Die Frage nach den Amphorenwerkstätten bleibt unklar. Zwar sind mehrere an der Ostküste Tunesiens und auch in Tripolitanien bekannt: unter anderem in Neapolis, Hadrumetum, Leptis Minor (die einzige ausgegrabene) und Sullecthum. Aber nicht alle lagen an der Küste, einige befanden sich am Stadtrand, andere hingen mit einem großen Landgut zusammen. Wie die Sigillata- haben sich die Amphorentöpfereien mit der Zeit verlagert. Die ältesten befanden sich in Tripolitanien und um Karthago herum und wurden im ausgehenden 2. und 3. Jh. n. Chr. durch Werkstätten an der Küste abgelöst. Danach entstanden neue Standorte in Zentraltunesien, die mit einer Rückkehr zur Küste zwischen dem 5. und 7. Jh. n. Chr. zu Ende gingen.

Man stellt auch Veränderungen bei der Ortswahl zwischen Stadtrand und Land fest. Bis zum 5. Jh. n. Chr. schien er keine besondere Rolle zu spielen. Danach ließen sich die Werkstätten eher auf dem Land nieder: so in Ksour es-Saf bei Sullecthum oder in Sidi Zahruni bei Neapolis. Im 7. Jh. n. Chr. wurden die Töpfereien in den Städten selbst – und man kann darin eine Tendenz der Stadtentwicklung sehen – eingerichtet: bei Neapolis oder Leptis Minor, einem aufschlussreichen Beispiel für den Städtewandel, da die Fabrik in den alten Thermen eingerichtet wurde.

Abb. 108 a.b
Tonlampen.
a) Öllampe mit Kreuz und Vögeln, Musée national de Carthage.
b) Den Spiegel der Lampe ziert ein Schaf, Musée national du Bardo.

Abb. 109
Karthago. Silberschale
(Ende 4. Jh. n. Chr.).
Musée du Louvre.

Man hat oft gedacht, dass die Herstellung der Amphoren, der Terra Sigillata und des Öls miteinander zu verbinden wären. Die neueren Erkenntnisse mahnen jedoch zur Vorsicht. Es zeigt sich deutlich, dass die Amphoren an anderen Standorten als die Sigillata hergestellt wurden. Alle diese Produkte mussten quer durch die Provinz in einer besonderen Verpackung reisen, bevor wahrscheinlich in den Häfen die Amphoren gefüllt wurden.

Glas und andere Produkte

Die Glasware ist im Vergleich zur Keramik recht schlecht vertreten. Wir sind von den in anderen Gegenden gemachten Entdeckungen – etwa in Köln oder Trier – weit entfernt. Sogar in den Gräbern, in denen sie zum Grabgeschirr gehören oder die Asche des Verstorbenen enthalten, sind die Glasgefäße eher selten. Dies wurde z. B. in den vielen Gräbern der großen Nekropole von Puput bei Hammamet festgestellt. In Thaenae haben monumentale Gräber eine Reihe von gläsernen Graburnen geliefert. Dies hängt wahrscheinlich mit dem Forschungsstand in Nordafrika zusammen, zeugt aber auch von der materiellen Wirklichkeit. Es ist auch sehr gut möglich, dass die Keramik als sehr qualitätvolle Ware dem Glas Konkurrenz gemacht hat. Glasware war jedoch nicht unbekannt, denn einige Darstellungen erscheinen auf Mosaiken, so in der *Maison d'Africa* in Thysdrus eine mit Kirschen gefüllte Obstschale oder mit Weidenruten umwickelte Flaschen. Ein Fragment von Diatretglas, das als Luxusprodukt galt, stammt aus den späten Schichten der *domus nympharum* (Haus der Nymphen) in Neapolis, und in Karthago wurde eine gravierte Glasschale mit zwei Fischern gefunden, die durch eine Beischrift als Apostel Petrus und Paulus gekennzeichnet sind. Dies ist wirklich sehr wenig. Man kennt übrigens auch keine gesicherte Glaswerkstatt, und die Interpretation der Darstellung eines Schmelzofen auf einem Lampenspiegel hat sich als falsch erwiesen. Zu erwähnen sind dennoch einige bemalte Glasexemplare in Tripolitanien.

Das Metallhandwerk ist nicht besser vertreten, was erstaunlich ist, denkt man an die Qualität des punischen Bronzegeschirrs. Die Entdeckungen von Metallgeschirr sind in der Africa proconsularis selten. Dieser Befund entspricht vielleicht einer gezielten Wiederverwendung des Altmetalls. Es müssen aber Kupferschmieden existiert haben, denn dafür spricht der schon erwähnte Heizkessel aus Blech in den Bädern der *Villa du taureau* in Silin in Tripolitanien. Bisher wurde jedoch noch kein zusammenhängendes Bronzegeschirr aus der Kaiserzeit entdeckt. Erst für die Spätantike, wenn sich das christliche liturgische Geschirr entwickelt, sind einige entsprechende Objekte bekannt. Die Untersuchung der sog. Alexander-Kirche in Bulla Regia hat sehr interessantes Material zutage gefördert, vielleicht aus byzantinischer Zeit. Interessant sind auch der kleine, in den Ruinen eines Tempels von Iunca versteckte Schatz, der Kande-

110 | Das Handwerk

laber und Weihrauchgefäße enthielt (im Bardo-Museum), und ein weiterer, noch unpubliziert, aus Leptis Minor.

Über die Arbeit der Goldschmiede weiß man auch nicht mehr. Das Silbergeschirr ist in der Africa proconsularis beinahe inexistent; zu erwähnen wäre immerhin der kleine, im frühen 5. Jh. n. Chr. versteckte Schatz von Karthago (Abb. 109), Schmuckstücke kommen aber kaum in größerer Zahl vor. Da sich die Lebensweise der Wohlhabenden von der in anderen Gegenden des Römischen Reichs kaum unterschied, wird dieser Befund wohl auf den Forschungsstand und nicht auf die damalige Realität zurückzuführen sein. Augustinus erwähnt in einem Abschnitt seiner Bekenntnisse (*Confessiones* 6, 9, 14), in dem er von einem Missgeschick seines Schülers Alypius erzählt, die *argentarii* (Silberschmiede oder Geldwechsler) und den *vicus argentarius* in Karthago.

Steinbrüche

Die Ausbeutung des Bodens spielte in der Africa proconsularis eine besondere Rolle. Mangels entsprechender Rohstoffe gab es jedoch keine Bergwerke. Die Steinbrüche hingegen waren sehr wichtig, vor allem die Marmorbrüche. Sorgfältige Prospektionen haben in der Nähe von vielen antiken Stätten Ausbeutungsspuren natürlicher Materialien insbesondere in den Regionen nachgewiesen, in denen viel Kalkstein vorkommt.

An der Spitze des Cap Bon, in El Haouaria, wurde der Sandstein der Steilkünste direkt am Meer abgebaut, und somit konnten die Blöcke sofort auf Lastkähne oder Schiffe verladen werden. An der Ostküste Tunesiens, in Oued Rejiche, wurde Sandstein in den Dünen für den Bau des Amphitheaters von Thysdrus gewonnen, das etwa 50 km landeinwärts in einer Gegend ohne Steinbrüche liegt. In Karthago wurde ein lokaler Stein,

Abb. 110
Simitthus /Chemtou.
Marmorsteinbruch.

Soziale Vielfalt in den ländlichen Gegenden der Africa Proconsularis

auch eine Art Sandstein (der Keddel), für Gebäude und Sarkophage verwendet. Ähnlich verhält es sich in Leptis Magna.

Die römischen Bauten benötigten viel Stein. Auch wenn der Marmor für Säulen, Kapitelle und verschiedene Schmuckelemente im ganzen Mittelmeergebiet gehandelt wurde, beutete man zunächst alle vorhandenen Ressourcen aus. Denn es gab auch Marmorbrüche in der Africa proconsularis: ein schwarzer, oft mit orangen Adern durchzogener Marmor im Djebel Bou el Hanèche bei Thala, aber vor allem ein mehr oder weniger intensiv gelber Marmor, manchmal bräunlich oder rötlich, in Simitthus im Nordwesten der Provinz (Abb. 110). In der Nähe von Bulla Regia waren die Steinbrüche schon zur Zeit der numidischen Könige in Betrieb. Aus diesem Stein wurde auch auf einem Berg der Umgebung ein Heiligtum, das man dem Massinissa zuschreibt, mit wunderbarem ägyptisierendem Dekor, errichtet. In römischer Zeit wurden diese Steinbrüche systematisch abgebaut, aber nicht für Skulpturen (Chemtou-Marmor ist dafür ungeeignet), sondern für Bauschmuck.

Der gelbe Marmor Nordafrikas erfreute sich im ganzen Mittelmeergebiet großer Beliebtheit. Er wird auch in dem Höchstpreisedikt von Diocletian (301 n. Chr.) als *marmor numidicus* erwähnt. In Form von Blöcken exportiert, wurde er an der Baustelle zu Verkleidungsplatten oder Bauschmuckteilen (insbesondere Säulen) zurechtgeschnitten. Die Blöcke wurden zuerst auf Flößen den Medjerda hinuntertransportiert, um dann auf Karren über eine in hadrianischer Zeit gebaute Straße durch die Kroumirie nach Thabraca zu gelangen. Dort wurde der Marmor auf Schiffe geladen.

Am Ort wurden nur allerlei Kleinobjekte – Mörser, Stößel, Statuetten – hergestellt. Eine deutsch-tunesische Mission unter der Leitung von M. Khanoussi und F. Rakob hat kürzlich alle Steinbrüche des Djebel Chemtou untersucht. Auf dem Gipfel hatte in römischer Zeit ein Saturnheiligtum mit einer Reihe von Felsreliefs das numidische Höhenheiligtum abgelöst, um schließlich einer Kirche Platz zu machen. In der Ebene unterhalb der Steinbrüche erstreckte sich eine Art Fabrikanlage, in der die eben erwähnten Objekte hergestellt wurden. Durch die Ausgrabung wurden auch das Herstellungsverfahren und die Organisation erfasst. Hier wurden auch die unter besonders schweren Bedingungen arbeitenden Steinbrecher untergebracht.

Die Steinbrüche waren kaiserliches Eigentum. Ein Prokurator war mit ihrer Verwaltung beauftragt. Die für den Export vorgesehenen Steinblöcke wurden mit seinem Kennzeichen versehen. 20 km von Simitthus entfernt, in Borj Hellal, wurde eine Art grüngrauer Schiefer abgebaut, der insbesondere für Säulen verwendet wurde.

Die Beziehungen zwischen Stadt und Land

Die in der Africa proconsularis angetroffene Situation lässt nach den Beziehungen zwischen Stadt und Land fragen. Auffällig ist der stark urbane Charakter nach dem Vorbild der römischen Kultur. Ebenso wichtig ist auch die Rolle der ländlichen Gegenden, die eine Quelle des Reichtums für den Kaiser, die Honorationen und eine gewisse Gruppe der Gesellschaft waren sowie ein Erholungsgebiet für die Oberschicht darstellten. Das Land war aber auch Gegenstand von Auseinandersetzungen zwischen der romanisierten Welt und einem Teil der ländlichen Bevölkerung, vor allem den nomadischen Stämmen, aber auch den ärmsten Bauern, die an den einheimischen – punischen oder numidischen – Traditionen festhielten.

Die Römer sahen zwar in der Stadt den Sitz der Zivilisation und stellten sie dem Land, Sinnbild einer Art Barbarei (der ungebildeten Leute) gegenüber, doch dürfte dieser Unterschied in der Africa proconsularis nicht so bedeutsam gewesen sein. Dass dort so wenige Städte mit einer Mauer umgeben waren, ist vielleicht kein Zufall, zweifellos jedoch ein Zeichen von großer Sicherheit, und erweckt auch den Eindruck, dass das umliegende Land eng mit der Stadt verbunden war und ihre natürliche Erweiterung bildete.

Gewiss können sich diese Unterschiede subtiler äußern: z. B. in Karthago, wo zwei verschiedene Landeinteilungen einander gegenüberstanden, die erste für die Stadt, die zweite für das umliegende Land. Wie schon erwähnt, hat sich der Eigentümer des Mausoleums von Cillium (CIL 8, 211) darüber gefreut, von seinem Grab aus – also ganz nahe bei der Stadt – noch auf die von ihm bepflanzten und bewässerten Obstgärten hinunterschauen zu können. Aus der ländlichen Gegend schöpften die Honoratioren ihren Reichtum, und dank der Stadt vermochten die Landbewohner einen Teil ihrer Produkte abzusetzen. Städte und Land waren also eng miteinander verzahnt.

Die Stämme

Spricht man von Landverteilung, so sollte man den Stämmen (*gentes*), deren letzte Zeugnisse auf das ausgehende 2. Jh. n. Chr. zurückgehen, einen besonderen Platz einräumen. Nördlich des Bagradas wurde die Integration der Afri wahrscheinlich schon relativ früh, kurz nach der Mitte des 2. Jhs. n. Chr., abgeschlossen. Der große Stamm der Musulami, Nachbarn der Musunii, dessen Gebiet sich weit in die Steppen und an der Dorsale entlang zog (Richtung «*Table de Jugurtha*» bei Qalaat Senam und auch westwärts bis nach Algerien, in einer weniger bevölkerten Gegend bei Madauros), wurde auf ein immer kleineres Gebiet zurückgedrängt. Traian bringt die Integration dann zum Abschluss.

Doch bleibt uns vieles über die Organisation und Lebensweise dieser Gruppen verborgen. Man weiß, dass sie entweder unter der Leitung eines *princeps* aus ihren eigenen Reihen oder eines von der kaiserlichen Verwaltung ernannten Präfekten standen. Einige sind durch Inschriften bekannt, die uns einige Auskünfte über die Art geben, wie die Kontakte zwischen Stämmen und Stadtbewohnern zustande kamen. Ein Text (CIL 8, 270) aus dem Jahre 138 n. Chr. betrifft z. B. die Einrichtung eines wöchentlichen Marktes (*nundinae*) in Casae Beguenses/ Henchir el Beguar auf dem Gebiet der Musulami im Steppenhochland.

Die Africa proconsularis in der Spätantike

Die Historiker haben lange gedacht, dass der Niedergang Nordafrikas, insbesondere der Städte, im späten 3. Jh. n. Chr. eingesetzt habe und im frühen 5. Jh. n. Chr. mit der Einwanderung der Vandalen vollendet worden sei. Damit wären die Wirtschaftsaktivitäten zurückgegangen, was sich mit einem abnehmenden Städtebau, einem Verlust an Reichtum und einer Auflösung der Verwaltungsstrukturen geäußert hätte. Gleichzeitig habe die Unsicherheit auf dem Lande mit dem Auftauchen wandernder Bauernscharen (die Circumcellionen) zugenommen. Die grundlegenden Arbeiten von Cl. Lepelley haben diese zu einfache Vorstellung völlig verändert. Die Barbarenüberfälle in den westlichen Provinzen am Ende des 2. Jhs. n. Chr. haben tatsächlich Nordafrika und vor allem die Africa proconsularis nicht erreicht. Von der Krise des 3. Jhs. n. Chr. wurden sie kaum getroffen, abgesehen von einigen brutalen Ereignissen, wie der Usurpation Gordians im Jahr 238 n. Chr. in Thysdrus oder 312 n. Chr. die Plünderung Karthagos durch die Truppen des Maxentius.

Drei wesentliche Ereignisse haben aber in der Spätantike in einem Abstand von 100 Jahren stattgefunden: die Eroberung Nordafrikas durch die Vandalen ab 429 n. Chr., die Wiedereroberung durch die Byzantiner im Jahre 533 n. Chr. und die Einwanderung der Araber seit der Mitte des 7. Jhs. n. Chr. Dies ist auch die Zeit, in der sich das Christentum ausbreitete und Städte und Land prägte. Somit lohnt es sich, Tripolitanien und das heutige Tunesien in der Spätantike zu untersuchen, um die deutlichen Kontinuitäten, aber auch die Neuerungen und eventuelle Brüche zu ermessen.

Das neue Gesicht der nordafrikanischen Provinzen: Die Reformen des Diocletian

Die Krise, die mit dem Ende der severischen Dynastie einen großen Teil des Römischen Reiches ereilte, war u. a. durch die Schwierigkeiten entstanden, die mit der Verwaltung so ausgedehnter Staatsgebiete anfielen. Die seit 285 n. Chr. von Diocletian begonnene Reform bedeutete eine vollständige Neuorganisation der Provinzen, die Verkleinerung ihrer Gebiete durch Teilung und die Gründung neuer Einheiten: die von *vicarii* verwalteten Diözesen einschließlich der Einteilung der Diözesen in Provinzen. Diese Reform wurde für Nordafrika von Konstantin in kaum veränderter Form fortgesetzt (Abb. 111).

Zu einem noch immer heftig diskutiertem Zeitpunkt wurde das Gebiet der Africa proconsularis in drei neue Provinzen geteilt: die Valeria Byzacena (benannt nach dem Byzacium, dem Sahel und der Gegend von Kairouan) mit Hadrumetum als Hauptstadt, die Tripolitana mit Leptis Magna als Hauptstadt und eine um zwei Drittel verkleinerte Africa proconsularis (oder Proconsularis Zeugitana) mit Karthago als Hauptstadt.

Die Grenze zwischen der Valeria Byzacena und der Tripolitana begann etwas nördlich von Tacapae und zog sich weiter zum südlichen Teil der Schotts; die Grenze zwischen der Proconsularis Zeugitana und der Byzacena verlief von der Ostküste, nördlich von Pupput, schräg an der tunesischen Dorsale entlang bis südlich von Theveste, um dann in Richtung Süden den Schott Jerid zu erreichen. Somit befand sich Thugga in der Byzacena und

Abb. 111
Karte des spätantiken Afrika.

Althiburos in der Proconsularis Zeugitana. Letztere verlor auch den westlichen Teil ihres Territoriums zugunsten der Provinz Numidia, die ebenfalls neu organisiert wurde.

Die drei neu eingerichteten Provinzen wurden mit der Numidia zur Dioecesis Africae zusammengefasst. Eine zusätzliche Komplikation ergab sich daraus, dass die Proconsularis Zeugitana unter einem Prokonsul aus den Reihen der Senatoren mit seinen administrativen und gerichtlichen Vorrechten stand, während die zwei anderen Provinzen von Rittern verwaltet wurden.

Wenige Jahre später führte Konstantin die grundlegende Reform der Reichsverwaltung weiter, infolge deren die Dioecesis Africae in eine prätoriale Präfektur Africa, Italia et Illyricum integriert wurde. Da der Kaiser dem Senatorenstand zu neuer Blüte verhelfen wollte, wurde als vicarius Africae ein Senator, als Statthalter der Valeria Byzacena ein Konsul eingesetzt. Alle diese Provinzstatthalter verloren jede militärische Verantwortung.

Die Städte der Spätantike

Das in der ersten Hälfte des 4. Jhs. n. Chr. durch Diocletian, dann Konstantin eingeführte Verwaltungssystem hatte starke Auswirkungen auf das Leben der Städte. Die alten Titel, die neben der Gewährung bestimmter Privilegien den Aufstieg einer Stadt bedeuteten, wurden beibehalten, waren aber nur noch Ehrentitel. Alle neuen Städte bekamen nämlich den Titel *civitas*. Außerdem übertrug Diocletian einem *curator* die Finanzprüfung in den Städten. Dieses Amt existierte schon im 2. Jh. n. Chr. und die Befugnisse wurden jetzt noch erweitert. Mit der Zeit jedoch wurde dieser Amtsträger vom Stadtrat (*curia*) selbst gewählt. Dies ist ein Zeichen für den

Konservatismus der städtischen Institutionen und die weiterhin ausgeübte Macht der Stadtbeamten sowie für die immer noch bestehenden Vorrechte des Stadtrates.

Trotz finanzieller Schwierigkeiten, unter denen die Städte litten, blieb das Gemeindeleben aktiv. Konstantin hatte z. B. den Städten Grund und Boden entzogen, die erst von seinen Nachfolgern teilweise zurückgegeben wurden. Die Ressourcen der Städte wurden auch durch die im ganzen Römischen Reich herrschende Inflation getroffen. Dank der vielen Städte in der Africa proconsularis und der reichen Grundbesitzer blieb die Durchführung von Bauprojekten noch lange möglich, wie die Inschriften und erhaltenen Bauwerke eindeutig zeigen.

Alle archäologischen Daten, insbesondere die Untersuchungen der Keramik, bestätigen eine relative Prosperität für das 4. und wahrscheinlich für den größeren Teil des 5. Jhs. n. Chr. Vor 30 Jahren hatte Cl. Lepelley für das gesamte römische Afrika 332 Weihinschriften von öffentlichen Bauwerken für die Zeit zwischen 285 und 430 n. Chr. registriert, d. h. bis zur Ankunft der Vandalen. Diese Zahl ist seither noch gestiegen, ohne dass dies jedoch die Schlussfolgerungen aus diesen Texten geändert hätte. Nach der Anzahl der genau datierten Exemplare (zwei Drittel dieses Bestandes) war die zweite Hälfte des 4. Jhs. n. Chr. anscheinend eine Zeit intensiver Bautätigkeit (Restaurierungen und Neubauten) durch die Ädilen. Die Regierungszeiten von Iulian und Valentinian waren anscheinend dafür besonders günstig. Die Situationen unterschieden sich gewiss von einer Region zur anderen, und die hochtrabenden Behauptungen der Inschriften über den Umfang der «von den Grundmauern auf» vollendeten Arbeiten sind mit Vorsicht zu genießen. Dennoch fehlte es in dieser Spätzeit nicht an restaurierten oder neu erstellten Bauten, wie Thermen, Bögen, Theater und Amphitheater.

In Sufetula wurde zu Ehren Dioclentians ein Bogen am Stadteingang errichtet, der heute immer noch aufrecht steht; ebenso in Sufes, nicht weit von der Stelle entfernt, wo in diesem Fall eine Inschrift (AE 1992, 1763) an dieses Bauwerk erinnert; in Uthina wurden die Thermen der Laberii im 5. Jh. n. Chr. gebaut oder renoviert; in Ammaedara wurde das Theater in der Regierungszeit Iulians restauriert, und die Winterthermen wurden in den 360er Jahren verschönert. In Abthugni, einem durch das Martyrium von Christen unter Diocletian bekannt gewordenen Städtchen, wurde das gesamte Forum unter Valentinian, Valens und Gratian wieder instandgesetzt. In Karthago selbst wurden die Thermen des Antoninus Pius im 4. Jh. n. Chr. restauriert. Die meisten öffentlichen Gebäude sind jedenfalls gut genug erhalten, um in dieser Zeit noch benutzt zu werden, wie z. B. die eingravierten Namen der Ratsherren auf den Stufen des Amphitheaters von Karthago zeigen.

Dennoch haben sich grundlegende Entwicklungen vollzogen. Das bürgerliche Leben setzte sich im ausgehenden 4. Jh. n. Chr. zwar noch fort, aber die Ankunft der Vandalen (Karthago wurde 439 n. Chr. erobert) hat ihm einen herben Schlag versetzt. Die alten Zentren wurden nach und nach aufgegeben oder verändert: die Tempel (wir kommen noch darauf zurück), aber auch alle Versammlungsorte, die Basiliken – selbst wenn sie in ihrer alten Funktion noch lange bestehen blieben wie in Sabratha.

Die Thermen hingegen überlebten länger, erfuhren aber unterschiedliche Schicksale. Einige wurden während des 4. Jhs. n. Chr. in bescheidenen Maßen neu errichtet: in Kerkouane (Cap Bon) oder Bulla Regia (die Thermen nordwestlich des Theaters). Auch wurden Bäder noch im 5. Jh. n. Chr. restauriert. Eine Inschrift (CIL 8, 25837) weist auf Bauarbeiten in Membressa von 412 bis 414 n. Chr. hin; zu derselben Zeit wurden die Thermen des Forums von Belalis Maior bei Vaga wiederhergestellt; zwischen 395 und 408 n. Chr. wurden in Thuburbo Maius die Winterthermen saniert und wichtige Arbeiten in den Sommerthermen durchgeführt. Schließlich preisen berühmte Gedichte der *Anthologia latina* den Bau prunkvoller Thermen für den Vandalenkönig (Riese 210–214). Diese Texte, mit Vorsicht interpretiert, zeugen von der Vorbildfunktion dieser Gebäude in der Spätantike.

Zu berücksichtigen sind jedoch noch die religiösen Bauten. Ein neuer Bautypus, die christlichen Kirchen, tauchte im 4. Jh. n. Chr. in den Städten auf, und die neue Religion wurde zu einem Faktor der Stadtentwicklung. Gleichzeitig war die kaiserliche Politik gegenüber dem Heidentum, die bis zum Ende des 4. Jhs. n. Chr. immer stärker durchgriff, durch das Verbot der offiziellen Opfer und die Schließung der Tempel gekennzeichnet. Diese bildeten einen bedeutenden Teil des städtischen Baubestands und waren in ihrer Existenz bedroht – einerseits durch die Angriffe einiger Christen auf die Götterstatuen, andererseits durch die Auflassung oder die Umgestaltung in eine Kirche. Die Kaiser mussten Schutzmaßnahmen ergreifen und verboten die Plünderung von Bauten und Bauschmuck, weil sie zum Erbe der Städte gehörten. Dennoch wurde ihr Unterhalt allmählich vernachlässigt oder sie wurden zu anderen Zwecken genutzt. So diente das Kapitol von Abthugni als Versammlungsort für die Berufsverbände der Stadt; das Untergeschoss des Kapitols von Thuburbo Maius wurde, wahrscheinlich spät, zu einer Ölmühle umgebaut (Abb. 112).

Abb. 112
Thuburbo Maius. Spätantike Ölpressen im Podium des Kapitols.

Gleichzeitig setzten die Ratsherren das Prinzip des Euergetismus fort, das im 2. und 3. Jh. n. Chr. zur Blüte der Städte der Africa proconsularis beigetragen hatte, und versuchten auch zu ihrem eigenen Vorteil sich den öffentlichen Raum, insbesondere die Straßen, anzueignen. In Bulla Regia kann man bei den Umbauten der *Maison de la Chasse* im 4. Jh. n. Chr. beobachten, dass die angrenzende Gasse überbaut werden sollte. Die Ausgrabung hat die zunächst gebauten, aber dann wieder abgerissene Mauern nachgewiesen, was die Macht der damaligen Stadtbehörde belegt, die einen solchen Missbrauch verhinderte.

Wenige Städte in Tunesien und Libyen konnten bisher von den Archäologen so sorgfältig untersucht werden, dass die genaue Rekonstruktion ihres Stadtbildes am Ende des 4. Jhs. n. Chr. möglich wäre, selbst wenn die aus den Inschriften gewonnenen Informationen berücksichtigt werden. Nur Karthago wurde durch die internationale Kampagne von 1970–1980 unter der Leitung der UNESCO besser beleuchtet. Nicht vor dem beginnenden 5. Jh. n. Chr. sind im Stadtbild, das in einigen Randvierteln seinen Wohncharakter verlor, Veränderungen eingetreten. In den zeitgenössischen Texten wie der *Expositio totius mundi* bleibt Karthago jedoch eine der größten Städte des Römischen Reiches und ihr Glanz wie ihre Aktivitäten werden hier gepriesen. Im frühen 5. Jh. n. Chr. waren somit die Städte der alten Africa proconsularis in vielerlei Hinsicht noch Vorbilder für den Städtebau im *imperium Romanum*.

Eine Gesellschaft im Wandel: das Christentum in der Africa proconsularis

Die Quellen und die Geschichte

Das Christentum lässt sich in der Africa proconsularis zum ersten Mal 180 n. Chr. mit dem Prozess und der Hinrichtung der zwölf Märtyrer aus Scillium/Scilli in den Akten ihres Martyriums fassen. Es ist aber wahrscheinlich, dass die neue Religion in vielen Gemeinden neue Anhänger in allen Schichten der Gesellschaft geworben hatte und zu dieser Zeit schon gut etabliert war. Im frühen 3. Jh. n. Chr. hob Tertullian, wahrscheinlich übertreibend, die beträchtliche Zahl der Christen hervor: «Die Mehrheit in jeder Stadt». In jedem Fall sind die Anfänge noch wenig bekannt.

Die Africa proconsularis in der Spätantike | 117

Die großen Hafenstädte wie Karthago, Brücken zwischen Nordafrika und den übrigen Anrainern des Mittelmeeres, haben bestimmt eine wichtige Rolle gespielt, vielleicht auch durch die jüdischen Gemeinschaften, deren Existenz in Karthago bezeugt ist. Eine Synagoge ist vor längerer Zeit in Naro/Lif entdeckt worden; eine andere wurde kürzlich in Clupea (Cap Bon) gefunden, und wir verfügen über eine gewisse Anzahl von epigraphischen Belegen für die jüdische Präsenz.

Die ersten Christen versammelten sich wahrscheinlich in Begräbnisvereinen. Nach Tertullian (*Ad Scapulam* 3, 1) soll die Kirche Karthagos zwar Gebäude in der Stadt besessen haben, aber die Gemeinden versammelten sich zunächst auf Friedhöfen (*areae*), auf denen ein kleines Gebäude stand, oder am Grabmal einer verehrten Person, wie des Bischof Cyprian nach dessen Martyrium. Diese Gemeinden waren aber oft den Feindseligkeiten der Heiden ausgesetzt, wie der Geschichte der Märtyrer aus Scillium zu entnehmen ist. Den Christen wurde ihr Widerstand gegen die in Nordafrika so wichtigen religiösen Veranstaltungen, die den Zusammenhalt der Stadt sicherten, vorgeworfen, aber auch ihre Verachtung für alles, was das soziale Leben ausmachte, insbesondere die z. B. von Tertullian (*De spectaculis*) mit größter Schärfe verurteilten Spiele im Circus und Amphitheater.

Vor diesem Hintergrund verhängte Septimius Severus 202 n. Chr. Verbote, die systematische Verfolgungen auslösten. Davon sind viele Spuren in den Schriften, vor allem des Tertullian, erhalten geblieben. Viele Prozesse und Hinrichtungen dürften vollzogen worden sein. Zu den bekanntesten gehört das Martyrium der heiligen Perpetua und Felicitas mit ihren Gefährten in Karthago im Jahre 203 n. Chr., das damals in Nordafrika großen Widerhall gefunden hatte und durch die Akten (*Passio Perpetuae et Felicitatis*) erhalten ist. Die Kirche erfuhr anschließend eine ruhigere Zeit und einen großen Aufschwung bis in die Mitte des 3. Jhs. n. Chr. Die Gemeinden organisierten sich um den Bischof von Karthago, der sein Primat sowohl liturgisch als auch hierarchisch zu behaupten versuchte.

Es entstanden zahlreiche neue Bistümer. In der Mitte des 3. Jhs. n. Chr. werden über 60 Bistümer in der Africa proconsularis gezählt – in jeder Stadt mit dem Status eines Munizipiums oder einer Kolonie. Die Bischöfe aus dieser Provinz und der Numidia versammelten sich mehr oder weniger regelmäßig zu einer Synode, z. B. ab 220 n. Chr. in Karthago. Damals erschienen auch zwei große Persönlichkeiten des nordafrikanischen Christentums: Cyprian, 249–258 n. Chr. Bischof von Karthago und Organisator seiner Kirche, die durch ihn einen ganz besonderen Glanz bekam, zumal er an seiner Unabhängigkeit gegenüber Rom festhielt; und Tertullian, der in Karthago vom späten 2. bis ins frühe 3. Jh. n. Chr. eine anspruchsvolle, leidenschaftliche und sehr aggressive Theologie gegen die Heiden und die Häretiker verfocht. Schließlich schloss er sich selbst einer Randbewegung, dem Montanismus an.

Die Zeit des Friedens ging 249 n. Chr. mit der Thronbesteigung des Kaisers Decius zu Ende, der angesichts der Krise im ganzen Römischen Reich eine kurze, aber heftige Verfolgung der Christen auslöste. Diese mussten sich den Gebeten an die Götter und einem Opfer für den Kaiser anschließen, sonst wurden sie eingesperrt. Es ging darum, sie mit Zwang (d. h. Folter) von ihrem Glauben abzubringen. Viele Gläubige und Geistliche, auch Bischöfe fügten sich. Die Auswirkungen auf die Kirche Nordafrikas sind tief und nachhaltig gewesen, weil die Verfolgungen die Christen gespalten hatte in diejenigen, die ihrem Glauben treu geblieben waren, und die Abtrünnigen (*lapsi*). Mit der Rückkehr des Friedens stellte sich die Frage, wie mit denen zu verfahren sei, die in die Kirche zurückkehren wollten, und so entstand eine heftige Debatte zwischen den unterschiedlichen Parteien. Eine 252 n. Chr. von Cyprian einberufene Synode beschloss, die Bußfertigen, außer den Priestern, wiederaufzunehmen. Aber die Gegner dieser nachsichtigen Maßnahmen, die sich vor allem um die Priester von Karthago zusammengeschart hatten, setzten ihren Widerstand fort, bis es mit der Gründung einer rivalisierenden Kirche, wie damals in Rom, zum Schisma kam. Die Christenverfolgung wurde 257 n. Chr. unter Valerian wieder aufgenommen: Die Geistlichen mussten opfern, sonst wurden sie verbannt und ein Jahr später sogar hingerichtet. Cyprian, der nach Curubis verbannt war, wurde hingerichtet. Gallienus beendete die Verfolgung im Jahre 258 n. Chr. und leitete eine neue Ruheperiode ein, den «kleinen Frieden» der Kirche, der bis ins frühe 4. Jh. n. Chr. währte. Diese Jahre ermöglichten der Kirche insbesondere in Karthago, eine immer wichtigere Rolle in der Gesellschaft einzunehmen, wenn uns auch keine genaueren Informationen über die Zahl der Geistlichen oder der Gläubigen vorliegen.

Die letzte, die «große Verfolgung», begann in Februar 303 n. Chr. nach der Thronbesteigung Diocletians im Jahre 284 n. Chr. und der Einführung einer neuen Reichsverwaltung, der Tetrarchie, mit welcher die Verantwortung für die Staatsgeschäfte auf vier Kaiser verteilt wurde. Dazu gehörte außerdem die Neubelebung der römischen Tradition. Alles, was diese bedrohen konnte, insbesondere die Christen, wurde vom Staat bekämpft.

Diese Verfolgung wurde im Hoheitsgebiet des Maximian, also in Nordafrika, besonders brutal durchgeführt und stützte sich auf vier aufeinanderfolgende Edikte, die die Säuberung der Armee von allen Christen, die Schließung der Kirchen, die Beschlagnahmung der heiligen Bücher und die Pflicht zum Opfern verlangten, anderenfalls drohten die Todesstrafe oder Bergwerksarbeit. Landenteignungen und Kirchenschließungen wurden jedoch oft nur zurückhaltend durchgeführt. Das Protokoll der Durchsuchung einer *domus* in Cirta, «in der viele Christen zusammenkamen», ist uns in einem späteren Dokument (*Gesta apud Zenophilum*) erhalten geblieben. Das letzte und heftigste Edikt führte sowohl zu vielen Apostasien als auch zu vielen Märtyrern, deren Ausstrahlung oft so groß war, dass die Erinnerung an sie bis in die byzantinische Zeit bewahrt wurde: Eine Märtyrergruppe von Abitina unter der Führung des Priesters Saturninus wurde sehr berühmt und den kompromisslosen Christen ein Vorbild für den unnachgiebigen Glauben. Im Allgemeinen war der Märtyrerkult in Nordafrika besonders verbreitet, wovon u. a. spezielle Bauten (die *martyria*) bei den vielen Kirchen zeugen.

Am Ende der Verfolgungen im Jahre 307 n. Chr. wurde die Kirche von Karthago unmittelbar in ähnliche Probleme verwickelt, wie diejenigen aus der Zeit des Cyprian. Damals widersetzte sich der radikale Flügel denen, die die Wiedereingliederung der vom Glauben abgefallenen Christen wünschten. Die Lösung dieses Konflikts hatte jedoch eine noch nie da gewesene Krise zur Folge, die die Kirche bis zum Einfall der Vandalen im frühen 5. Jh. n. Chr. in Atem hielt und mehrere Interventionen der kaiserlichen Regierung auslöste: das donatistische Schisma. Dieses ist spezifisch für Nordafrika und stammt nicht aus einem theologischen Streit, sondern aus einer Diskussion über die Wiedereingliederung der Abgefallenen (*lapsi* – besonders *traditores*, die die heiligen Bücher preisgegeben hatten). Diese Debatte entwickelte sich zu einer sehr weitreichenden Auseinandersetzung.

Das donatistische Schisma

Die Ursache des Schismas ist in der Wahl des Erzdiakons Caecilianus zum Bischof von Karthago zu suchen (vielleicht im Jahre 307 n. Chr.). Der radikale Flügel hatte dessen irreguläre Wahl in Abwesenheit des Primas von Numidien nicht anerkannt und zum Vorwand genommen, ihm seine Laxheit während der diocletianischen Verfolgung vorzuwerfen: Caecilianus habe die das Martyrium Suchenden verurteilt. Ein von seinen Gegnern einberufenes Konzil wählte einen anderen Bischof (Maiorinus), auf den 313 n. Chr. ein gewisser Donatus folgte. Von nun an gab es in Karthago zwei Bischöfe und mit der Zeit auch zwei rivalisierende Kirchen. Die Auseinandersetzungen steigerten sich umso mehr, als die Donatisten, die sich ja als die reinen und echten Gläubigen betrachteten und die Idee verteidigten, dass die Kirche allein durch das Martyrium ihre Legitimität erlangte, gerne die Konfrontation und die Verfolgungen suchten.

Andere Interpretationen wurden vorgeschlagen. Vor über 50 Jahren sah J. W. C. Frend darin einen teils sozial teils ethnisch bedingten Aufstand, der wesentlich von der ländlichen Bevölkerung Numidiens ausgegangen sei, bei der diese Bewegung besonders verbreitet war. Die donatistische Richtung, welche der städtischen Gesellschaft feindlich gegenüberstand, wäre auch ein Ausdruck der Opposition der einheimischen Bauern gegen die romanisierten Kreise gewesen. Solch eine vereinfachende Sicht, die bei den Historikern zwar immer noch eine gewisse Anerkennung findet, kann den Donatismus aber nicht charakterisieren. Man darf darin keine sozial gefärbte Bewegung sehen, wie manchmal angenommen wird. Einige Historiker meinen nämlich, dass es sich vor allem um einen Protest der kleinen Bauern und Circumcellionen gegen die Großgrundbesitzer handelte. Dabei wird vergessen, dass diese manchmal in der Donatistenkirche engagiert waren, da sie auch in den Städten sehr präsent war.

Der Konflikt zwischen Katholiken und Donatisten hatte ein solches Ausmaß erreicht, dass der Kaiser nicht mehr gleichgültig zuschauen konnte. Nach einem ersten Konzil in Rom berief Konstantin schon 314 n. Chr. ein zweites Konzil in Arles ein, das zugunsten der Katholiken entschied. Schließlich befasste sich der Kaiser selbst mit der Frage und verurteilte die Donatisten streng durch ein Edikt (317 n. Chr.), bevor er 321 n. Chr. ein Toleranzedikt erließ. Die manchmal sehr heftigen Verfolgungen setzten unter Constans wieder ein, der 347 n. Chr. nach dem Tod des Caecilian von Karthago zwei Vertreter nach Nordafrika entsandt hatte, um zu versuchen, dem Schisma ein Ende zu bereiten. Die nachfolgenden Ereignisse betreffen eher Numidien, wo die Donatisten in der Mehrheit waren. Im ausgehenden 4. Jh. n. Chr. veränderte sich die Lage der Donatistenkirche: Ihre Verwicklung in verschiedene Aufstände gegen die römische Obrigkeit in Numidien (Firmus 370–375 n. Chr.; Gildon 395–398 n. Chr.) und die Exzesse einiger Gläubiger hatte einen Teil ihrer Mitglieder verschreckt. Daraufhin hatte sich eine moderate Bewegung entwickelt, die in der Africa proconsularis ihren eigenen Kandidaten Maximianus als Bischof von Karthago durchsetzte. Dies geschah genau zu dem Zeitpunkt, als bei den Katholiken Aurelius, eine vornehme

Person, als Bischof von Karthago und Augustinus, der mit Vehemenz die Widerlegung des Donatismus vertrat, als Bischof von Hippo Regius gewählt wurden.

Eine enge Zusammenarbeit der beiden Bischöfe – Augustinus reiste immer wieder nach Karthago – führte zu einem erneuten Aufblühen der katholischen Kirche. Wiederholte Eingriffe des Kaisers Honorius 405, dann 407 und 408 sowie eine 411 n. Chr. in Karthago einberufene Konferenz beider Richtungen führten abermals zu einer Entscheidung zugunsten der Katholiken. Diesmal aber wurde von beiden Seiten eine Lösung angestrebt: Viele Donatisten nahmen aus Erschöpfung oder Vernunft den kaiserlichen Entscheid an. Dieses Schisma, dessen Spuren noch lange erhalten blieben, hatte Nordafrika, und besonders die Gebiete Tunesiens, tief geprägt. Die Entstehung zweier rivalisierender Kirchen hatte auch die Bildung zweier paralleler Hierarchien zur Folge. Dies erklärt auch die hohe Zahl der Bischöfe. In manchen Städten gab es zur gleichen Zeit einen katholischen und einen donatistischen Bischof, wenn auch einige andere Städte nur einen Bischof aus der einen oder anderen Partei hatten. Dieser Konkurrenzkampf ist in den Protokollen der verschiedenen Synoden festgehalten (besonders der von 411 n. Chr.), in denen die Unterschriften der anwesenden Bischöfe erhalten sind.

Dieser Zwist macht sich auch in der archäologischen Forschung bemerkbar. Je nach kaiserlichem Entscheid musste die eine Partei der anderen die Kirchen, die sie beschlagnahmt hatte, zurückgeben (oder hätte es zumindest tun müssen). Einige wurden während der Ausschreitungen zerstört; andere konnten von denjenigen, die kein Kultgebäude erhalten hatten, errichtet werden. Man wäre also gerne in der Lage, zwischen donatistischen und katholischen Gebäuden zu unterscheiden. Dies bleibt aber eine so gut wie unmögliche Aufgabe. Der Konflikt, wie wir gesehen haben, betraf keine liturgischen Fragen, und das Gesamtbild der Gebäude wie auch ihre Einrichtungen sind identisch. Nur zwei Kirchen in Numidien konnten mit Sicherheit den Donatisten wegen der Inschriften, die sich im Inneren befanden, zugeschrieben werden. Paradoxerweise hat also dieser Konflikt, der das Leben der nordafrikanischen Provinzen so sehr vergiftet und oft wichtige Folgen auf materieller Ebene gehabt hatte, nur sehr wenige erkennbare Spuren hinterlassen.

Die Denkmäler

Die erstaunlich große Anzahl von Kirchen, deren Spuren nachgewiesen werden konnten (über 100 Kirchen im heutigen Tunesien), und die genaue Kenntnis der Ein-

Abb. 113
Ammaedara. Basilika des Bischofs Melleus (6. Jh. n. Chr.).

Abb. 114
Thabraca. Grabmosaik der Valentia mit der Darstellung einer Kirche (Ecclesia Mater). Musée du Bardo.

richtungen für die Liturgie wie auch für die Verehrung der Märtyrer lassen sich durch verschiedene Faktoren erklären: die Verbreitung des Christentums im heutigen Tunesien und in Tripolitanien; die Zahl der Bistümer; die Entwicklung der ländlichen Gemeinden, über die immer mehr Informationen in Erfahrung gebracht werden; die Rolle der Großgrundbesitzer bei der Gestaltung des religiösen Lebens auf ihren Landgütern und schließlich die Existenz von zwei parallelen Kirchen.

Die Fülle an Grabinschriften bringt weitere wertvolle Informationen über die christliche Gesellschaft vom 4. Jh. n. Chr. bis zur byzantinischen Zeit, besonders auch über die Geistlichen. Vor dem 4. Jh. n. Chr. sind keine christlichen Bauten bekannt. Man hat keine Vorstellung von den Friedhofsanlagen und weiß auch nicht, ob sie sich von den heidnischen Nekropolen unterschieden haben. In Tunesien (Hadrumetum, Sullecthum) gibt es viele Katakomben, die mit denen in Rom vergleichbar sind. Diejenigen von Hadrumetum haben für das 2. und 3. Jh. n. Chr. eine sehr große Zahl von Gräbern (15 000– 20 000) geliefert, doch sie sind nicht nachweisbar christlich. Jüngst wurde auch angenommen, dass den in Uppenna aufeinanderfolgenden Kirchen ein christlicher Friedhof vorausging. Man kann außerdem auch nichts über die dort errichteten *cellae* sagen.

Wie überall musste der Bau von Kirchen in Nordafrika auf die Regierungszeit Konstantins und den «Kirchenfrieden» warten. Man kennt keine genau ins 4. Jh. n. Chr. datierte Kirche in Tunesien. Höchstens für einige untersuchte Bauten kann eine Einordnung gegen Ende des Jahrhunderts angenommen werden (z. B. die sog. Melleus-Kirche oder die Candidus-Basilika in Ammaedara) (Abb. 113). Die meisten dieser Bauwerke folgten ganz deutlich dem Vorbild der römischen Basilika, die im 4. Jh. n. Chr. sehr bald als christlicher Bautyp feststand und im ganzen Römischen Reich Verbreitung fand. Die nordafrikanischen Bauwerke zeigen aber dennoch einige Eigenheiten.

Eine Darstellung kennen wir von dem Grabmosaik der Valentia, das in Thabraca entdeckt wurde und ins 5. Jh. n. Chr. datiert wird. Darauf ist eine Kirche zu sehen mit der Beischrift *Ecclesia Mater*. Diese Bezeichnung ist als Hinweis auf die Gemeinde der Gläubigen als Vertreterin der Gesamtkirche und zugleich als Benennung eines konkreten Gebäudes aufzufassen (Abb. 114). Dieser Bau wird nach den in der Spätantike üblichen Darstellungsweisen für Architektur abgebildet, die zum Verständnis eines Bauwerks alle wichtigen Bestandteile auf einer Ebene nebeneinandersetzen. Es handelt sich um einen dreischiffigen Bau mit Apsiden an der einen Schmalseite und einer großen Tür auf der gegenüberliegenden Seite. Die Schiffe werden durch Säulenreihen voneinander getrennt. Ein dreitoriger Triumphbogen trennt das Kirchenschiff vom Chor, eine Treppe führt zu der erhöhten Mittelapsis. Der Altar steht im Mittelschiff. Dieses ist höher als die beiden Seitenschiffe, damit durch die Lichtgaden der Innenraum beleuchtet wird, und besitzt einen hölzernen Dachstuhl sowie ein Satteldach mit Ziegeln.

Die archäologischen Untersuchungen lassen erkennen, dass die meisten Bauwerke des 4. und 5. Jhs. n. Chr. ihre Apsis im Westen hatten. Erst in byzantinischer Zeit wurde die Orientierung nach Osten verbindlich und die bestehenden Kirchen dementsprechend umgebaut. Von wenigen, in Karthago allerdings häufigen Ausnahmen

Die Africa proconsularis in der Spätantike | 121

122 | Eine Gesellschaft im Wandel: das Christentum in der Africa proconsularis

abgesehen, besaßen diese Kirchen kein Atrium (Vorhof). Im Inneren unterschieden sich die nordafrikanischen Kirchen von denen anderer Regionen durch die manchmal deutlich überhöhte Apsis und die Lage des Altars immer vor der Apsis, besonders in der Frühzeit zuweilen sogar im Mittelschiff. Die halbrunde (sigmaförmige) Altarplatte ruhte auf einem einzigen Fuß – in der Basilika der Iuvenes von Mactaris wurde zu diesem Zweck ein Grabzippus wiederverwendet – oder auf vier Füßen, gelegentlich auch auf einem gemauerten Sockel. Außerdem war der Altar von niedrigen Schranken aus Stein- oder Holzplatten umgeben. Diese Einfriedung zieht sich oft bis in das Mittelschiff hinein, um so dem Klerus bessere Bewegungsfreiheit zu ermöglichen.

Festzuhalten ist das allgemeine Fehlen eines Ambo (Lesepult) in der Africa proconsularis und der Byzacena, während es davon viele in Tripolitanien, Sabratha und Leptis Magna gab. Die Vita des heiligen Stefan allerdings erzählt von einem Schiff, das Marmor für den Bau einer Kirche, darunter einen marmornen Ambo, an Bord hatte und an der tunesischen Küste Schiffbruch erlitt. Aus der Lektüre der Predigten des Augustinus ist als Erklärung zu entnehmen, dass mit der Erhöhung der Apsis der Ambo unnötig wurde, da der Priester von dort aus in dominanter Position predigte (Abb. 115).

Auf dem Synthronon, einer in die Apsisrundung gemauerten oder hölzernen, abgestuften Bank, saßen die Geistlichen. In der Mitte befand sich der erhöhte Bischofsstuhl, die Kathedra, von dem aus sich der Bischof an die Gemeinde wendete. Die Apsis ist oft von zwei Nebenräumen flankiert, deren genaue Funktion unklar bleibt. Die Kirche kann manchmal auch einen geraden Chorschluss aufweisen.

Meistens wurde der Altar mit Reliquien verbunden, die im oder unter dem Altarsockel niedergelegt wurden. Die Ausgrabungen haben zahlreiche Einrichtungen dieser Art freigelegt, die aber schon früh geschändet worden waren. Unter den unberührten Anlagen ist z. B. die kleine Kirche zu erwähnen, die vor kurzem an der Ostecke des Forums von Sufetula entdeckt wurde.

Eine weitere häufige Eigenheit der nordafrikanischen Kirchen – die auch in Spanien gelegentlich vorkommt – bestand in einem zweiten Kultort (Altar oder Gegenapsis mit Reliquien oder verehrtem Grab), der meist später entstanden ist und auf eine Ergänzung des ursprünglichen Sakralbaus bzw. die Entstehung eines Grab- oder Märtyrerkultes schließen lässt. Ein durch Schranken geschützter Gang verband meistens beide Altäre. Unter den etwa 30 bekannten Fällen kann man folgende Beispiele anführen: die Melleus-Basilika in Ammaedara, in

Abb. 115
Sufetula. Chor der byzantinischen Basilika (Basilika von Vitalis).

Die Africa proconsularis in der Spätantike | 123

Abb. 116
Bekalta. Taufbecken
(6. Jh. n. Chr.).

welcher der zweite Altar, der die Reliquien des heiligen Cyprian barg, in byzantinischer Zeit unmittelbar an der Haupttür der Kirche aufgestellt wurde; oder die beiden Kirchen des Kathedralenkomplexes von Sufetula, die beide mit einem Doppelchor ausgestattet wurden.

Es gibt nicht viele Krypten in der ehemaligen Provinz Africa proconsularis. Zu den spektakulärsten zählt die Krypta der kleinen, unterhalb des Saturntempels gelegenen Kirche von Thugga. Eher weiträumig und gepflegt, wurde sie so angelegt, dass man leicht um die Reliquien herumgehen konnte. Der Zugang wurde auf beiden Seiten durch eine Treppe und eine Tür gewährleistet, aber die Gläubigen durften nur durch ein kleines Fenster von der Apsis aus in die Krypta schauen.

Diese Kirchen sind oft mit einem Baptisterium verbunden. Dieser Raum spielte eine wesentliche Rolle in

Abb. 117
Sufetula. Taufbecken
von Vitalis und Cardela
(6. Jh. n. Chr.).

124 | Eine Gesellschaft im Wandel: das Christentum in der Africa proconsularis

der Liturgie und im Leben der Gemeinden, die stetig wuchsen. Damals herrschte folgender Ritus: Der Katechumene (der Täufling) wurde vollständig ins Wasser getaucht; daher besaß das tiefe Taufbecken mehrere Stufen. Seine Form wurde im Laufe der Zeit aufwendiger: zuerst nur rund oder viereckig, dann polygonal und schließlich kreuzförmig oder aus mehreren Konchen zusammengesetzt. Die einfachen Becken sind oft durch spätere Umbauten nicht mehr zu erkennen; die jüngsten sind die spektakulärsten, mit Mosaiken und zuweilen auch mit Inschriften versehen, wie zwei Ausgrabungen zeigen, die ältere aus Demna bei Clupea, die jüngere bei Bekalta an der Ostküste der Byzacena (Abb. 116). Der Raum, in dem sich das Taufbecken befindet, ist manchmal ein kleiner, neben der Kirche stehender Einzelbau; so z. B. das kürzlich entdeckte runde Baptisterium in Segermes oder auch das später in die Iucundus-Kapelle umgewandelte Baptisterium der Basilika I in Sufetula. Ebenfalls in Sufetula wurde das Baptisterium der byzantinischen Kirche des Priesters Servus in der Cella eines heidnischen Tempel eingerichtet. Das Baptisterium kann aber auch an der Außenwand der Apsis angebaut sein, die eventuell von zwei Nebenräumen (z. B. Umkleideräumen) für den Ablauf der Zeremonie flankiert war (Abb. 117). Dies trifft für viele Kirchen zu: die sog. Kirche des Priesters Felix in Demna bei Clupea oder die in jüngster Zeit entdeckte Kirche von Henchir Sokrine in der Byzacena (Abb. 118).

Die erhaltenen christlichen Gebäude sind relativ zahlreich. Die Bauformen standen schon bald fest und veränderten sich nur in Details vom frühen 4. Jh. n. Chr. bis in die 530er Jahre. Aus Schriftquellen (Prokop, *Peri ktismaton* 6, 5, 9) wissen wir, dass der Kaiser Iustinian den Bau einer der Maria geweihten Basilika, die bisher nicht identifiziert wurde, gefördert hatte. Im frühen 6. Jh. n. Chr. hatten die Byzantiner nämlich einige Neuerungen eingeführt: die Ausrichtung der Kirchen nach Osten und einige Sonderformen. Die neue Orientierung war zwar bindend, nahm aber auch Rücksicht auf die topographischen Vorgaben. Eine der in der iustinianischen Zitadelle von Ammaedara entdeckten Kirchen, die gleichzeitig mit jener gebaut wurde, weist eine Apsis im Westen auf. Zu den Sonderformen zählt z. B. die Kuppel, die nur zaghaft in einigen Gebäuden auftrat, vor allem den beiden Kirchen von Bulla Regia oder in der großen Basilika von Iunca in der südöstlichen Byzacena. Dennoch verändert sich das allgemeine Aussehen der Gebäude und ihrer Einrichtungen kaum.

Der Bauumfang der christlichen Sakralbauten im 4. und 5. Jh. n. Chr. in allen drei Provinzen der ehemaligen Africa proconsularis ist bemerkenswert. An großen Kirchen fehlte es in Karthago natürlich nicht: *Extra muros* befand sich die Basilika Damous el-Karita mit neun Schiffen, einem halbrunden Atrium und vielleicht einer Zentralkuppel mit beeindruckenden Ausmaßen.

Abb. 118
Henchir Sokrine (Tunesien).
Taufbecken.

Die Africa proconsularis in der Spätantike | 125

Abb. 119
Mactaris. Gebäude der *Iuvenes* (Jugendvereinigung). Die Kirche wurde zu einem späteren Zeitpunkt in das Gebäude eingebaut. Im Vordergrund sieht man den zweiten Altar und die Säulen für den Baldachin.

Abb. 120
Sufetula. Die sog. Servus-Basilika wurde in einem Tempel eingerichtet. Die vier noch aufrecht stehenden Mauerteile stammen von der Cella des alten Heiligtums.

Viele Kirchen dürften jedoch relativ bescheiden gewesen sein, manchmal mit geringen Mitteln gebaut. So wurden mehrere Kirchen ohne großen Aufwand in bestehenden Gebäuden eingerichtet: in Mactaris im Empfangssaal eines umfangreichen Hauses, das schon früher durch die Anbringung einer Apsis, entsprechend dem spätantikem Geschmack, umgebaut worden war. Mit dem Einbau von zwei Säulenreihen entstand ein dreischiffiger Raum. Die beiden Altäre, je an einem Ende des Hauptschiffes, bestanden aus heidnischen Grabcippi mit pflanzliche Motiven, die erhalten sind (Abb. 119). In derselben Stadt wurde eine andere Kirche in das Frigidarium eines kleinen Stadtviertelbades eingebaut, wobei die Mauern und einige Säulen des ursprünglichen Baus wiederverwendet wurden. In Sufetula (Abb. 120), Thuburbo Maius oder auch Sabratha und Leptis Magna wurde ein Tempel so umgebaut, dass die Kirche, sofern ihr Grundriss es zuließ, im Pronaos und das Baptisterium in der ehemaligen Cella errichtet wurden. An anderen Orten wurde die ehemalige Basilika genutzt, wodurch die Ableitung des christlichen vom römischen Bautyp besonders deutlich wird. Das spektakulärste Beispiel bietet die severische Basilika von Leptis Magna, in der die Byzantiner bei ihrer Ankunft im 6. Jh. n. Chr. nur wenige Eingriffe vornehmen mussten, da die Säulenreihen noch standen. Der Boden einer der vorhandenen Apsiden wurde leicht erhöht, ein Ambo im Hauptschiff teilweise aus einem riesigen antiken Kapitell hergestellt und das Taufbecken in einem der Nebenräume angelegt. Dieses Vorgehen ist auch in Sabratha zu beobachten.

Bauten dieser Größenordnung gab es noch an anderen Orten, z. B. die bereits erwähnte Basilika von Iunca an der Ostküste Tunesiens. Originelle architektonische Lösungen wurden aber nicht nur in monumentalen Kirchen umgesetzt: Eine kleine ländliche Kirche auf einem Landgut bei Thuburbo Minus weist einen erstaunlichen Apsisumgang auf, der den städtischen Vorbildern sehr nahekommt.

Diese beachtenswerten Wiederverwendungen konnten neben dem Aspekt der Vereinfachung der Bauarbeiten auch eine symbolische Bedeutung besitzen. Handelt es sich um Tempel, so kann man darin den Willen der christlichen Gemeinschaft ablesen, den Sieg Christi über die älteren Götter zu demonstrieren und zugleich von der Heiligkeit des Ortes zu profitieren. So wurde etwa 40 km südwestlich von Karthago, in dem kleinen Badeort Djebel Oust, der heute noch wegen seines schwefelhaltigen Wassers aufgesucht wird, eine kleine Kirche direkt neben dem auf der Quelle gebauten heidnischen Heiligtum errichtet. Die Nutzung alter Gebäude erforderte eine Genehmigung der kaiserlichen Verwaltung und offenbart die schrittweisen Veränderungen der Stadt, nicht nur die Aufgabe der Tempel, sondern auch das Verschwinden bestimmter sozialer (öffentliche Thermen) oder bürgerlicher Einrichtungen (die Basilika).

Abb. 121
Ammaedara. Die sog. Candidus-Basilika. In byzantinischer Zeit errichteter Bau zu Ehren der Märtyrer der diocletianischen Verfolgung (Foto der Ausgrabungen 1933).

Der Märtyrerkult

Unter den Besonderheiten, die auf dem Territorium des heutigen Tunesiens besonders stark zum Ausdruck kamen, ist die intensive Verehrung der Märtyrer hervorzuheben. Einige wollten darin sogar ein Kennzeichen des Christentums in Nordafrika sehen, das sich insbesondere im Donatismus und dem manchmal besessenen Drang seiner Anhänger nach dem Martyrium äußerte. Bemerkenswert ist auch die Sorgfalt, mit der die Passionsgeschichten der Märtyrer und die Akten ihrer Folter gesammelt wurden: die Märtyrer von Scillium, Abthugni oder Abitina; die Passion von Felicitas, Perpetua und ihrer Gefährten; das Martyrium des heiligen Gallonius und vieler anderer. Bemerkenswert ist weiterhin die aufmerksame Ergänzung und Erhaltung des Martyrologiums und die Verbundenheit nicht nur mit großen Märtyrern Nordafrikas (wie Cyprian) oder der gesamten Kirche (Protomärtyrer Stephanus oder Petrus und Paulus), sondern auch mit lokalen Märtyrern, deren Ruf nie über die Grenzen ihrer näheren Umgebung hinausgereicht hat.

Die Liste der in den Kirchen von Ammaedara verehrten Reliquien ist aufschlussreich: Cyprian, «der Papst Afrikas», der östliche Märtyrer Pantaleon, Sebastian und Isidor, aber auch Gruppen von sonst unbekannten Gläubigen, vier in der kleinen Basilika VII und 30 in der sog. Candidus-Kirche. Es fällt auf, dass die Gebete der Gläubigen sehr oft Märtyrergruppen als Ganzem galten, ob ihre Anzahl nun vollständig war oder nicht. Von diesen lokalen Märtyrern wissen wir nichts, oft noch nicht einmal das Datum ihres Martyriums, so wie bei den Märtyrern der «großen Verfolgung» in der Candidus-Basilika.

Diese Basilika ist ein interessanter Fall, da das *martyrium* bei seiner Freilegung intakt war. Es ist ein abgegrenzter Bereich von ca. 3 x 2 m, dessen niedrige, an der Außenseite geometrisch verzierte Steinschranken durch vier Steinpfosten gehalten werden. Der Boden war mit einem dreigeteilten Mosaik ausgelegt: zwei auf dem Rand eines Kantharos sitzende Pfauen, darunter eine Inschrift (*Inscriptions latines de la Tunisie* 470 c) mit dem Namen des Stifters (*illustris Marcellus*), den von ihm finanzierten Einrichtungen, den Umständen des Martyriums und den Verdiensten der Gemarterten (Abb. 121). Derselbe Text wurde nochmals auf der Innenseite einer der Schranken angebracht. Zwei weitere Inschriften (*Inscriptions latines de la Tunisie* 470b.d) beiderseits der Pfauen listen die Märtyrer auf. Dieser Bau aus byzantinischer Zeit folgte offensichtlich mehreren Vorgängern, die am Ort der Marter oder über dem Grab der Verstorbenen errichtet worden waren.

Die Africa proconsularis in der Spätantike | 127

Abb. 122
Henchir Gousset (Tunesien). Die Kirche vor der Ausgrabung.

Abb. 123
Sicca Veneria/Le Kef (Tunesien). Die sog. Kirche Dar el Kous.

Der Charakter dieses mit Schranken markierten Bereichs bleibt wegen der in den Inschriften gelieferten Details außergewöhnlich, ist jedoch kein Einzelfall: In Iunca bildete das über einer kleinen Krypta stehende *martyrium* eine Art Gegenchor, geschmückt von einem hervorragenden Mosaik mit der Darstellung des siegenden *Agnus Dei*, zu dem alle Gläubigen – durch Jerusalem und Bethlehem symbolisiert – strömen.

In Uppenna erinnerte eine erste, durch ein einfaches Mosaik angedeutete Anlage mit Inschrift an die Märtyrer von Abitina, Opfer der Verfolgung unter Diocletian. Die Kirche wurde in byzantinischer Zeit oder vielleicht schon unter den Vandalen umgebaut. Das erste *martyrium* wurde dabei ebenfalls restauriert: eine Art Podium ist eingerichtet, von Schranken umgeben worden und bildete so einen Gegenchor. Der Boden dieses Podiums besteht aus einem Mosaik, das mit einem großen edelsteinverzierten Kreuz und einem Lamm an jeder Seite verziert ist, und einer Inschrift (CIL 8, 23041), die einige Ergänzungen (Erinnerung an den Apostel Petrus) zum Text der ersten Inschrift aufweist.

In Henchir Gousset, etwa 30 km südlich von Ammaedara, steht eine wegen ihres Erhaltungszustands interessante Kirche, in der die Säulenreihen der drei Schiffe intakt geblieben waren (Abb. 122). Hier entdeckte F. Bejaoui kürzlich einen erstaunlichen Reliquienraum, der durch eine Inschrift (*anno vicesimo vi domini regis Trasamundi*) über dem Eingangsbogen in das sechste Regierungsjahr des Königs Thrasamund (521 n. Chr.) datiert ist. Nicht weniger als drei verschiedene Reliquiare wurden in diesem Raum, der sich auf ein Seitenschiff öffnete, aufbewahrt. Die Gläubigen konnten die Reliquiare vom Seitenschiff aus verehren, getrennt durch eine Schranke – oder von außen, da der Raum durch eine bemerkenswerte kleine Mauer mit vier darauf ruhenden Zwillingssäulen abgeschlossen war. In manchen Fällen aber wurde nur ein Reliquiar mit oder ohne detaillierte Inschrift unter dem Altar niedergelegt, somit für die Gläubigen unerreichbar. Zur gleichen Zeit herrschten im Heiligen Land und im Nahen Osten ganz andere Verehrungssitten. Dort waren die Reliquiare viel besser sichtbar für die verehrenden Gläubigen, die so von ihrer Pilgerreise Eulogien, d.h. durch eine Berührung mit Reliquien geweihte Objekte – sehr oft Flaschen mit Olivenöl – zurückbringen konnten.

Abb. 124
Henchir Sokrine. Bodenmosaik des Baptisteriums: Kreuz, von zwei Lämmern umgeben.

Abb. 125
Thabraca. Mosaik auf dem Grab der jungen Crescentia. Musée du Bardo.

Abb. 126
Thabraca. Grabmosaik: Bankier und seine Frau. Musée du Bardo.

Die Africa proconsularis in der Spätantike | 129

Abb. 127
Hadrumetum. Mosaik des Theodoulos. Musée de Sousse.

Die Ausschmückung der Kirchen

Über die Ausschmückung der Kirchen in der Africa proconsularis weiß man nur wenig. Durch die verlorengegangenen Mauern sind kaum noch Reste der urspünglichen Wandmalereien erhalten, wie sie noch in einer kleinen unterirdischen Kapelle von Karthago (vielleicht Figuren von Heiligen, insbesondere Perpetua und Felicitas) zu finden sind. Einige Kirchen der Byzacena, in Iunca oder La Skhira, aber auch in Karthago (Basilika von Bir Ftouha), legen nahe, dass noch anderer Dekor möglich war: Stuck, Wandmosaike oder Marmorintarsien. Erhalten geblieben sind aber vor allem die Mosaikböden. Doch nicht alle Kirchen besaßen solche: In Ammaedara war nur eine von sieben Kirchen mit Mosaiken ausgelegt. Bei vielen bestand der Boden aus Steinplatten, und vor allem auf dem Land hatten einige nur einen gestampften Lehmboden, abgesehen vielleicht vom Chor – dies ist der Fall für die kleine Kirche von El Ounaissia.

Geometrische Mosaikböden waren so gegliedert, dass in das Raster manchmal Bäume, Pflanzen oder Tiere eingesetzt wurden. Bestimmte Zonen konnten mit Ranken, in denen Tiere saßen, hervorgehoben werden. Die Ausstattung des Chores war oft eleganter: In einer ganzen Reihe von Kirchen des tunesischen Steppenhochlands – insbesondere in El Ounaissia und El Erg – und in kleinen byzantinischen Kirchen erscheint hier ein von Hirschen flankiertes Kreuz. Ein schönes Beispiel bietet die *Basilique des Martyrs* von Ammaedara: In einem Seitenschiff lag ein geometrisch verziertes Bodenmosaik, im anderen war ein Gitter mit Vögeln und Bäumen gefüllt. Das Hauptschiff besaß ein großes, qualitätsvolles, geometrisches Mosaik. Der Chorboden war seinerseits mit einer Ranke, das gegenüberliegende *martyrium*, wie wir oben gesehen haben, mit zwei Pfauen auf einer Vase verziert.

Dabei fällt aber auf, dass die großen figürlichen Kompositionen – der oben erwähnte Mosaikboden von Iunca ist eine Ausnahme – selten sind, und dass biblische Figuren fast völlig fehlen. T. Ghalia konnte aber während der Grabung einer kleinen Kirche eines Landgutes von El Mahrine bei Thuburbo Minus eine Figur des Propheten Daniel in der Löwengrube freilegen.

Ein vollständiges Exemplar kommt jedoch aus der nächsten Umgebung von Horrea Caelia. Diese Mosaikböden, die auch von T. Ghalia veröffentlicht wurden, zeigen eine Reihe nebeneinandergesetzter Bilder mit sehr verschiedenen Szenen: Fische, Fischer, aber erstaunlicherweise auch Jagden, insbesondere eine Falkenjagd. Daraus lässt sich schwerlich ein echtes Programm ablesen, das den Gläubigen eine Botschaft überbringen würde. Wir sehen hier eher eine reiche dekorative Komposition, zu deren Ausführung die Mosaikleger aus ihren Musterbüchern geschöpft haben. Auch die Baptisterien zeigen Mosaikdekor neben dem Taufbecken: ein fischreiches Meer in Sidi Habich; schöne Arkaden mit edelsteinverzierten Kreuzen in der Kirche des Priesters Felix bei Clupea; ein von zwei Lämmern flankiertes Kreuz auf zwei symmetrischen Feldern beiderseits des Taufbeckens in Henchir Sokrine (Abb. 124).

Besonders erwähnenswert sind die in Nordafrika sehr beliebten Grabmosaike. Sie dienten dazu, die Stelle des Grabes anzuzeigen, und boten neben der Grabinschrift eine oft sehr reiche Verzierung aus pflanzlichen, aber auch figürlichen Motiven (Abb. 125–127).

Die Mosaiken haben dank der begleitenden Inschriften auch einige Informationen zur Finanzierung geliefert. So erfahren wir (*Inscriptions latines de la Tunisie* 470c), dass der *illustris* Marcellus das *Martyrium* der *Basilique des Martyrs* hatte ausführen lassen, während ein gewisser Candidus und dessen Gattin Adeudata den Boden des Hauptschiffes in derselben Kirche gestiftet hatten (*Inscriptions latines de la Tunisie* 470a). Andere bescheidenere Gläubige hinterließen nur eine kurze Formel als Erinnerung, wie «Derjenige, von dem Gott allein den Namen kennt, hat (dies) machen lassen», oder erklärten, dass ihre Großzügigkeit nur eine gerechte Rückerstattung der Reichtümer war, die Gott ihnen gegeben hatte (*de donis Dei*). Candidus und Adeudata fügten noch *et sanctorum eius* («und seiner Heiligen») hinzu.

Das Ende der Africa proconsularis: Vandalen und Byzantiner

Die traditionelle Geschichtsschreibung sieht in der Gründung des Vandalenreichs den Beginn der Dekadenz der Africa proconsularis, die zeitweise schneller ablief und auch während einiger Jahrzehnte byzantinischer Herrschaft kaum gebremst wurde. Eine solche Ansicht sollte – wie auch mehrere Historiker bemerken – insofern relativiert werden, als Brüche in der Geschichte nicht immer so deutlich sind. Dennoch kommt es zu tiefgreifenden Entwicklungen seit der Einnahme Karthagos 439 n. Chr. bis zur Wiedereroberung durch die Byzantiner 533 n. Chr. und der arabischen Eroberung 689 n. Chr.

Die Africa proconsularis unter vandalischer Herrschaft

In den ersten Jahrzehnten des 5. Jhs. n. Chr. herrschte in Nordafrika eine Zeit schwerer politischer Unruhen, da sich der *comes Africae* (ranghoher Offizier) gegen die kaiserliche Regierung aufgelehnt hatte. Einige Historiker erklären wohl zu Unrecht die schnelle und erfolgreiche Einwanderung der Vandalen mit einem Hilferuf des *comes* Bonifatius.

Am 31. Dezember 406 n. Chr. hatten mehrere germanische Stämme unter der Führung der Vandalen den gefrorenen Rhein überschritten; danach zogen sie durch Gallien, überquerten die Pyrenäen, um sich 409 n. Chr. in Spanien niederzulassen. Die Ankunft der Westgoten im Jahre 417 n. Chr. vertrieb sie von der iberischen Halbinsel. Im Mai 429 n. Chr. überquerten die Vandalen unter der Führung ihres Königs Geiserich die Meerenge von Gibraltar. Nicht besonders zahlreich – es ist die Rede von 80 000 Menschen – kamen sie schnell nach Osten voran und vernichteten das Heer des *comes Africae*. Augustinus starb 430 n. Chr. während der Belagerung seines Bischofssitzes Hippo Regius durch die Vandalen. Der Vandalenkönig ließ sich dann in dieser Stadt nieder und unterzeichnete am 11. Februar 435 n. Chr. einen Vertrag mit Kaiser Valentinian III. (reg. 425–455). Vorgesehen war, dass die Vandalen ein Gebiet bekommen sollten, das von dem östlichen Teil der Mauretania Sitifiensis, über die Numidia und bis in die Region von Hippo Regius in die Africa proconsularis reichte. Im Jahre 439 n. Chr. brach König Geiserich den Frieden und eroberte Karthago. Darauf folgte ein neuer Vertrag, der den Vandalen die Africa proconsularis und die Byzacena sowie Tripolitanien und das östliche Numidien zugestand. Geiserich erhielt damit die besten Getreideböden, verzichtete aber im Gegenzug auf die Mauretania und das westliche Numidien, Gebiete, die er jedoch schon 442 n. Chr. wieder seinem Reich hinzufügte. Als Herr über den afrikanischen Weizen war er nun in der Lage, die Versorgung Roms – und des Westreiches – zu beeinflussen.

Die herausragende Regierung dieses Königs zeichnete sich durch eine sehr aktive Außenpolitik aus: Einnahme Roms 455 n. Chr., Eroberung Korsikas, der Balearen und zeitweise Sardiniens, Überfälle auf Sizilien. Die Versuche des Westreiches wie des Ostreiches, die Vandalen aufzuhalten, sind alle gescheitert (457 n. Chr. Eroberung der Flotte des Majoran, 468 n. Chr. Vernichtung von Leons Flotte am Cap Bon). Geiserich organisierte sein neues Königreich, dessen Kern mit der ehemaligen Provinz Africa proconsularis identisch war, nach einem rationellen Plan. Dieses Gebiet wurde unter den vandalischen Familien aufgeteilt (15 000–20 000 Menschen), die von Spanien aus dem König gefolgt waren. Mehrere in der

Region von Thelepte jüngst entdeckte Inschriften bestätigen die vandalische Präsenz.

Zu diesem Zweck also ließ der König die Güter (Böden, Häuser und bewegliche Habe) der größten römischen Familien beschlagnahmen, die somit ins Exil gezwungen wurden. Da diese Leute (die *honorati*) zur städtischen Elite gehörten und den städtischen Betrieb weitgehend finanziert hatten, verursachten diese Maßnahmen einen bedeutenden sozialen Bruch. Trotz einer Änderung der königlichen Politik, durch die einige verbannte Familien ihren Besitz wiedererlangen konnten – zumindest in der Byzacena –, und der Anstrengungen der Herrscher seit Gunthamund (reg. 484–496), eine Elite aus Senatoren wieder herzustellen, ist dieser Bruch nie mehr behoben worden. Die anderen Provinzen – Tripolitana und Byzacena – wurden den Römern zugewiesen, und Enteignungen waren dort seltener.

Die Vandalen kannten keine Wahlmonarchie: Der Herrscher wurde aus der königlichen Familie nach der germanischer Traditionen der agnatischen Thronfolge bestimmt, d. h. nach seinem Verwandtschaftsgrad mit anderen männlichen Blutsverwandten. Mit dem Titel *rex Vandalorum et Alanorum* stellte sich der König unmittelbar in die Tradition des Römischen Reichs. Mehrere in Ammaedara gefundene Grabinschriften (CIL 8, 10156 und 11528) erwähnen für die Vandalenzeit *flamines perpetui* (ein Priesteramt im heidnischen Kaiserkult), von denen einer sich als Christ bezeichnete, und *sacerdotales provinciae Africae* (Priester der Provinz Africa) (*Inscriptions chrétiennes d'Haïdra* 424); sie weisen außerdem auf die Existenz eines Königskultes mit politischer Bedeutung als Relikt des Kaiserkults hin.

Die Vandalenkönige, die infolge der Landenteignungen und Kriegsbeuten über ein gewaltiges Erbe verfügten, zeigten sich gerne als Euergeten oder Städtegründer, Hadrumetum wurde z. B. nach dem König Hunerich Huniricopolis genannt. Außerdem ließen sie große Arbeiten (Trockenlegung der Küste) durchführen und lebten im Luxus. Mehrere Dichter, insbesondere Luxorius (6. Jh. n. Chr.), erzählen uns unter wahrscheinlich übertriebenen Lobpreisungen von den wunderschönen Bauten, die die Könige errichtet haben: Thermen in Alianae bei Karthago, einen Palast in Anclae, einem unbekannten Ort. Der König residierte in Karthago, vermutlich auf dem Byrsa-Hügel in einem Palast mit einer der Maria geweihten Basilika, und auch in mehreren Villen an der Küste.

Die Reichsverwaltung ist unzulänglich bekannt, scheint aber eine doppelte Struktur aufzuweisen, die eine für die Vandalen, die andere für die Römer. Eine Reihe höherer königlicher Beamter waren für die Vandalen zuständig. Das Land außerhalb von Karthago hatten die Machthaber in militärische Bezirke mit Garnisonen aufgeteilt, die von *millenarii* geführt wurden. Die Soldaten wurden außerdem auf Landgütern der ganzen Africa proconsularis angesiedelt, deren Villen sie dann bewohnten. Für die Römer ist die Lage weniger klar. Ein Prokonsul mit richterlicher Funktion residierte in Karthago, doch bleibt die Situation an anderen Orten völlig im Dunkeln. Die Stadtverwaltung scheint weiter bestanden und die Stadträte trotz des Weggangs der *honorati* normal funktioniert zu haben.

Die materielle Lage der Städte jedoch war anscheinend sehr unterschiedlich: in Belalis Maior bei Vaga gibt es einige Bauten, darunter eine Kirche aus dem ausgehenden 5. Jh. n. Chr.; in Thugga hingegen eine einzige, eher bescheidene Kirche, was auf den Niedergang dieser Stadt hinweisen könnte. Sufetula hingegen blühte noch: Mehrere Kirchen wurden wahrscheinlich damals gebaut, und neben der Basilika II ist sogar ein kleines Bad errichtet worden. In Henchir Gousset, an der algerischen Grenze, wurde während der Regierungszeit des Königs Thrasamund eine Märtyrerkapelle errichtet. In Ammaedara war die Situation kontrastreicher. Die schon erwähnten Grabinschriften der Kapelle der Vandalen beweisen die Anwesenheit einer städtischen Elite, und die arianische Gemeinde scheint dort sehr aktiv gewesen zu sein. Die Kathedrale (?) barg das Grab des Victorinus, eines Bischofs der Vandalen. Mehrere Indizien aus den neueren Grabungen zeugen aber anscheinend von einer gleichzeitigen Minderung der Qualität des Städtebaus. Die Lage scheint in Tripolitanien, Leptis Magna und Sabratha mehr als armselig gewesen zu sein.

Die Analyse der ländlichen Gebiete führt zu ähnlichen Schlüssen. Sie stützt sich auf eine Reihe außergewöhnlicher Dokumente, 45 Holztafeln (die «Albertini-Tafeln»), die etwa 100 km südöstlich von Theveste – der genaue Fundort, ob in Algerien oder Tunesien, ist nicht bekannt – an der Steppengrenze gefunden wurden. Die meisten tragen mit Tinte geschriebene Vertragstexte, die sich auf Geldgeschäfte innerhalb desselben Landguts beziehen, dem im Fundgebiet gelegenen fundus Tuletianensis. Diese grundlegenden Texte stammen aus der Regierungszeit des Königs Gunthamund (reg. 484–496 n. Chr.) und liefern viele konkrete Informationen. Man stellt z. B. fest, dass das römische Gesetz weiterhin angewandt wurde und dass die Agrargesetze des 2. Jhs. n. Chr., die aus den großen Inschriften von Henchir Mettich oder Ain Jemala bekannten Bestimmungen, immer noch galten.

Die Bauern, die ihre Parzellen (etwa 50 werden aufgeführt) verkauften, genossen meistens einen sehr günstigen, durch die *lex Manciana,* die den Anbau der Brachflächen förderte, gesicherten Status. Diese Verträge unterrichten uns auch über den Zustand der damaligen Landwirtschaft: Die hydraulischen Anlagen, die die Bewässerung ermöglichen, waren anscheinend noch funktionsfähig; Baumkulturen, insbesondere Öl- und Feigenbäume, aber auch Weinreben herrschten vor. Eine einzige Familie, Nachkommen des ersten Besitzers dieses Landguts, eines Ratsherren und *flamen perpetuus* in einer Nachbarstadt, kaufte viele dieser Parzellen auf, um wieder in den vollen Besitz des ehemaligen Landguts zu gelangen. Die Inhaber, die sich oft in einer schwierigen Lage befanden, mussten verkaufen. Somit veräußerten einige gleich mehrere Parzellen nacheinander, um ihre Existenz zu sichern.

Andere Tafeln beleuchten weitere Aspekte des Lebens in ländlichen Gegenden des ausgehenden 5. Jhs. n. Chr. Eine von ihnen betrifft den Mitgiftvertrag eines Mädchens: eine Geldsumme und die Aussteuer – eine *dalmatica* (langärmelige Tunika), ein Schleier, ein Leinenkleid, eine *colussa* (unbekanntes Kleidungsstück), Trachtzubehör, ein Halstuch, einige Schmuckstücke, Schuhe aus Stier- und Schafsleder, Muscheln und ein Webstuhl für die Wolle mit Zubehör – für einen Gesamtwert von 12 000 *folles,* wobei ein Ölbaum 15 und ein Feigenbaum 50 *folles* kostete.

Die wirtschaftlichen Auswirkungen der Eroberung durch die Vandalen interessieren uns hier besonders. Nordafrika war bis dahin eng mit dem gesamten Mittelmeerhandel verbunden gewesen. Man hat oft gemeint, dass dieser durch die Invasion der fremden Macht seine Dynamik eingebüßt hätte. Durch die genauen Erkenntnisse über die Produktion und Verbreitung der Keramik und somit über eine gewisse Anzahl von Waren, die transportiert wurden, muss diese Ansicht deutlich revidiert werden. Die «Albertini-Tafeln» geben, wie wir gesehen haben, ein nuanciertes und eher positives Bild der Landwirtschaft ab. Die Keramik gibt mehr Anlass zu Diskussionen. Für einige Fachleute zeigt die Untersuchung von Funden aus mehreren Stätten des Mittelmeergebiets, dass Produktion und Export der Keramik im ausgehenden 5. Jh. n. Chr. langsam abnahmen. Das heutige Wissen über die Werkstätten führt zu einer anderen Beurteilung.

Die Produktionszentren des Medjerdabeckens verloren ihre Vorherrschaft in der Mitte des 5. Jhs. n. Chr. zugunsten derjenigen der Byzacena, legten aber seit dem Ende desselben Jahrhunderts mit der Entwicklung der Werkstätten von Uthina wieder zu. Diese Bewegungen sind weit davon entfernt, eine Krisensituation darzustellen, sondern spiegeln eher eine rege Wirtschaft wider. Die Vorstellung eines durch den Einfall der Vandalen verursachten Bruches muss also neu überdacht werden, zudem diese selbst wie Römer lebten. Sie wohnten in den Häusern der verbannten Honoratioren, wie die durch ein tunesisch-französisches Team durchgeführten Arbeiten in der *Maison de la Rotonde* von Karthago auf spektakuläre Weise gezeigt haben. Die vandalenzeitliche Phase dieses Hauses weist eine besonders ausgesuchte Ausstattung auf, die den römischen Vorgängern in nichts nachsteht. Daher ist die Anwesenheit der Vandalen schwer zu fassen.

Es gibt in Thuburbo Maius das Grab des jungen Arifridos. Die Onomastik ist nicht unbedingt aufschlußreich, da ein germanisch klingender Name nicht unbedingt einem Vandalen zugeschrieben werden kann. Im Gegensatz zu früheren Meinungen bietet auch die Kleidung selbst keinen Anhaltspunkt mehr. Sieben oder acht Gräber mit Schmuck und Kleidungszubehör wurden in der Africa proconsularis gefunden: das Grab des Arifridos und weitere aus Karthago und Umgebung. Die Verstorbenen waren also bekleidet und mit ihrem Schmuck bestatten worden; eine Seltenheit in den römischen Gebieten der Spätantike. Mehrere Gräber enthielten Schmuckstücke aus Gold, Ohrringe, Schuhschnallen, Gürtelschnallen, Fibeln, die als Beispiele für die Goldschmiedekunst der «Barbaren» galten, weil sie mit Granaten verziert sind. Heute ist man aber der Meinung, dass diese Arbeiten keine ethnische Konnotation haben und zur allgemeinen Entwicklung der Goldschmiedekunst und zum zeitgenössischen Geschmack gehören. Eine Goldschmiede, die Granaten verarbeitete, wurde in Karthago entdeckt.

Folgendes gilt es noch zu erwähnen: die Religion und die Mauren. Die Vandalen hatten sich zur arianischen Variante des Christentum bekehrt, die von den Katholiken als Häresie betrachtet wurde. Diese christliche Strömung stellte eine Hierarchie zwischen Gott dem Vater und Christus dem Sohn auf. Weil Geiserich (428–477 n. Chr.) in der Africa proconsularis eine homogene vandalische Bevölkerung bilden wollte, hat er der katholischen Kirche zuerst Zwänge auferlegt und sie dann offen verfolgt, indem Kirchen enteignet, Bischofsweihen und 457 n. Chr. katholische Gottesdienste verboten wurden. Unter König Hunerich (reg. 477–484) wurde zwischen 481–484 n. Chr. eine sehr harte Religionspolitik mit der brutalen Verbannung von 5000 Geistlichen in die südlich von Setif gelegenen Hodna-Berge betrieben. Das Scheitern der Konferenz der katholischen und arianischen Bischöfe im Jahre 484 n. Chr. führte zur Verbannung aller katholischen Bischöfe oder zur Zwangsbekehrung zum Arianismus. Erst 523 n. Chr. unter König Hilderich (reg. 523–530) wendete sich die Situation zum Besseren.

Die gegenüber den Mauren geführte Politik löste eine Reihe von Aufständen im Aures-Gebirge, in der Byzacena und in Tripolitanien aus. Diese Ereignisse wurden von den Historikern, die sich insbesondere auf die Grabinschrift (AE 1945, 57) des berberischen Stammeshäuptlings Masties stützten, unterschiedlich interpretiert.

Y. Modéran hat vor kurzem eine mit der religiösen Frage verknüpfte Erklärung vorgeschlagen: Masties, der sich als den Römern und Mauren gegenüber als treuer *dux* und *imperator* bezeichnete, hätte die Führung einer Widerstandsbewegung übernommen, um die römische und katholische Bevölkerung zu schützen. Wie auch immer die Kontinuität der Beziehungen zu Rom wirklich ausgesehen haben mag, diese beiden Fragen haben die Geschichte des Vandalenreichs schwerwiegend beeinflusst und das Reich geschwächt.

Die byzantinische Eroberung

Das ehrgeizige Programm des 527 n. Chr. auf den Thron gelangten Iustinian I. zur Wiederherstellung des Römischen Reiches hatte auch die Rückeroberung Nordafrikas zum Ziel. Nach den gescheiterten Offensiven seiner Vorgänger organisierte der Kaiser eine Expedition unter der Leitung des begabten Generals Belisar. Dieser landete, wie zuvor Caesar, in Caput Vada/Ras Kaboudia an der Ostküste der Byzacena und marschierte nach Karthago, das er im September 533 n. Chr. einnahm. Die Vandalen wurden bald bezwungen. Im Jahre 534 n. Chr. wurde Belisar nach Konstantinopel zurückgerufen, und Solomon hatte fortan als militärischer Kommandant (*magister militum*) und Prätorianerpräfekt die militärische und administrative Gewalt inne. Infolge der Eroberung war die Präfektur Africa wiederhergestellt worden und zählte neben der Africa proconsularis die Provinzen Byzacena, Tripolitana, Numidia, Mauretania Tingitana, Mauretania Caesariensis und Sardinia. Am Ende des 6. Jhs. n. Chr. wurde der Präfekt von einem Exarchen (wie in Ravenna) abgelöst, der die zivile und militärische Gewalt wieder enger an sich zog.

Das Befestigungsprogramm

Die vandalische Macht war zerstört worden, und doch bestand weiterhin eine große Gefahr: die Mauren, mit denen die Byzantiner von Anfang an konfrontiert worden waren. Deshalb begann Solomon gleich nach seiner Nominierung mit Genehmigung des Kaisers Iustinian I. mit dem umfangreichen Bau eines Befestigungsnetzes, das über die Gebiete der ehemaligen Africa proconsularis hinausreichte. Im Gegensatz zum Limes, der von den Römern an der Südgrenze der Reichsgebiete angelegt worden war, ging es jetzt darum, das gesamte Nordafrika gegen einen Feind aus dem Landesinneren zu schützen. Daher auch die Streuung und die große Vielfalt der befestigten Stützpunkte, die in regelmäßigen Abständen sowohl an der Küste als auch im Hinterland verteilt waren. Die relativ zahlreich erhaltenen Weihinschriften belegen, dass dieses Unterfangen im Namen des Kaisers geschah und nicht nur als Verteidigungsprogramm, sondern auch als Erneuerungsprogramm des Städtebaus zu verstehen war.

Schon in der römischen Welt symbolisierte die Wehrmauer die Vollendung der Stadt. Die byzantinischen Armeeingenieure, schon lange mit dieser Art von Bauwerken vertraut, passten sie den bestehenden Gegebenheiten so gut wie möglich an. So wurden einige Städte mit einer Mauer umgeben: Dies ist der Fall für Thubursicu Bure bei Thugga. Meistens wurde der Stadtumfang bei dieser Gelegenheit beträchtlich verringert. Dies ist in Sabratha und Leptis Magna noch zu sehen (Abb. 128).

Die byzantinische Wehrmauer in Leptis Magna bezieht die Tempel des älteren Forums ein, verläuft quer durch die Stadt, wobei ein sehr großer Teil der Bebauung außerhalb der Mauer bleibt, und erreicht das severische Forum, dessen Umfriedung einbezogen wird. Damit wird klar, dass die Stadt im 6. Jh. n. Chr. an Fläche und Vitalität verloren hat. Ähnlich sieht es für Sabratha aus, wo die Fläche gleichfalls reduziert wurde. Doch weiß man, wie notwendig diese Stadtmauern wegen der ständigen Überfälle der Stämme (Garamantes und andere) am Rand der Sahara waren. Eine der ersten Maßnahmen Belisars in Karthago war die Ausbesserung der Stadtmauer, und Ha-

Abb. 128
Leptis Magna. Byzantinische Mauer.

Abb. 129
Ammaedara. Die byzantinische Zitadelle.

Das Ende der Africa proconsularis: Vandalen und Byzantiner | 135

Es ist anzunehmen, dass die zu einem nicht genau feststehenden Zeitpunkt errichtete Festung von Limisa ein Neubau war. Eine Inschrift (CIL 8, 12035) erwähnt den Bau eines Turms in der Regierungszeit des Kaisers Mauricius Tiberius am Ende des 6. Jhs. n. Chr. – es ist jedoch unklar, welches Gebäude damit gemeint war.

Bei der Befestigung von Thugga, die ebenso aufschlussreich ist wie diejenige von Leptis Magna, wurde das Forum weiterverwendet und umgewandelt. Eine Mauer mit Türmen wurde um das in eine Zitadelle umgebaute Forum mit dem Kapitol gezogen. In Musti wurde dieselbe Entscheidung getroffen und das Forum auf die gleiche Weise umgestaltet, was deutlich macht, dass das Zentrum des ehemaligen bürgerlichen Lebens völlig aufgegeben worden war. Eine andere Lösung wurde für Ammaedara getroffen (Abb. 129). Die Zitadelle war mit 2 ha sehr umfangreich; sie wurde unter Iustinian im Herzen der römischen Stadt, direkt am Forum errichtet, wo sie einen Teil der Basilika einbezog. Von dort aus wurden das Wadi und eine Trinkwasserquelle kontrolliert, wie auch die Straße aus dem Süden und die große, von Karthago durch die Zitadelle nach Theveste und Lambaesis führende Straße. Die Funktionsweise dieser Stadt hat sich seit dem 4. und 5. Jh. n. Chr. entscheidend geändert, da die Byzantiner auch den severischen Bogen im Osten der Stadt zu einer Bastion umbauten und mit einer Mauer umgaben: Die Straßen wurden enger und viele römische Bauten wurden zerstört.

Für diese Stützpunkte, die stellenweise ein echtes Verteidigungsnetz bildeten und oft in Sichtweite voneinander standen, gibt es noch mehr Beispiele: Von Thugga aus waren im Westen die Festung von Agbia, im Osten die Mauern von Thubursicu Bure und noch weiter die am Rand des Städtchens Thignica gebaute Zitadelle zu sehen (Abb. 130). Wie groß sie auch waren, alle diese Bauwerke hatten einen öffentlichen Charakter. Auf dem Land, wie viele Inschriften und Bauten zeigen, existierte auch ein Reihe von bescheidenen Befestigungen, die von Dorfgemeinschaften oder Privatpersonen oft auf älteren Bauwerken, Tempeln oder Mausoleen, errichtet wurden. So gab es um Sufetula im tunesischen Steppenhochland paradoxerweise keine wichtige Zitadelle, dafür aber große befestigte Häuser.

Die religiösen Bauten

Prägend für die Landschaft des byzantinischen Afrika waren die Kirchen. Ihre Zahl hatte sich seit dem 4. Jh. n. Chr. vervielfacht. Als die Byzantiner das Land zurückeroberten, wurden die von den Arianern enteigneten Kir-

Abb. 130 Thignica/Ain Tounga. Die byzantinische Zitadelle.

drumetum, in Iustinianapolis umbenannt, wurde ebenfalls mit einer Mauer umgeben.

Neben diesen neuen oder erneuerten Stadtmauern wurde die ehemalige Africa proconsularis mit Festungen und kleinen Forts übersät: Die spektakulärste unter ihnen und auch die am besten erhaltene, ist die Befestigung in Limisa, sie ist klein, mit quadratischem Grundriss und je einem Turm an den vier Ecken. Eine Seite wurde über einem römischen Becken gebaut. Die Mauer besaß Zinnen. Die innere Gliederung dieses Bauwerks ist trotz der Ausgrabungen noch nicht ausreichend bekannt.

Abb. 131 Karthago. Basilika von Damous el-Karita.

chen den Katholiken zurückgegeben. In der Kathedrale von Ammaedara blieb das Grab des arianischen Bischofs Victorinus erhalten, aber die umgebenden Schranken, die einem neuen Altar weichen mussten, wurden abmontiert. Ein anderer Bischof, Melleus, «Bischof der Einheit» bzw. der Katholiken, wurde auch hier bestattet. Dies geschah jedoch nicht vor 569 n. Chr., da dieser Prälat im vierten Regierungsjahr des Iustinus II. (reg. 568–569) Reliquien des heiligen Cyprian in der Kirche niedergelegt hatte.

Viele Kirchen waren Gegenstand tiefgreifender Baumaßnahmen – insbesondere bei der Umorientierung von Westen nach Osten –, die zuweilen einem Wiederaufbau gleichkamen. Einige Kirchen, vor allem in ländlichen Gegenden, wurden neu errichtet. Es fehlt aber noch an systematischen Grabungen, um die Umbauten in diesen Kirchen im Detail zu verfolgen und die Chronologie bestimmen zu können. Einige Kirchen in Karthago, insbesondere die Basilika Damous el-Karita, weisen mehrere verschiedene Bauphasen auf (Abb. 131): In die große Kirche mit neun Schiffen und einer Zentralkuppel wurde am Ende der Antike ein sehr bescheidenes Gebäude eingebaut, das im rechten Winkel zur alten Orientierung stand.

In den Augen der Zeitgenossen stellten diese Sakralbauten die Fortsetzung der vorigen Kirchen ohne nennenswerte Änderungen dar. Die Präsenz der Byzantiner in diesem Bereich hatte also kaum was verändert: einige Neuerungen in der einen oder anderen Kirche – einige Kuppeln z. B. – und ein anderes Dekor zumindest in den reichsten Bauwerken.

Es sind in der Africa proconsularis, in Karthago (vor allem in der Basilika Bir Ftouha) und in anderen großen Städten (z. B. Hadrumetum) Marmorkapitelle bekannt, die deutlich auf einen Import aus Werkstätten Konstantinopels hinweisen. Dies bestätigt auch der schon erwähnte Abschnitt einer Vita des heiligen Stephanus mit dem Bericht von einem Schiff, das eine in ihre Einzelteile zerlegte Kirche transportierte (Säulen, Kapitelle und allerlei Architekturteile).

Festungen und Kirchen sind zwei für das byzantinische Afrika charakteristische Bautypen. Beide symbolisieren die tiefgreifenden städtischen Umgestaltungen, die auf eine Schwächung des gesamten bürgerlichen Lebens und insbesondere auf einen gewissen, obwohl schwer einzuschätzenden Niedergang zurückzuführen sind. Wie Y. Thébert hervorgehoben hat, besaß eine Stadt in der Africa proconsularis in dieser Zeit zwei Pole: einen politischen mit dem Palast oder der Festung und einen religiösen um die Sakralbauten. Das Straßennetz z. B. blieb zwar erhalten, wurde aber nicht mehr wie in der Kaiserzeit benutzt: Anbauten von Privathäusern in die Straßen hinein kamen öfters vor, und der Verkehr hatte sich sehr verändert. Dies ist in Ammaedara besonders auffällig: An vielen Stellen wurde das zum Wadi abfallende Straßennetz der frühen Kaiserzeit wieder aufgegriffen, die Pflasterung wurde teilweise zugeschüttet, um bestimmte Abschnitte für Terrassen zu ebnen, was zur Folge hatte, dass Durchgangsverkehr nicht mehr möglich war. Andere Straßen wurden verengt, wie diejenige am Westtor der Zitadelle von Karthago, die zwar ihre römische Pflasterung behielt, aber die Hälfte ihrer ursprünglichen Breite

Abb. 132
Sufetula. Auf einer älteren Straße errichtete Ölpresse.

Abb. 133
Belalis Maior. Mosaikdetail: Achilleus und der Kentaur Chiron (6. Jh. n. Chr.). Musée du Bardo.

Abb. 134
Karthago. *Maison des Auriges grecs*. Statuette des Ganymed (spätes 4. Jh. n. Chr.). Musée de Carthage.

138 | Die byzantinische Eroberung

einbüßte. Viele römische Monumente wurden wiederverwendet und umgestaltet, wie der zu einem kleinen Fort ausgebaute Bogen des Septimius Severus in Ammaedara. Viele ehemalige Wohnviertel wurden zu Handwerkervierteln: z. B. in Thuburbo Maius, Ammaedara und Sufetula (Abb. 132).

Ein weiteres neues Phänomen trat auf: Die Nekropolen, die seit der archaischen Zeit außerhalb der Siedlungen lagen, wurden nach und nach in den Städten angelegt. Diese Entwicklung begann früh in Nordafrika als Folge der wachsenden Zahl der Kirchen und der Entstehung des Reliquienkults. Die Gläubigen versuchten, möglichst nahe bei den Reliquien bestattet zu werden, um den Schutz der Märtyrer zu genießen (Bestattungen *ad sanctos*). Früher als anderswo wurden also schon im 4. Jh. n. Chr. Gräber in und bei den Kirchen angelegt: in Thuburbo Maius, Mactaris und manchen anderen Städten. In Ammaedara breiteten sie sich in der Melleus-Basilika (möglicherweise die Kathedrale), wie in der Kapelle der Vandalen aus. In der Zitadelle wurde vor der Fassade der Basilika VII eine kleine Nekropole angelegt. Man muss aber wahrscheinlich auch, vor allem für die byzantinische Zeit, die wirkliche Stadtausdehnung berücksichtigen: Die Bebauung konnte kleiner oder lockerer sein, so dass nicht immer sicher ist, ob sich die Bauten innerhalb oder außerhalb der Stadt befanden.

Diese tatsächliche Dekadenz der Städte nahm im Laufe des 7. Jhs. n. Chr. zu, darf aber nicht überbewertet werden. Mehrere Hinweise zeigen, dass sogar außerhalb der großen Zentren die Mosaikwerkstätten nach wie vor tätig waren. Die neuen Entdeckungen von Mosaiken im reichen Steppenhochland belegen, dass sich die Handwerker noch des alten mythischen Repertoires bedienten. Noch im 5. Jh. n. Chr. wurde Okeanos wie Neptun auf seinem Wagen nach derselben Vorlage wie auf dem Mosaik von Acholla dargestellt. In Henchir Errich erscheinen Nereiden oder Heroen wie Meleager auf einem erstaunlichen Mosaikboden. In Belalis Maior wurden Achilleus und Chiron sowie Bellerophon und die Chimäre wie die Figuren der zuvor genannten Mosaike in einem Stil ausgeführt, der sich von den hellenistischen Traditionen entfernte (Abb. 133). Das lässt erkennen, dass das im 4. und 5. Jh. n. Chr. noch vorhandene Können langsam verblasste.

Dieselben Charakteristika erscheinen wieder, oft in einem etwas naiven, aber reizvollen Stil, in mehreren ländlichen Kirchen, wie denen von El Ounaissia oder El Erg. In der *Basilique des Martyrs* von Ammaedara ist der von Candidus und seiner Frau gestiftete Mosaikboden sehr qualitätvoll und zeigt, dass einige Werkstätten noch in der Lage waren, aufwendige geometrische oder pflanzliche Kompositionen zu schaffen. Er bildet einen auffälligen Kontrast zu dem einfachen Boden am Altar, der zwar mit einer köstlichen, belebten, aber naiv ausgeführten Ranke geschmückt ist.

Die Fortdauer der mythischen Themen in der Africa proconsularis dokumentiert ein im ganzen Römischen Reich gut untersuchtes Phänomen: die Kontinuität der Motive in der Spätantike, die als Ausdruck der klassischen Kultur und somit als Zeichen der Zugehörigkeit zu einer bestimmten Elite, die Städte bereichert hatten. An Beispielen fehlt es in der Mosaikkunst nicht: ein besonders schönes ist die *Maison des Auriges grecs*, die vor kurzem in Karthago freigelegt wurde. Der Name des Hauses stammt von einem Mosaik mit vier Wagenlenkern, Vertreter je eines Rennstalls, zu Fuß und in der Tracht der Wagenlenker mit einer Peitsche in der Hand. Die Namen stehen auf griechisch neben ihrem Kopf. In demselben Haus wurde auch eine kleine, 50 cm hohe griechische Marmorgruppe entdeckt, die den jungen phrygischen Hirten Ganymed, in den Iuppiter verliebt war, mit einem Adler darstellt (Abb. 134). In dieses Tier hatte sich der Gott verwandelt, um den Jüngling in den Olymp zu entführen, wo er bei den Gelagen als Mundschenk dienen sollte. Diese infolge ihrer Zerbrechlichkeit schon in der Antike ausgebesserte Gruppe sollte wahrscheinlich eine Nische in einem der Empfangssäle des Hauses schmücken. In das ausgehende 4. oder frühe 5. Jh. n. Chr. datiert, wurde sie einem Bildhauer aus Aphrodisias in Karien zugeschrieben. Es ist ein schönes Exemplar einer damals ziemlich umfangreichen Produktion von mythischen Statuetten für die Häuser der Honoratioren, die sehr vollendet gearbeitet waren. Weitere Gruppen sind aus großen Villen in Gallien oder Spanien bekannt. Diese Darstellungen hatten vermutlich nichts Religiöses mehr an sich, waren aber der Stolz des Hauseigentümers.

Schluss. Afrika in nachrömischer Zeit

Im Jahre 647 n. Chr. wurde die vom Patrikios (byzant. Titel) Gregorios, Präfekt und Exarch von Karthago, angeführte byzantinische Armee von den Arabern, die auf dem Landweg südlich der Küstenstädte in die Africa proconsularis eingedrungen waren, bei Sufetula geschlagen. Ohne Stützpunkte zu errichten, zogen sich dann die Araber mit einer reichen Beute nach Tripolitanien zurück. Die Zeugitana wurde allerdings von diesen Aktivitäten kaum berührt. Der umfangreiche und bedeutende Goldmünzenschatz von Bararus aus dieser Zeit bezeugt, dass die Lage der ehemaligen Africa proconsularis im mittleren 7. Jh. n. Chr. alles andere als katastrophal war. Die Beziehungen zwischen Nordafrika und Konstantinopel waren trotz politischer Erschütterungen und der Usurpation des Gregorios immer noch rege, und die Geldwirtschaft funktionierte weiterhin. Von diesem Wohlstand sprechen auch die arabischen Texte, die bei der Schilderung der zu Ende gehenden byzantinischen Zeit von einer blühenden Landwirtschaft berichten.

Im Jahre 669 n. Chr. wurde während einer zweiten Welle von arabischen Invasoren unter der Führung von Sidi Oqba Kairouan gegründet. Darauf folgten unsichere Zeiten, da die Byzantiner nur gelegentlich zu Hilfe kamen und die Berberstämme unter der Führung legendärer Persönlichkeiten – Kusaïla, dann Kahina – Numidien und die südliche Byzacena heimsuchten. Im Jahre 695 n. Chr. wurde Karthago von Hassan ibn en-Noman innerhalb kurzer Zeit gestürmt, die byzantinische Führung konnte jedoch nach Spanien oder Sizilien fliehen. Kaum hatten die arabischen Truppen der Stadt den Rücken gekehrt, als die Bewohner die Garnison vertrieben. Daraufhin wurde die Stadt erneut belagert und dabei vieles zerstört. Im Jahre 697 n. Chr., als Kahina den arabischen Armeen eine Niederlage zufügte, fiel Karthago für eine kurze Zeit in die Hände der Byzantiner. Ein Jahr später hatte sie Hassan endgültig zurückerobert. Die Stadt war nur noch ein Ruinenfeld und wurde von den reichsten Bewohnern verlassen. Deshalb wurde sofort eine neue Stadt gegründet: Tunis.

Das antike Nordafrika hatte aufgehört zu existieren. Allerdings bleiben manche Aspekte ungeklärt: Das Schicksal der christlichen Gemeinschaften, die in ihrer Existenz bedroht waren, von denen sich aber einige bis ins 12. Jh. halten konnten, lässt sich kaum fassen. Die Bedeutung der sich abzeichnenden Kontinuität, besonders in der Wirtschaft, sollte näher untersucht werden. Die wichtige Keramik der ehemaligen römischen Provinz könnte aufschlussreich sein: Die vorliegenden, noch unvollständigen Ergebnisse weisen darauf hin, dass es keinen sofortigen Traditionsbruch in der Produktion gegeben hat. Mit dem Ende der Zugehörigkeit so wichtiger Gebiete zum Römischen Reich stellt sich wieder die Frage nach den Brüchen, nach der chronologischen Einordnung und ihren Beziehungen zu den historischen Ereignissen (Abb. 135).

Abb. 135 Karthago. Mosaik: *Dame de Carthage* (5. Jh. n. Chr. (?)). Musée de Carthage.

Zeittafel

146 v. Chr.	Karthago wird durch die Römer eingenommen und zerstört: Ende der Punischen Kriege und Einrichtung der Provinz Africa.
122	Der Versuch des Gaius Sempronius Gracchus, in Karthago eine Kolonie zu gründen, scheitert.
113–105	Krieg gegen Iugurtha.
88	Teilung des Königreiches der Massylier.
46	Caesar siegt über die Anhänger des Pompeius in Thapsus. Gründung der Provinz Africa nova.
44	Gründung der Kolonie Karthago. Ermordung Caesars.
29	3000 Siedler werden nach Karthago entsandt.
27	Octavian wird vom Senat zum Augustus ernannt. Die zwei Provinzen Africa vetus und Africa nova werden zur Provinz Africa proconsularis zusammengeschlossen.
17–24 n. Chr.	Aufstand der Musulami unter der Führung von Tacfarinas. Die *Legio III Augusta* schlägt ihr Winterlager in Ammaedara auf.
37–41	Kaiser Caligula entzieht dem Prokonsul der Provinz Africa die *Legio III Augusta*.
54–68	Nero beschlagnahmt bedeutende Landgüter in der Provinz Africa.
69–79	Unter Kaiser Vespasian wird ein Agrargesetz erlassen, das die Kultivierung von brachliegendem Land fördern soll. Die *Legio III Augusta* verlässt Ammaedara und zieht in Richtung Lambaesis. Ammaedara erhält den Status einer Kolonie.
85–87	Feldzug gegen die Garamanten und die Nasamonen in Tripolitanien.
um 110	Leptis Magna wird Kolonie.
188	Märtyrertod einer Gruppe von Christen in Scilli.
197	Septimius Severus, im Jahr 193 zum Kaiser ausgerufen, trägt den Sieg über seine Rivalen davon. Tertullian verfasst die *Apologetik*, in der er das Christentum gegen die Heiden verteidigt.
203	Märtyrertod von Felicitas, Perpetua und ihren Gefährten in Karthago.
212	Die *Constitutio Antoniana* gewährt allen freien Männern das römische Bürgerrecht.
238	Gordian (I.), Prokonsul der Provinz Africa, wird im Zuge eines Aufstands in Thysdrus zum Kaiser ausgerufen. Unterdrückung des Aufstands durch Capellianus. Selbstmord des Gordian I. Sein Enkelsohn, Gordian III., wird zum Kaiser ausgerufen. Auflösung der *Legio III Augusta*.
249–250	Christenverfolgung unter dem Kaiser Decius.
254	Wiederherstellung der *Legio III Augusta*.
257–258	Christenverfolgung unter dem Kaiser Valerian. Cyprian, der Bischof von Karthago, wird hingerichtet.
284–305	Diocletian wird Kaiser. Verwaltungsreform des Kaiserreichs. Tripolitanien wird zur Provinz. Das Amt des Prokonsuls wird reorganisiert.
303–304	Große Christenverfolgung.
310	Kaiser Maxentius plündert Karthago.
311	Toleranzedikt des Kaisers Galerius.
312	Caecilianus wird Bischof von Karthago: Beginn des donatistischen Schismas.
313	Toleranzedikt der Kaiser Konstantin und Licinius.
314	Konstantin beruft ein Konzil in Arles ein, um über den Donatismus zu debattieren.
340–350	Aufstand der Circumcellionen.
363–364	Überfall der Austuriani auf Leptis Magna.
391–392	Kaiser Theodosius I. verbietet die Ausübung heidnischer Kulte per Gesetz.
395	Augustinus wird Bischof von Hippo.
399	Die Legaten des Kaisers Honorius, Iovis und Gaudentius, sorgen für die Durchsetzung der antiheidnischen Gesetze in Karthago.
411	Konferenz der katholischen und donatistischen Bischöfe in Karthago.
425	Kaiser Theodosius II. errichtet eine Stadtmauer in Karthago.
429	Einfall der Vandalen.
430	Hippo fällt in die Hände der Vandalen. Augustinus von Hippo stirbt.
439	Karthago wird von den Vandalen eingenommen.
455	Rom wird von den Vandalen eingenommen und geplündert.
484	Verfolgung der Katholiken durch den Vandalenkönig Hunerich.
533	Unter Kaiser Iustinian erobert Belisar die Provinz Africa zurück.
643	Beginn der arabischen Eroberung. Sieg über das byzantinische Heer nahe Sufetula.
670	Gründung von Kairouan durch Sidi Oqba.
698	Einnahme von Karthago durch die Araber.
709	Ende der byzantinischen Präsenz in der Provinz Africa.

BIBLIOGRAPHIE

Die Publikationen über das römische Afrika, insbesondere über das Gebiet des heutigen Tunesien und Libyen, sind für die Fachwelt und für ein breites Publikum sehr zahlreich. In jüngerer Zeit sind nämlich zusammenfassende Bücher sowohl über Libyen und Tunesien im Allgemeinen als auch über bestimmte Aspekte, vor allem die Mosaike, erschienen, die zu den Reiseführern für archäologische Fundstätten hinzugekommen sind.

An dieser Stelle kann nur eine bibliographische Auswahl, die einige grundlegende Bücher oder Zusammenfassungen der jüngeren Forschungen herausgreift, geboten werden. Es gibt jedoch ein wesentliches bibliographisches Hilfsmittel, das seit 1962 unter der Leitung von J. Desanges und S. Lancel, dann J.-M. Lassère und Y. Le Bohec, dann Y. Le Bohec und J. Debergh, und schließlich Cl. Briand-Ponsard und M. Coltelloni-Trannoy alle Publikationen über das römische Afrika registriert: *Bibliographie analytique de l'Afrique antique*.

Aus historischen Gründen ist ein größerer Teil der einschlägigen Bücher und Artikel über Tunesien und Algerien auf Französisch verfasst. Für Libyen ist die Fachliteratur in englischer und italienischer Sprache umfangreich.

Außerdem gibt es einige umfangreiche Hilfsmittel für Fachleute: das *Corpus Inscriptionum Latinarum* für die zahlreichen lateinischen Inschriften und das noch unvollendete *Corpus des Mosaïques de Tunisie* für die Mosaike.

In Tunesien wurde schon zu Beginn des französischen Protektorats an einem archäologischen Atlas nach dem algerischen Vorbild gearbeitet. Eine archäologische Karte Tunesiens wird zurzeit vom *Institut National du Patrimoine de Tunisie* erstellt. Das Straßennetz der Africa proconsularis wurde anhand der von P. Salama publizierten Karte (*Voies romaines de l'Afrique antique*, Alger 1951) neu aufgenommen (*Le réseau routier...*).

Als Einführung in das römische Afrika:

P.-A. Février, Approches du Maghreb romain [2 Bde.] (Aix-en-Provence 1989–1990).
Ch. Hugoniot, Rome en Afrique. De la chute de Carthage au début de la conquête romaine (Paris 2000).
D. J. Mattingly, Tripolitania (London 1995).
G. Charles-Picard, La civilisation de l'Afrique romaine (Paris ²1990).
Cl. Sintès, Libye antique (Paris 2010).

Für ein breiteres Publikum:

J.-Cl. Golvin, L'Afrique antique. Histoire et monuments (Paris 2001).
A. Di Vita / G. Di Vita-Evrard / L. Bacchielli, Das antike Libyen. Vergessene Stätten des römischen Imperiums (Köln 1999).
H. Slim / N. Fauqué, La Tunisie antique. D'Hannibal à saint Augustin (Paris 2001).

Es gibt zwar kein Handbuch über die Geschichte des römischen Afrika, aber mehrere Lehrbücher für Studenten sind dank zufällig gesetzter Schwerpunkte in den Programmen der französischen Universitäten entstanden, darunter:

Cl. Briand-Ponsart / Ch. Hugoniot, L'Afrique antique de l'Atlantique à la Tripolitaine. 146 av. J.-C. – 533 ap. J.-C. (Paris 2005).

Stattdessen gibt es viele spezialisierte Werke. Zu erwähnen sind vor allem:

J. Gascou, La politique municipale de l'Empire romain en Afrique Proconsulaire de Trajan à Septime Sévère (Rom 1972).
F. Jacques, Le Privilège de liberté. Politique impériale et autonomie municipale dans les cités de l'Occident romain (161–244) (Rom 1984).
J.-M. Lassère, *Vbique Populus*. Peuplement et mouvements de population dans l'Afrique romaine de la chute de Carthage à la fin de la dynastie des Sévères (146 a. C.–235 p. C.) (Paris 1977).

Über das vorrömische Afrika:

H. G. Horn / Ch. Rüger (Hrsg.), Die Numider. Reiter und Könige nördlich der Sahara (Köln-Bonn 1979).

Beispiele regionaler Untersuchungen:

S. Aounallah, Le Cap Bon, jardin de Carthage. Recherches d'épigraphie et d'histoire romano-africaines (146 a. C.– 235 p. C.) (Bordeaux 2001).
M. De Vos, Rus africum. Terra, acqua, olio nell'Africa settentrionale (Trient 2000).
J. Peyras, Le Tell nord-est tunisien dans l'Antiquité. Essai de monographie régionale (Paris 1991).
H. Slim / P. Trousset / R. Paskoff / A. Oueslati, Le littoral de la Tunisie. Étude géoarchéologique et historique (Paris 2004).
P. Trousset, Recherches sur le limes Tripolitanus du Chott El-Djerid à la frontière tuniso-libyenne (Paris 1974).

Über das spätantike Afrika:

Ch. Courtois, Les Vandales et l'Afrique (Paris 1955).
Ch. Diehl, L'Afrique byzantine (Paris 1896).
Erben des Imperiums in Nordafrika. Das Königreich der Vandalen. [Große Landesausstellung Baden-Württemberg 2009 im Badischen Landesmuseum Schloss Karlsruhe, 24. Oktober bis 21. Februar 2010.] (Mainz 2009).
Cl. Lepelley, Les cités de l'Afrique romaine au Bas-Empire. I. La permanence d'une civilisation municipale; II. Notices d'histoire municipale (Paris 1979 und 1981).
Y. Modéran, Les Maures et l'Afrique romaine (IVe–VIIe siècle) (Paris 2003).
D. Pringle, The defence of Byzantine Africa from Justinian to the Arab Conquest (Oxford 2006).

Über die Armee:

Y. Le Bohec, La Troisième Légion Auguste (Paris 1989).

Über die heidnischen Religionen in Afrika:

V. Brouquier-Reddé, Temples et cultes de Tripolitaine (Paris 1992).
M. Le Glay, Saturne africain. Monuments. I. Afrique proconsulaire. II. Numidie-Maurétanies (Paris 1961 und 1966).
M. Le Glay, Saturne africain, Histoire (Paris 1966).
G. Charles-Picard, Les religions de l'Afrique antique (Paris 1954).

Beispiel für eine Monographie über eine afrikanische Stadt nach religiösen Gesichtspunkten:
S. Saint-Amans, Topographie religieuse de Dougga (Thugga). Ville romaine d'Afrique Proconsulaire (Tunisie) (Bordeaux 2004).

Wichtige Darstellungen über die römische Architektur in Nordafrika finden sich in:
P. Gros, L'architecture romaine du début du IIIe siècle av. J.-C. à la fin du Haut-Empire. I. Les monuments publics (Paris 1996).

Einige Monographien:

S. Aounallah, Pagus, *castellum et civitas*. Études d'épigraphie et d'histoire sur le village et la cité en Afrique (Bordeaux 2010).
G. Caputo, Il teatro di Sabratha e l'architettura teatrale africana (Rom 1959).
J. Eingartner, *Templa cum porticibus*. Ausstattung und Funktion italischer Tempelbezirke in Nordafrika und ihre Bedeutung für die römische Stadt der Kaiserzeit (Rahden 2005).
J.-M. Lassère (Hrsg.), Les Flavii de Cillium. Etude architecturale, épigraphique, historique et littéraire du Mausolée de Kasserine. CIL VIII, 211–216 (Rom 1993).
Y. Thébert, Thermes romains d'Afrique du Nord et leur contexte méditerranéen (Rom 2003).
Y. Thébert, Vie privée et architecture domestique en Afrique romaine, in: Ph. Ariès / P. Veyne (Hrsg.), Histoire de la vie privée (Paris 1999) 295–411.
G. Wesch-Klein / G. Zimmer, *Locus datus decreto decurionum*. Zur Statuenaufstellung zweier Forumsanlagen im römischen Afrika (München 1989).

Über Mosaike:

M. Blanchard-Lemée, Sols de l'Afrique romaine (Paris 1995).
K. Dunbabin, The Mosaics of Roman North Africa (Oxford 1978).

Über die Skulptur:

P. Zanker, Provinzielle Kaiserporträts. Zur Rezeption der Selbstdarstellung des Princeps (München 1983).

Über die Keramik:

M. Bonifay, Etudes sur la céramique romaine tardive d'Afrique (Oxford 2004).
M. Mackensen, Die spätantiken Sigillata- und Lampentöpfereien von El-Mahrine (Nordtunesien) Studien zur nordafrikanischen Feinkeramik des 4. bis 7. Jahrhunderts [2 Bde.] (München 1993).
F. Baratte / C. Metzger / J. Lang / S. La Niece, Le trésor de Carthage. Contribution à l'étude de l'orfèvrerie de l'Antiquité tardive (Paris 2003).

Einige Monographien zu Fundstätten und Führer:

F. Baratte / N. Duval, Haïdra. Les ruines d'Ammaedara (Tunis 1974).
F. Bejaoui, Les Hautes steppes: la Tunisie du Centre Ouest (Tunis 2010).
H. Ben Hassen / L. Maurin u. a., Oudhna (Uthina). La redécouverte d'une ville antique de Tunisie (Bordeaux 1998).
A. Beschaouch / R. Hanoune / Y. Thébert, Les ruines de Bulla Regia (Rom 1977).
N. Duval / F. Baratte, Les ruines de Sufetula, Sbeitla (Tunis 1973).
M. Floriani Squarciapino, Leptis Magna (Basel 1966).
T. Ghalia, Le Cap Bon. Le pays, l'histoire, les hommes (Tunis 2007).
M. Griesheimer / A. Ben Abed (Hrsg.), La nécropole romaine de Pupput (Rom 2004).
A. Laronde, Leptis Magna. La splendeur et l'oubli (Paris 2005).
M. Mackensen / H. R. Baldus, Simitthus III. Militärlager oder Marmorwerkstätten (Mainz 2005).
A. Mahjoubi, Recherches d'histoire et d'archéologie à Henchir El-Faouar. La cité des *Belalitani Maiores* (Tunis 1978).
L. Maurin, Oudhna: Uthina, colonie de vétérans de la XIIIe légion: histoire, urbanisme, fouilles et mise en valeur des monuments (Bordeaux 2004).
L. Maurin / M. Khanoussi, Dougga, fragments d'histoire (Bordeaux-Tunis 2000).
L. Poinssot, Les ruines de Dougga (Paris 1958).
V. M. Strocka / M. Khanoussi u. a., Dougga. 1. Grundlagen und Berichte (Mainz 2002).

Aspekte des christlichen Afrika:

F. Baratte / F. Bejaoui / Z. Ben Abdallah (Hrsg.), Recherches archéologiques à Haïdra III. La basilique VII (Rom 2009).
F. Baratte / F. Bejaoui / N. Duval / J.-Cl. Golvin (Hrsg.), Recherches archéologiques à Haïdra. IV. La basilique II, dite de Candidus ou Des martyrs de la persécution de Dioclétien (Rome 2011).
F. Bejaoui, Céramique et religion chrétienne. Les thèmes bibliques sur la sigillée africaine (Tunis 1997).
A. Ben Abed / M. Fixot / M. Bonifay u. a., Sidi Jdidi I. La basilique Sud (Rom 2004).
N. Duval, Les Recherches archéologiques à Sbeitla. 1. Les basiliques de Sbeitla à deux sanctuaires opposés (basiliques I, II et IV) (Paris 1971).
N. Duval, Les églises africaines à deux absides. Recherches archéologiques sur la liturgie chrétienne en Afrique du Nord. 2. Inventaire des monuments. Interprétation (Paris 1973).
Y. Duval, *Loca sanctorum Africae*. Le culte des martyrs en Afrique du IVe au VIIe siècle [2 Bde.] (Rom 1982).
L. Ennabli, Carthage. Une métropole chrétienne du IVe à la fin du VIIe siècle, Etudes d'Antiquités africaines (Paris 1997).
T. Ghalia, Hergla et les mosaïques de pavement des basiliques chrétiennes de Tunisie (Tunis 1998).
S. Lancel, Saint Augustin (Paris 1999).
J. B. Ward-Perkins, The christian antiquities of Tripolitania (Oxford 1953).

BILDNACHWEIS

Abb. 1, 13, 17, 27, 111 P. Palm, Berlin | **8** P. Castleton | **9, 50, 73, 99, 130** Bagnall, Roger, and Tom Elliott, eds., Ancient World Image Bank (New York: Institute for the Study of the Ancient World, 2009-) http//isaw.nyu.edu/awib/ (Fotos G. Claytor) | **12** D. u. K. Pett | **14** M. Sounuchi | **15** D. Duimdog | **18, 19** R. Glover | **20, 21** NH53 | **22** akg-images / G. Mermet | **28** S. Blackley | **29 a.b** D. Highbury | **30, 33** T. Hisgett | **32, 43, 51** P. Radigue | **45, 54, 91** F. Müller | **46** F. Giraud | **65** O. Felix | **81** Elcèd 77 | **90a** Elian | **106 a.b** Römisch-Germanisches Zentralmuseum, Mainz, V. Isenhardt | **108 a.b** Institut National du Patrimoine de Tunisie, Th. Goldschmidt | Alle übrigen Abbildungen vom Verfasser.

ADRESSE DES AUTORS

Prof. Dr. François Baratte
Université de Paris-Sorbonne
Institut national d'histoire de l'art
Galerie Colbert
2 rue Vivienne
F-75002 Paris